DETLEF GOTTSCHALCK

Die Hamburgische Bürgerschaft

Beiträge zum Parlamentsrecht

Herausgegeben von

Werner Kaltefleiter, Ulrich Karpen, Wolfgang Zeh

in Verbindung mit

Peter Badura, Wolfgang Heyde, Joachim Linck
Georg-Berndt Oschatz, Hans-Peter Schneider
Uwe Thaysen

Band 26

Die Hamburgische Bürgerschaft

Eine Untersuchung ihrer verfassungsrechtlichen Stellung nach der Verfassung von 1952

Von

Dr. Detlef Gottschalck

Duncker & Humblot · Berlin

Die Deutsche Bibliothek – CIP-Einheitsaufnahme

Gottschalck, Detlef:
Die Hamburgische Bürgerschaft : eine Untersuchung ihrer verfassungsrechtlichen Stellung nach der Verfassung von 1952 / von Detlef Gottschalck. – Berlin : Duncker und Humblot, 1992
(Beiträge zum Parlamentsrecht ; Bd. 26)
Zugl.: Hamburg, Univ., Diss., 1993
ISBN 3-428-07846-2
NE: GT

Fotoprint: Werner Hildebrand, Berlin
Printed in Germany

ISSN 0720-6674
ISBN 3-428-07846-2

Vorwort

Die vorliegende Abhandlung wurde im Sommersemester 1993 vom Fachbereich Rechtswissenschaft I der Universität Hamburg als Dissertation angenommen.

Meinem Doktorvater, Herrn Prof. Dr. Werner Thieme, danke ich für die Betreuung der Arbeit sowie für seine stets wertvollen Hinweise. Herrn Prof. Dr. Ingo von Münch gebührt mein Dank für die Anfertigung des Zweitgutachtens. Schließlich bedanke ich mich bei dem langjährigen Justitiar der Hamburgischen Bürgerschaft, Herrn Dr. Uwe Bernzen, der mich auf zahlreiche Probleme aus der Parlamentspraxis aufmerksam gemacht hat und mir als ständiger Gesprächspartner zur Verfügung stand.

Für die großzügige Unterstützung bei der Finanzierung von Herstellungs- und Druckkosten dieser Arbeit bedanke ich mich bei der Dr. Helmut und Hannelore Greve Stiftung für Wissenschaft und Kultur.

Die Abhandlung befindet sich auf dem Stand von Oktober 1992; Literatur wurde bis Mai 1993 berücksichtigt.

Hamburg, im Juni 1993

Detlef Gottschalck

Inhaltsverzeichnis

5. Kapitel
Haushaltsrechte

Abkürzungsverzeichnis

a.F.	alte Fassung
Abg.	Abgeordnete(r)
AK	Alternativkommentar zum Grundgesetz
Alt.	Alternative
AöR	Archiv des öffentlichen Rechts
AP	Arbeitsrechtliche Praxis
AufwandsentschG	Aufwandsentschädigungsgesetz
BaWüVerf	Baden-Württembergische Verfassung
BayVerf	Bayerische Verfassung
BayVerfGH	Bayerischer Verfassungsgerichtshof
BHO	Bundeshaushaltsordnung
BlnVerf	Berliner Verfassung
BrandVerf	Brandenburgische Verfassung
BremStGH	Bremischer Staatsgerichtshof
BremVerf	Bremische Verfassung
BStatG	Bundesstatistikgesetz
BVerfGE	Bundesverfassungsgerichts-Entscheidungen
BWahlG	Bundeswahlgesetz
DJZ	Deutsche Juristenzeitung
DÖV	Die öffentliche Verwaltung
Drs.	Drucksache
DVBl.	Deutsches Verwaltungsblatt
FAZ	Frankfurter Allgemeine Zeitung
FS	Festsschrift
GAL	Grün Alternative Liste
GEA	Gesetz über den Eingabenausschuß
GO	Geschäftsordnung
GOBT	Geschäftsordnung des Bundestages
GOBü	Geschäftsordnung der Bürgerschaft
GS	Gedächtnisschrift
HADAG	Hafen-Dampfschiffahrt AG
HansOlG	Hanseatisches Oberlandesgericht
HessVerf	Hessische Verfassung
HEW	Hamburgische Elektrizitätswerke AG
HGrG	Haushaltsgrundsätzegesetz
HGW	Hamburger Gaswerke GmbH
HmbDO	Hamburgische Diziplinarordnung
HmbDSG	Hamburgisches Datenschutzgesetz
HmbJVBl.	Hamburgisches Justizverwaltungsblatt
HmbRiG	Hamburgisches Richtergesetz
HV	Hamburgische Verfassung
HVerfG	Hamburgisches Verfassungsgericht
HVerfGG	Hamburgisches Verfassungsgerichtsgesetz
HVV	Hamburger Verkehrsverbund
HWW	Hamburger Wasserwerke GmbH
IPA	interparlamentarische Arbeitsgemeinschaft
JöR	Jahrbuch des öffentlichen Rechts
JZ	Juristenzeitung
KG	Kammergericht

LHO	Landeshaushaltsordnung
LRH	Landesrechnungshof
LT	Landtag
MDHS	Maunz / Dürig / Herzog / Scholz
MDR	Monatsschrift für Deutsches Recht
MVVerf	Vorläufige Verfassung des Landes Mecklenburg-Vorpommern
n.F.	neuer Folge / neue Fassung
NDR	Norddeutscher Rundfunk
NdsVerf	Niedersächsische Verfassung
NRWVerf	Nordrhein-Westfälische Verfassung
NVwZ	Neue Zeitschrift für Verwaltungsrecht
RGBl.	Reichsgesetzblatt
RHG	Rechnungshofgesetz
RhPfVerf	Rheinland-Pfälzische Verfassung
SaarVerf	Saarländische Verfassung
SaAnVerf	Verfassung des Landes Sachsen-Anhalt
SächsVerf	Sächsische Verfassung
SenatsG	Senatsgesetz
SHVerf	Schleswig-Holsteinische Verfassung
Tz.	Textzahl
VerfGH	Verfassungsgerichtshof
VerwBehG	Verwaltungsbehördengesetz
VVDStRL	Veröffentlichungen der Vereinigung der Deutschen Staatsrechtslehrer
WahlGBezV	Wahlgesetz zu den Bezirksversammlungen
WahlGBü	Wahlgesetz zur Bürgerschaft
WM	Wertpapier Mitteilungen
WRV	Weimarer Reichsverfassung
ZParl	Zeitschrift für Parlamentsfragen
ZRP	Zeitschrift für Rechtspolitik

Problemstellung

Die Hamburgische Bürgerschaft hat in der staatsrechtlichen Literatur der jüngeren Zeit - abgesehen von kurzen Beiträgen in Sammelbänden oder Festschriften - bislang keine monographische Bearbeitung erfahren. Es sind lediglich Abhandlungen zum Senat[1] und zum Verfassungsgericht[2] der Freien und Hansestadt Hamburg erschienen. Die vorliegende Arbeit will diese Lücke schließen und eine systematische Darstellung von Aufgaben und Arbeitsweise des hamburgischen Landesparlaments liefern.

Die Schwerpunkte der Bearbeitung ergeben sich zum einen aus den hansestädtischen Traditionen, die bis heute einen großen Einfluß auf die verfassungsrechtliche Stellung der Hamburgischen Bürgerschaft ausüben, und zum anderen aus aktuellen Streitfragen, die sich in der Vergangenheit bei der praktischen Anwendung des hamburgischen Parlamentsrechts ergeben haben.

Die Darstellung konzentriert sich auf die verfassungsrechtlichen Aspekte der bürgerschaftlichen Tätigkeit und läßt die sich aus der Stadtstaatlichkeit Hamburgs ergebende Beschäftigung mit kommunalen Aufgaben, deren Regelung in einem Flächenland der örtlichen Gemeinschaft in eigener Verantwortung übertragen wäre, weitestgehend unberücksichtigt.

Wohl wissend, daß es für ein umfassendes Verständnis vieler Hamburgensien nützlich wäre, deren rechtsgeschichtliche Entwicklung mindestens seit der Verfassung von 1860[3] nachzuzeichnen, wird im Rahmen der vorliegenden Untersuchung darauf verzichtet und nur insofern eingegangen, als die historische Entwicklung für die heutige Rechtsauslegung unmittelbar von Bedeutung ist. Dies geschieht auch in dem Bewußtsein, daß der zur hamburgischen Verfassungsgeschichte vorliegenden Literatur[4] durch eine "geschicht-

---

1 *Tögel*, Die Senate der Hansestädte Hamburg und Bremen, 1989.

2 *v.d.Wense*, Die Landesverfassungsgerichtsbarkeit der Freien und Hansestadt Hamburg, 1989; *Schläfereit*, Verfassungsgerichtsbarkeit in der Freien und Hansestadt Hamburg, 1991.

3 Vgl. *Thieme*, HmbStVwR, S.4.

4 Vgl. die ausführliche Literaturübersicht bei *Thieme*, HmbStVwR, S.1.

liche Einführung" in diese rechtswissenschaftliche Bearbeitung mit dem Handwerkszeug des Juristen kein gleichrangiger Beitrag hinzugefügt werden könnte.

Ebenso wie auf eine breite historische Darstellung soll im folgenden - im wesentlichen aus den gleichen Gründen - auf rein politikwissenschaftliche Diskussionen - etwa über das Für und Wider des Feierabendparlaments - verzichtet werden. Rechtspolitische Erwägungen werden nur insoweit angestellt, als diese zum Verständnis verfassungsrechtlicher Fragestellungen erforderlich sind. Rechtsvergleichende Betrachtungen anderer Landesparlamente dienen im Einzelfall der Verdeutlichung hamburgischer Normalitäten oder Besonderheiten und erheben keinen Anspruch auf lückenlose Darstellung[5].

Auf die wichtigsten Vorschläge der vergangenen Jahre zur Reform der HV, die einen Bezug zur Stellung der Bürgerschaft aufweisen, wird anläßlich der kritischen Würdigung hamburgischer Besonderheiten eingegangen. Die Empfehlungen der von Januar bis Oktober 1992 im Auftrag der Bürgerschaft tätigen Enquete-Kommission "Parlamentsreform" sind vor Drucklegung der Arbeit noch eingearbeitet worden.

Den Kapiteln über Organe, Gesetzgebungs-, Kontroll- und Haushaltsrechte des Parlaments sowie den Status der Abgeordneten sind Ausführungen zum hamburgischen Wahlrecht vorangestellt, da insbesondere durch die Bestimmung des Wahltermins und die Möglichkeiten der vorzeitigen Parlamentsauflösung der verfassungsrechtliche Status der Hamburgischen Bürgerschaft berührt wird.

---

5 Aus den neuen Bundesländern sind die Verfassungen von Brandenburg, Mecklenburg-Vorpommern, Sachsen und Sachsen-Anhalt berücksichtigt.

1. Kapitel

Konstituierung und Auflösung

Gemäß Art.6 Abs.2 HV besteht die Bürgerschaft aus mindestens 120 Abgeordneten, die in allgemeiner, unmittelbarer, freier, gleicher und geheimer Wahl gewählt werden.

I. Wahlrechtsgrundsätze

Diese Vorschrift wiederholt die Wahlrechtsgrundsätze des Art.28 Abs.1 S.2 GG, die für die Wahlen in Ländern, Kreisen und Gemeinden bereits unmittelbar gelten[1].

1. Allgemeinheit der Wahl

Das Prinzip der Allgemeinheit der Wahl erfordert, daß alle hamburgischen Staatsbürger, die das Wahlalter erreicht haben, an den Wahlen teilnehmen und gewählt werden können[2]. Von der im Rahmen der konkurrierenden Gesetzgebung gem. Art. 74 Ziffer 8 GG bestehenden Kompetenz zur Regelung von Staatsangehörigkeiten der Länder haben bisher weder der Bund noch ein Land Gebrauch gemacht[3].

Das Wahlalter ist in der HV - anders als in Art.38 Abs.2 GG - nicht festgelegt. Bei der genauen Festsetzung des Wahlalters durch das Landeswahlgesetz ist zum einen der Gesichtspunkt der politischen Urteilsfähigkeit der Staatsbürger[4] und zum anderen - aufgrund von Art.28 Abs.1 S.2 GG - auch die Regelung des Grundgesetzes, die an die Vollendung des achtzehnten Lebensjahres anknüpft,

1 BVerfGE 11, 266, 272.

2 *Bernzen / Sohnke*, Art.6 Rdnr.3; *Drexelius / Weber*, Art.6 Anm.4; v. *Mangoldt / Klein / Achterberg / Schulte*, Art.38 Rdnr.119.

3 Die in Art.6 BayVerf und Art.75 RhPfVerf erwähnten Landesstaatsangehörigkeiten haben bisher keine gesetzlichen Ausformungen erhalten.

4 *Drexelius / Weber*, Art.6 Anm.4.

zu beachten. Das Gesetz über die Wahl zur Hamburgischen Bürgerschaft[5] bestimmt in § 6 Abs.1 Ziffer 1, daß auch in Hamburg wahlberechtigt ist, wer das 18.Lebensjahr vollendet hat. Darüber hinaus muß der Wahlberechtigte seit mindestens drei Monaten im Stadtgebiet eine Wohnung innehaben oder sich sonst gewöhnlich aufhalten.

Die Ausübung des passiven Wahlrechts ist seit 1977 durch die Neufassung von § 10 Abs.1 WahlGBü im Gleichklang mit Art.38 Abs.2 GG ebenfalls mit Vollendung des 18. Lebensjahres möglich[6].

a) Erweiterter Begriff des Hamburgischen Staatsvolkes

Nach § 6 Abs.4 u.5 WahlGBü sind Insassen der hamburgischen Justizanstalt Hahnöfersand sowie der Justizvollzugsanstalt Glasmoor, die sich außerhalb des hamburgischen Staatsgebietes befinden, bei der Bürgerschaftswahl wahlberechtigt, sofern sie im Geltungsbereich des Grundgesetzes keine Wohnung innehaben; unabhängig davon, ob sie jemals in Hamburg gelebt haben. Entsprechend wurde von den Hamburger Wahlbehörden in Bezug auf die Insassen der sogenannten "Exklaven" auch schon vor der Festschreibung im Wahlgesetz verfahren[7]. Eine gleiche Regelung gilt für Seeleute, Binnenschiffer und deren Angehörige, wenn sich der Sitz des Reeders in Hamburg befindet bzw. das Schiff in Hamburg im Schiffsregister eingetragen ist[8].

Fraglich ist, ob die genannten Personenkreise zum hamburgischen Staatsvolk zu zählen sind, welches nach Art.3 Abs.2 HV grundsätzlich aus den auf hamburgischem Staatsgebiet ansässigen Deutschen besteht[9]. Für die gesetzliche Erweiterung des Staatsvolkes bedarf es einer Begründung, die geeignet sein muß, die mit der Regelung verbundene Beeinträchtigung der Rechte des ursprünglichen Wahlvolkes zu rechtfertigen. Zum einen läßt sich die Forderung heranziehen, jeder Deutsche müsse aufgrund der bundesstaatlichen Mitwirkungsrechte der Länder im Bundesrat irgendeinem Landesvolk zugeordnet sein,

---

5 WahlGBü in der Fassung vom 22.7.1986 (GVBl. S.223), zuletzt geändert am 20.2.1989 (GVBl. S.29).

6 Dazu ohne Begründung kritisch *Schwabe*, HambStVwR, S.46.

7 Vgl. dazu die Begründung des Senats im Gesetzentwurf vom 15.12.81, Drs.9 / 3980 zu § 6.

8 Vgl. dazu die Begründung des Senats zum Gesetzentwurf vom 29.10.85, Drs.11 / 5161 zu § 6.

9 *Drexelius / Weber* Art.3 Anm.3; *Bernzen / Sohnke* Art.3 Anm.2.

um seine Rechte umfassend wahrnehmen zu können[10]. Zum anderen kann nicht bestritten werden, daß sowohl administrative als auch gesetzgeberische Akte der Stadt Hamburg unmittelbare Auswirkungen auf hamburgische Seeleute und Binnenschiffer und noch in viel stärkerem Maße auf Strafgefangene in hamburgischen Justizvollzugsanstalten haben können. Dabei ist zu berücksichtigen, daß die genannten Personen im Gegensatz zu Ausländern jedenfalls dem deutschen Staatsvolk als Träger der Staatsgewalt[11] angehören[12].

b) Beschränkte Wählbarkeit öffentlich Bediensteter

Die Wählbarkeit von Beamten und Angestellten der Freien und Hansestadt ist gem. §§ 13, 14 WahlGBü beschränkt. Öffentlich Bedienstete, zu deren "eigentümlichem und regelmäßigem Aufgabenbereich die Ausübung von Hoheitsbefugnissen mit staatlicher Zwangs- und Befehlsgewalt gehört"[13], können - ebenso wie Berufsrichter - die Wahl zur Bürgerschaft nur annehmen, wenn sie sich zuvor von ihrem Dienstherrn beurlauben lassen[14].

In der Praxis führt diese Regelung zu dem Ergebnis, daß beispielsweise ein Oberstudiendirektor als Schulleiter gleichzeitig Abgeordneter der Hamburgischen Bürgerschaft sein kann[15], während dies einem Polizeimeister erst nach seiner Beurlaubung möglich ist.

Der Zweck und die Abgrenzungskriterien für die Beschränkung der Wählbarkeit nach diesen Regelungen sind auch nach Ansicht des HVerfG "nicht ohne weiteres erkennbar". Die Regelung des WahlGBü erfaßt keine ehrenamtlichen Richter und Beamte und differenziert innerhalb der Angehörigen der Exekutive zwischen schlicht hoheitlich tätigen Personen und solchen, die ihre Hoheitsbefugnisse mit staatlicher Zwangs- und Befehlsgewalt ausüben. Aus diesem Grunde kommt die strenge Verwirklichung des demokratischen

---

10 Vgl. *v. Münch-v. Münch*, Art.74 Rdnr.31 m.w.N.

11 Vgl. dazu BVerfGE 83, 37, 51 f.

12 Ob eine ähnliche Begründung auch für die Teilnahme desselben Personenkreises an den Wahlen zu den Bezirksversammlungen gem. § 6 Abs.4 u.5 WahlGBezV gefunden werden kann, erscheint allerdings zweifelhaft.

13 § 13 Abs.1 S.1 WahlGBü.

14 Vgl. auch die entsprechende Regelung für die Mitglieder und Prüfer des Rechnungshofes in § 8 Abs.2 RHG.

15 Vgl. HVerfG, HmbJVBl.1974, 134 ff.

Prinzips der Gewaltenteilung[16] - ähnlich der Inkompatibilitätsregelung in Art.38a HV - offensichtlich nicht als Grund für die in Rede stehende Bestimmung in Betracht[17]. Auch eine mögliche Interessenkollision bei Personen, die gleichzeitig zwei Gewalten angehören, ist - wie das obige Beispiel belegt - nicht als Differenzierungsgrund heranzuziehen. Der erwähnte Schulleiter dürfte auf die Tätigkeit der Verwaltung einen ungleich weitreichenderen Einfluß haben als der Polizeivollzugsbeamte im Streifendienst.

Nach Auffassung des HVerfG hält der hamburgische Gesetzgeber mit der Regelung nach § 13 Abs.1 S.1 WahlGBü am "Leitbild des mit obrigkeitlichen Befugnissen nach außen hin wirkenden Beamten" fest[18]. Zweifelhaft ist allerdings, ob dieses "Leitbild" einen ausreichenden sachlichen Grund für die Ungleichbehandlung der öffentlich Bediensteten darstellt. Für die sich aus der Kumulation von Funktionen verschiedener Staatsgewalten ergebende Gefahrenlage macht es jedenfalls - wie oben gesehen - keinen Unterschied, ob der Beamte oder Angestellte mit oder ohne staatliche Zwangs- und Befehlsgewalt im engeren Sinne hoheitlich tätig ist[19]. Aus diesem Grunde verstößt die willkürliche Eingrenzung der (unbeurlaubten) Wählbarkeit auf einen Teil der Angehörigen des öffentlichen Dienstes gegen den Gleichheitssatz des Art.3 Abs.1 GG.

Darüber hinaus erfordert die formalisierte Wahlrechtsgleichheit[20] nach Art.6 Abs.2 HV und Art.28 Abs.1 S.2 GG auch in Bezug auf den Zugang zum Abgeordnetenmandat eine formale Gleichbehandlung, die Differenzierungen nur aus einem besonderen, rechtfertigenden, sachlich zwingenden Grund zuläßt[21]. Ein solcher Grund ist für die Regelung in §§ 13 f. WahlGBü nicht erkennbar. Die dargestellte Regelung ist damit auch wegen Verstoßes gegen Art.6 Abs.2 HV und Art.28 Abs.1 S.2 GG nichtig.

Die Enquete-Kommission "Parlamentsreform" empfiehlt eine strikte Inkompatibilität, nach der die Tätigkeit als Beamter oder Angestellter im öffentlichen

---

16 Zu dessen Bedeutung im Rahmen des parlamentarischen Regierungssystems vgl. *Schneider / Zeh-Meyer*, § 4 Rdnr.23 ff.

17 *Bernzen / Sohnke*, Art.6 Rdnr.16; *Sohnke*, S.42; HVerfG, HmbJVBl.1974, 134, 138; *Pietzcker*, DÖV 1975, 432, 433.

18 HVerfG, HmbJVBl.1974, 134, 138.

19 *Bernzen / Sohnke*, Art.6 Rdnr.16; *Sohnke*, S.133.

20 Vgl. dazu unter Kapitel 1 I 4.

21 St. Rspr. des BVerfG, vgl. nur BVerfGE 69, 92, 106; 71, 81, 96; 78, 350, 358 f. jeweils m.w.N.

Dienst der Stadt sowie in leitender Position öffentlicher Unternehmen mit der Wahrnehmung eines Bürgerschaftsmandates unvereinbar ist[22].

2. Unmittelbarkeit der Wahl

Die Unmittelbarkeit der Wahl schließt jedes Wahlverfahren aus, bei dem sich zwischen Wähler und Wahlbewerber eine weitere Instanz schiebt, die nach ihrem Ermessen die Abgeordneten auswählt und damit deren direkte Bestimmung durch das Wahlvolk ausschließt[23]. Ging es früher darum, die Unmittelbarkeit der Wahl nicht durch eine Versammlung von Wahlmännern beeinträchtigen zu lassen[24], so wird dieser Wahlrechtsgrundsatz heute eher durch die Praxis der innerparteilichen Kandidatenaufstellungen gefährdet[25]. Mitglied der Bürgerschaft kann nur werden, wer bereits zum Zeitpunkt der Wahl als Kandidat auf einem Wahlvorschlag aufgeführt war; eine Nachbenennung für den Fall, daß eine Liste mehr Stimmen als erwartet bekommen hat oder daß Nachrücker benannt werden sollen, ist nicht zulässig[26].

Nach § 38 Abs.1 S.2 WahlGBü bleibt ein Listenkandidat als Nachrücker für die Bürgerschaft unberücksichtigt, wenn er seit der Aufstellung des Wahlvorschlages aus der Partei, die ihn nominiert hat, ausgeschieden ist. Die Vereinbarkeit dieser Regelung mit dem Grundsatz der Unmittelbarkeit der Wahl ist zumindest bei einem vorangegangenen Parteiausschluß des Kandidaten zweifelhaft. In diesem Falle ist nach der Wahl ein fremder Wille zwischen Stimmabgabe und Ergebnis getreten.

Die h.L. hält aus diesem Grunde den gleichlautenden § 48 Abs.1 S.2 BWahlG für nicht mit Art.38 Abs.1 S.2 GG vereinbar[27]. Wenn das Ausscheiden des Kandidaten aus seiner Partei nicht freiwillig erfolge, sei unzulässiger Weise ein fremder Wille zwischen die Wählerentscheidung und die

---

22 Enquete-Kommission, S.157 ff.

23 BVerfGE, 3, 45, 49 ff.; 47, 253, 279 f.; *v. Mangoldt / Klein / Achterberg / Schulte*, Art.38 Rdnr.122 m.w.N.

24 *Bernzen / Sohnke*, Art.6 Rdnr.4.

25 Vgl. z.B. *Müller / Börsting*, S.137 ff.; *Stubbe-da Luz* / Wegner, ZParl 1993, 189, 198. Einzelheiten dazu sind zu erwarten in der Begründung des Urteils des HVerfG vom 4.Mai 1993 über die Anfechtung der Bürgerschaftswahl vom 2.Juni 1991.

26 BVerfGE 3, 45, 51; 7, 63, 85; *Drexelius / Weber*, Art.6 Anm.7.

27 *Schweinoch / Simand*, § 48 Rdnr.2; *Seifert*, § 48 Rdnr.7 m.w.N.; *Frowein*, AöR 1974 (Bd.99) 72, 103; MDHS-*Maunz*, Art.38 Rdnr.46.

Zusammensetzung des Parlaments getreten[28]. Das BVerfG sieht demgegenüber die Abgeordneten zugleich als Exponenten ihrer Parteien an und stellt die Parteizugehörigkeit anderen objektiven Eigenschaften gleich, die ein Berwerber erfüllen muß, um in das Parlament einrücken zu können[29]. Eine vermittelnde Haltung nimmt Uhlitz ein, der die in Rede stehende Vorschrift nur dann mit dem GG für vereinbar hält, wenn der Kandidat freiwillig aus der Partei ausgetreten ist; nur in diesem Falle tritt nach der Wahl kein fremder Wille zwischen das Wählervotum und den einzelnen Listenbewerber[30].

Die zuletzt genannte Ansicht verdient insbesondere deswegen den Vorzug, weil der Grundsatz der Unmittelbarkeit der Wahl, wenn man seinen Inhalt nicht verändern will, nur als ein unabdingbares formales Prinzip verstanden werden darf. Der zwangsweise Parteiausschluß eines Listenkandidaten ist zwar durch ein Parteigericht überprüfbar[31], nicht jedoch in vollem Umpfang durch die ordentlichen Gerichte, so daß letztlich der fremde Wille der Partei nachträglich das Votum der Wähler korrigieren kann. Dies ist unvereinbar mit dem Wahlrechtsgrundsatz der Unmittelbarkeit sowohl des GG wie der HV. Aus diesem Grunde ist § 38 Abs.1 S.2 WahlGBü verfassungswidrig.

Auf die Frage der Vereinbarkeit des "ruhenden Mandats" nach Art.38a Abs.2 HV mit dem Grundsatz der Unmittelbarkeit der Wahl soll an anderer Stelle eingegangen werden[32], weil von dieser Regelung in erster Linie die Statusrechte des Abgeordneten berührt werden.

3. Freiheit der Wahl

Freiheit der Wahl bedeutet, daß weder von öffentlicher noch privater Seite auf die Willensbildung oder Willensäußerung bei der Ausübung der Wahlberechtigung Druck ausgeübt werden darf[33]. Darüber hinaus dürfen niemandem Nachteile daraus erwachsen, daß er nicht wählt[34]. Das Prinzip der Freiheit der Wahl

---

[28] *Erichsen*, Jura 1983, 635, 640.

[29] BVerfGE 7, 63, 72 f.; der Rechtsprechung folgen *Rinck*, JZ 1958, 193, 196 f.; *Schuster*, S.102 ff.; *Schreiber*, § 48 Rdnr.5.

[30] *Uhlitz*, DÖV 1957, 468 u. 718 unter zutreffender Berufung auf BVerfGE 3, 45, 51.

[31] Vgl. § 10 Abs.5 ParteiG.

[32] Vgl. unter Kapitel 7 II.

[33] BVerfGE 7, 63, 69; 66, 369, 380; *v. Mangoldt / Klein / Achterberg / Schulte*, Art.38 Rdnr.123.

[34] *Bernzen / Sohnke*, Art.6 Rdnr.5.

zählte zunächst nicht zu den allgemein anerkannten Wahlgrundsätzen[35] und wurde erst nachträglich in die HV aufgenommen[36]. Häufig tritt staatliche Wahlbeeinflussung in Form einer intensiven Öffentlichkeitsarbeit der Regierung im Vorfeld einer Wahlentscheidung auf. Das BVerfG hat den zulässigen Rahmen staatlicher Wahlpropaganda zwischenzeitlich sorgfältig abgesteckt[37].

4. Gleichheit der Wahl

Der Schutzbereich der Wahlrechtsgleichheit erstreckt sich über die gleiche Gewichtung der abgegebenen Stimmen hinaus auf das gesamte Wahlverfahren und die Ausübung des Mandats[38]. Aus dem Grundsatz der Wahlgleichheit folgt die Chancengleichheit der Wahlvorschläge und der Wahlbewerber[39]. Die Grundsätze der Wahl- und Chancengleichheit sind streng formal zu verstehen und erlauben Differenzierungen jeweils nur aus besonderen, sachlich zwingenden Gründen[40].

Nach Auffassung des BVerfG und der h.L. ist die 5%-Sperrklausel im deutschen Wahlrecht[41] aufgrund des wichtigen Interesses der Bildung eines aktionsfähigen Parlaments und stabiler Regierungsverhältnisse mit dem Grundsatz der Wahlrechtsgleichheit vereinbar[42]. Zur Verhinderung von Splitterparteien oder völlig aussichtslosen Wahlvorschlägen darf darüber hinaus eine bestimmte Anzahl von Unterschriften von Wahlberechtigten bei der Einreichung von Wahlvorschlägen verlangt werden[43]. Gemäß § 23 Abs.5 WahlGBü müssen Wahlvorschläge von neuen Parteien, Wählervereinigungen und Einzelbewerbern von mindestens 500 Wahlberechtigten unterzeichnet sein.

---

35 *Drexelius / Weber*, Art.6 Anm.8.

36 Erstes Änderungsgesetz vom 9.6.1969, GVBl. S.109.

37 BVerfGE 44, 125, 138 ff.; 48, 271, 279 f.; 63, 230, 242 ff.; vgl. auch *Schreiber*, § 1 Rdnr.15 m.w.N.

38 BVerfGE 41, 399, 413.

39 BVerfGE 44, 125, 145; 82, 322, 337 f.; vgl. dazu näher *v. Mangoldt / Klein / Achterberg / Schulte*, Art.38, Rdnr.130.

40 St.Rspr. des BVerfG, vgl. z.B. BVerfGE 69, 92, 106; 78, 350, 358 f.; 82, 322, 338 jeweils m.w.N.

41 § 5 Abs.1 WahlGBü.

42 St.Rspr. seit BVerfGE 1, 208, 248, 256; MDHS-*Maunz* Art.38 Rdnr.50; *Drexelius / Weber*, Art.6 Anm.5; *Ipsen*, HVerf, S.265; a.A. ohne nähere Begründung *Schwabe*, HambStVwR, S.46; zu ausführlichen Schrifttumsnachweisen vgl. *Schreiber*, § 6 Rdnr.16.

43 St.Rspr. seit BVerfGE 12, 135, 137; *Drexelius / Weber*, Art.6 Anm.5; kritisch *Frowein*, AöR 1974 (Bd. 99), 72, 97f.

Der Grundsatz formaler Wahlrechtsgleichheit erfordert auch gleiche Wettbewerbschancen der politischen Parteien bei der Vergabe von Sendezeiten zum Zwecke der Wahlwerbung durch öffentlich-rechtliche Rundfunkanstalten[44].

5. Geheimheit der Wahl

Der Grundsatz der geheimen Wahl besagt, daß der Inhalt der Stimmabgabe des Wählers keinem anderen bekannt werden darf, es sei denn, dieser gibt ihn vor oder nach der Wahl selber kund[45].

Die heutige Praxis der grundsätzlich verfassungskonformen[46] Briefwahl[47] erleichtert in starkem Maße die Verletzung des Wahlgeheimnisses durch den einzelnen Wähler bzw. eine dritte Person und erscheint deswegen nicht unbedenklich[48]. Konkrete Verbesserungsvorschläge sind bisher freilich nicht vorgebracht worden.

II. Reform des Verhältniswahlrechts

Gemäß § 4 Abs.1 WahlGBü wird die Bürgerschaft seit 1956 nach dem Grundsatz der Verhältniswahl mit gebundenen Listen gewählt. Die Wahlvorschläge werden nach dem Verfahren Hare-Niemeyer auf die 121 Abgeordnetensitze verteilt[49].

Im Verfassungsausschuß der ersten Bürgerschaft konnte keine Einigkeit über die Festschreibung des Wahlrechts in der Verfassung erzielt werden[50]. Von 1946 bis 1956 galt zunächst ein durch Verhältnisausgleich abgewandeltes Mehrheitswahlrecht. Danach wurden 3/5 der Abgeordneten nach dem Grundsatz der relativen Mehrheitswahl in Wahlkreisen und 2/5 nach dem Grundsatz der Verhältniswahl aufgrund von Landeslisten gewählt[51].

---

44 BVerfGE 14, 212, 134, 136; 47, 198, 227; 48, 271, 277.

45 *Drexelius / Weber*, Art.6 Anm.6; MDHS-*Maunz*, Art.38 Rdnr.54.

46 BVerfGE 21, 200, 204 ff.; 59, 119, 125 ff.

47 § 9 WahlGBü.

48 Vgl. *Achterberg*, S.176; *Schreiber*, § 36 Rdnr.4 jeweils m.w.N.

49 § 5 Abs.2 WahlGBü.

50 *Glatz / Haas*, JöR n.F. 1957, 223, 228 f.; *Ipsen*, HVerf, S.264.

51 *Drexelius / Weber*, 1.Auflage, Art.6 Anm.5.

Nach allgemeiner Auffassung stellen die Wahlrechtsgrundsätze der Verfassung es dem Gesetzgeber frei, sich für das Verhältnis- oder das Mehrheitswahlrecht oder auch eine Kombination beider Systeme zu entscheiden[52].

Im Zusammenhang mit der Diskussion über eine Reform der Hamburger Verfassung ist in der letzten Zeit vermehrt über das Wahlrecht diskutiert worden. Dabei gehen zahlreiche Vorschläge insbesondere aus den Reihen der regierenden SPD dahin, in Hamburg wieder einen Teil der Bürgerschaftsabgeordneten in Wahlkreisen wählen zu lassen[53] und damit eine personalisierte Verhältniswahl einzuführen, wie sie die §§ 4 ff. BWahlG für den Bundestag vorsehen.

Zur Begründung kann insbesondere darauf verwiesen werden, daß dadurch eine engere Verbindung zwischen der Bevölkerung und ihrem Wahlkreiskandidaten ermöglicht wird, ohne daß gleichzeitig der Hauptnachteil des reinen Mehrheitswahlrechts, nämlich die mangelnde Wiederspiegelung möglichst vieler politischer Strömungen des Volksganzen im Parlament, zum Tragen käme. Darüber hinaus würde durch die Wiedereinführung von Wahlkreisen - worauf auch der frühere Erste Bürgermeister Schulz hinweist[54] - die beherrschende Macht der Parteiapparate ein Stück weit zurückgeschnitten, weil der Einzug des einzelnen Abgeordneten in die Bürgerschaft nicht mehr allein von seiner Plazierung auf einer anonymen Landesliste, die bis zu 100 Namen enthalten kann, abhängt, sondern auch auf dem Votum zunächst seiner Parteifreunde vor Ort und dann der Wähler seines Wahlkreises beruht. Unter Beibehaltung von 121 Abgeordneten würden sich in Hamburg 60 Wahlkreise mit jeweils etwa 26.000 bis 27.000 Einwohnern ergeben.

Auch die Enquete-Kommission "Parlamentsreform" empfiehlt die Einrichtung von Wahlkreisen und die Einführung des personalisierten Verhältniswahlrechts; nach einer Verkleinerung der Bürgerschaft auf 101 Mitglieder[55] sollen 41 Abgeordnete über Direktmandate und 60 Parlamentarier über Landeslisten gewählt werden[56]. Die Kommission hat ihren Vorschlag mit dem Hinweis

---

52 BVerfGE 1, 208, 246; 6, 84, 90; 34, 81, 100; *Drexelius / Weber* Art.6 Anm.5; MDHS-*Maunz* Art.38 Anm.56.

53 *Schneider / Zeh-Schulz*, § 65 Rdnr.8; Referentenentwurf des Senatsamtes für den Verwaltungsdienst zur Neuordnung von Verfassung und Verwaltung in Hamburg vom Januar 1990, Anlage 1, S.5; Beschluß des SPD-Landesparteitags vom 30.3.1990; Enquete-Kommission, S.40 ff.

54 *Schneider / Zeh-Schulz*, § 65 Rdnr.6.

55 Enquete-Kommission, S.33.

56 Ebenda, S.41.

verbunden, daß die Aufteilung des Stadtgebietes in Wahlkreise in parteipolitisch neutraler Weise zu erfolgen habe[57].

III. Bestimmung des Wahltermins

Art.12 Abs.1 S.1 HV bestimmt, daß der Senat die Wahlen "rechtzeitig" auszuschreiben hat. Im Vorfeld der Bürgerschaftswahlen von 1978 kam es zwischen der Mehrheit der Bürgerschaft und dem Senat zu einem verfassungsrechtlichen Streit darüber, ob die Bestimmung des Wahltermins damit von verfassungswegen allein Aufgabe des Senats sei[58]. Nachdem eine Einigung zwischen den Bürgerschaftsfraktionen und dem Senat über den Wahltermin nicht zustande kam, brachte die oppositionelle CDU-Fraktion einen Gesetzentwurf zur Änderung des WahlGBü ein, in dem vorgesehen war, die alleinige Befugnis des Senats zur Festlegung des Wahltermins einzuschränken[59]. Noch bevor dieser Gesetzentwurf beraten werden konnte, beschloß der Senat mit der Mehrheit seiner der SPD angehörenden Mitglieder gegen die Stimmen der drei FDP-Senatoren, den 4.7.1978 als Wahltag für die Wahl zur 9.Bürgerschaft festzusetzen. Daraufhin verabschiedete die Bürgerschaft mit einfacher Mehrheit das Änderungsgesetz der CDU-Fraktion zur Neufassung des WahlGBü und ersuchte gleichzeitig den Senat, seinen schon gefaßten Beschluß über den Wahltermin wieder aufzuheben.

Vom Hamburgischen Verfassungsgericht war schließlich die Frage zu entscheiden, wem die letztendliche Entscheidung über den Wahltermin zukommt[60]. In einem auf Art.65 Abs.2 Ziffer 1 HV i.V.m. § 14 Ziffer 1 HVerfGG gestützten Verfahren beantragten 56 Mitglieder der SPD-Fraktion festzustellen, daß die Pflicht des Senats, gemäß Art.12 Abs.1 S.1 HV die Wahlen auszuschreiben, das Recht einschließe, den Wahltag zu bestimmen, und daß aus diesem Grunde das von der Bürgerschaft verabschiedete Änderungsgesetz zum WahlGBü nicht ohne verfassungsdurchbrechende Mehrheit beschlossen werden konnte. Zur Begründung wurde vor allem auf die historische Auslegung

57 Ebenda, S.42.

58 Vgl. *Martens*, FS f. Reimers, S.303; ausführlich zu den politischen Hintergründen *Troitzsch*, ZParl 1978, 73 f.

59 Drs. 8 / 2835, § 1 S.2 WahlGBü sollte lauten: "Der Wahltag wird vom Senat im Einvernehmen mit dem Bürgerausschuß bestimmt; wird das Einvernehmen nicht spätestens fünf Monate vor dem letztmöglichen Wahltermin hergestellt, bestimmt die Bürgerschaft den Wahltermin."

60 Urteil vom 7.12.1977, HmbJVBl.1978, S.43 f.

der Verfassung hingewiesen. Danach entspreche es hamburgischer Rechtstradition seit der Verfassung von 1879, daß der Senat den Wahltag festlege; darüber hinaus gehöre eine entsprechende Regelung zu den Grundsätzen des Staatsrechts aller deutschen Länder[61]. Der Senat wies als Beteiligter an dem Verfahren darauf hin, daß Sinn und Zweck des Art.12 Abs.1 S.1 HV nur dann zu erreichen seien, wenn unter dem Begriff "Ausschreibung" nicht lediglich ein technischer Vorgang zu verstehen sei.

Die 51 Mitglieder der CDU-Fraktion beantragten beim Verfassungsgericht festzustellen, daß die HV dem Senat nicht das Recht einräume, den Wahltermin zu bestimmen, und folglich das WahlGBü mit einfacher Mehrheit geändert werden konnte. Zur Begründung wurde vorgetragen, daß sowohl nach dem Wortlaut des Art.12 Abs.1 S.1 HV wie auch nach hamburgischer Verfassungstradition zwischen der Bestimmung des Wahltages und der Ausschreibung der Wahl zu unterscheiden sei; nur der formale Akt der Bekanntmachung sei von verfassungswegen dem Senat zugewiesen[62].

Das HVerfG hat entschieden, Art.12 Abs.1 S.1 HV schließe das Recht des Senats ein, den Wahltag zu bestimmen. Dies ergebe die Auslegung und der Kontext der Art.6 Abs.4, 10 sowie 12 HV und deren Entstehungsgeschichte. Die Ausschreibung der Wahl sei begrifflich als Teil der Wahldurchführung zu verstehen, der gleichwohl nicht unter die Ermächtigung des Art.6 Abs.4 HV falle und daher der Disposition des einfachen Gesetzgebers entzogen sei[63]. Ob unter den "vieldeutigen" Begriff der Ausschreibung einer Wahl auch die Befugnis zur Bestimmung des Wahltermins fällt, hat des Gericht anhand einer ausführlichen Untersuchung der Entstehungsgeschichte der Verfassungsnorm ermittelt[64]. Im Ergebnis wird zutreffend darauf hingewiesen, daß bereits die Schaffung einer speziellen Verfassungsnorm mit der Zuweisung der Ausschreibungs-Kompetenz an den Senat unter Aussparung der wichtigen Befugnis zur Bestimmung des Wahltags kaum einen Sinn mache und "mit der Funktion der Verfassung nicht vereinbar"[65] sei. Schließlich stellt sich auch die Frage, wie der Senat seinem insoweit unstreitigen Verfassungsauftrag zur rechtzeitigen

61 Vgl. dazu im einzelnen *Martens*, FS f.Reimers, S. 311 f., der in diesem Rechtsstreit Verfahrensbevollmächtigter der SPD-Fraktion war.

62 Vgl. *Troitzsch*, ZParl 1978, 73, 80 f.

63 HVerfG, HmbJVBl.1978, 43, 46.

64 Ebenda S. 47 f.

65 Ebenda.

Ausschreibung der Wahlen gerecht werden könnte, wenn im Konfliktfalle die Bürgerschaft allein den Wahltermin bestimmen könnte.

Die Enquete-Kommission "Parlamentsreform" schlägt eine Verfassungsänderung vor, nach der die Mehrheit der gesetzlichen Mitgliederzahl der Bürgerschaft künftig den Wahltermin bestimmt; kommt ein solcher Beschluß nicht rechtzeitig zustande, soll der Bürgerschaftspräsident entscheiden[66].

IV. Erste Bürgerschaftssitzung nach der Wahl

Nach Art.12 Abs.1 S. 2 HV findet die erste Sitzung einer neu gewählten Bürgerschaft spätestens drei Wochen nach der Wahl, jedoch nicht vor dem Ende der Wahlperiode der bisherigen Bürgerschaft statt.

Der verfassungsrechtliche Streit über den Wahltermin zur 9.Bürgerschaft wurde außerdem um die Auslegung dieser Norm geführt. Das HVerfG hat in seinem oben erwähnten Urteil festgestellt, daß durch Art.12 Abs.1 S.2 HV eine einfachgesetzliche Regelung ausgeschlossen wird, nach der die erste Sitzung der Bürgerschaft notwendigerweise später als drei Wochen nach der Wahl stattfindet. Ein entsprechendes Änderungsgesetz[67], welches von der 8.Bürgerschaft wiederum mit einfacher Mehrheit beschlossen worden war, wurde ebenfalls für verfassungswidrig erklärt[68]. Das Verfassungsgericht hat in diesem Zusammenhang zutreffend darauf hingewiesen, daß der Verfassungsgeber durch die nachträgliche Ergänzung des Art.12 Abs.1 S.2 HV um seinen zweiten Halbsatz[69] zwar im Einzelfall[70] die Fristüberschreitung für die Einberufung in Kauf genommen habe, um das Zusammentreten der neuen Bürgerschaft vor Ablauf der Wahlperiode der alten Bürgerschaft zu vermeiden, daß eine gesetzliche Regelung, die dem Senat von vornherein die Möglichkeit nehme, für die Wahl einen Termin in den letzten drei Wochen vor Ablauf der alten Wahlperiode zu bestimmen, aber unter keinem Gesichtspunkt mit der Verfassung vereinbar sei[71].

---

66 Enquete-Kommission, S.42 f.

67 Drs. 8 / 2835, § 1 S.2 WahlGBü sollte lauten: "Die Neuwahl findet frühestens fünfzehn Wochen, spätestens sieben Wochen vor Ende der Wahlperiode statt."

68 HVerfG, HmbJVBl.1978, 43 ff.

69 GVBl.1969 S.109; vgl. auch *Drexelius / Weber*, Art.12 Anm.1.

70 Für den Fall der vorzeitigen Parlamentsauflösung gem. Art.11 oder Art.36 Abs.1 HV gelten ohnehin andere Fristen, vgl. dazu *Bernzen / Sohnke*, Art.12 Rdnr.1.

71 HVerfG, HmbJVBl.1978, 43, 48; *Martens*, FS f.Reimers, S.314f.

V. Auflösung der Bürgerschaft

Nach Art.10 Abs.1 HV wird die Bürgerschaft auf vier Jahre gewählt. Ihre Wahlperiode endet im Regelfall mit dem Zusammentritt der neuen Bürgerschaft[72], die gem. Art.10 Abs.2 HV frühestens 46 und spätestens 48 Monate nach Beginn der laufenden Wahlperiode gewählt werden muß.

1. Selbstauflösung

Mit der Mehrheit ihrer gesetzlichen Mitgliederzahl kann die Bürgerschaft sich gem. Art.11 HV selbst auflösen. Eine nochmalige Erwähnung[73] findet dieses Recht in Art.36 Abs.1 Ziffer 3 HV. Um übereilte Beschlüsse zu verhindern[74], muß ein solcher Antrag von wenigstens einem Viertel der Abgeordneten eingebracht werden. Ein entsprechender Beschluß bedarf keiner Begründung und steht ohne Einschränkung jederzeit im freien Ermessen der Bürgerschaft[75].

Die meisten Landesverfassungen[76] kennen das Recht zur Selbstauflösung des Parlaments, ohne daß zuvor eine Vertrauensfrage des Regierungschefs gescheitert sein muß[77]. Dabei wird nur in einigen Fällen eine Zwei-Drittel-Mehrheit[78] gefordert, im übrigen reicht die Zustimmung einer einfachen Mehrheit[79] der gesetzlichen Mitglieder[80] für den Auflösungsbeschluß aus[81]. Als letzter Ausweg nach dem gescheiterten Versuch einer Regierungsbildung, nach dem Auseinanderfallen einer Regierungsmehrheit oder auch zur vorzeitig erwünschten politischen Legitimation von spektakulären Regierungswechseln sollte die Möglichkeit der Parlamentsauflösung aufgrund eigener Initiative der Abge-

---

72 Diese Vorschrift wurde durch Gesetz vom 19.5.1982, GVBl. S.117 in die HV aufgenommen.

73 *Schwabe*, HmbStVwR, S.47 Fn.40 sieht dafür zu Recht keinen zwingenden Grund und hält Art.36 Abs.1 HV für eine schlecht redigierte Norm.

74 Vgl. den Bericht des Verfassungsausschusses vom Dez.1951, S.3 zu Art.11.

75 *Bernzen / Sohnke*, Art.11 Anm.2.

76 Vgl. dazu im einzelnen *Ley*, ZParl 1981, 367 ff.; *Höfling*, DÖV 1982, 889 ff.

77 Allein diesen Weg ermöglicht Art.68 Abs.1 S.1 GG.

78 Art.39 Abs.2 BlnVerf; Art.69 1.Alt. SaarVerf; Art.13 Abs.2 SHVerf; Art.58 SächsVerf; Art.62 Abs.2 BrandVerf; Art.27 Abs.2 MVVerf; Art.60 SaAnVerf.

79 Art.18 Abs.1 BayVerf; Art.80 HessVerf; Art.35 Abs.1 NRWVerf; Art.84 Abs.1 RhPfVerf.

80 Gem. Art.10 Abs.2 NdsVerf müssen zwei Drittel der anwesenden, mindestens jedoch die Mehrzahl aller Abgeordneten einer Selbstauflösung zustimmen.

81 1982 wurde die Bürgerschaft mit einer knappen Mehrheit von 64 Stimmen (Plenarprotokoll 10 / 7, S.352 D), 1987 mit 100 gegen acht Simmen (Plenarprotokoll 12 / 10, S.555 A) aufgelöst.

ordneten nicht - wie in der Bremischen Verfassung - vollkommen fehlen[82]. Wie allerdings die Diskussion über eine Verkürzung der 13.Wahlperiode zum Zwecke der Zusammenlegung des Hamburger Wahltermins mit demjenigen der ersten gesamtdeutschen Bundestagswahl im Dezember 1990 zeigt[83], ist es verfassungspolitisch mehr als bedenklich, wenn die jeweilige Regierungsmehrheit es allein in der Hand hat, einen für sie - aus welchen Gründen auch immer - gerade besonders günstig erscheinenden Wahltermin zu bestimmen. Ebenso wie die Enquete-Kommission "Verfassungsreform" des Bundestages es für das Grundgesetz vorgeschlagen hat[84], sollte auch ein Selbstauflösungsbeschluß der Hamburgischen Bürgerschaft nur mit einer Zwei-Drittel-Mehrheit möglich sein. In der aktuellen Verfassungsreformdiskussion ist diese Forderung freilich - soweit ersichtlich - noch nicht erhoben worden.

2. Auflösung durch den Senat

Gem. Art.36 Abs.1 S.2 HV hat der Senat das Recht, die Bürgerschaft aufzulösen, wenn diese nach einem gescheiterten Vertrauensantrag binnen drei Monaten weder einen neuen Senat wählt, noch ihm nachträglich das Vertrauen ausspricht, noch sich selbst auflöst.

Es wird in der Literatur mit Recht darauf hingewiesen, daß diese Verfassungslage dem Senat ein ungewöhnlich[85] starkes Druckmittel gegenüber der Bürgerschaft an die Hand gibt, weil insbesondere ein Minderheitssenat[86] und damit die ihn "tragende" Fraktion über den Weg der Vertrauensfrage den Termin für Neuwahlen auch gegen den Willen der Mehrheit im Parlament bestimmen kann[87]. Überraschende oder übereilte Entscheidungen werden dabei allerdings durch die vorhergehende dreimonatige Handlungsfrist[88] der Bürgerschaft vermieden.

---

82 A.A. *Schneider / Zeh-Schulz*, § 65 Rdn.67, der die Nachteile einer Großen Koalition für geringer hält als den durch häufige Wahlen entstehenden Schaden in der Demokratiebereitschaft der Bürger.

83 Vgl. FAZ vom 3.8.1990, S.12.

84 Vorschlag zur Änderung von Art.39 Abs.2 GG, BT-Drs. 7 / 5924.

85 Eine gleiche Regelung kennt nur Art.36 Abs.1 S.1 SHVerf; vgl. im Zusammenhang mit einem Volksentscheid auch Art.68 Abs.3 NRWVerf.

86 Zur Frage, ob auch ein zurückgetretener Senat noch die Rechte aus Art.36 HV wahrnehmen kann vgl. unter Kapitel 2 III 3 a cc.

87 *Tögel*, S.95 f.

88 *Bettermann*, GS f.Martens, S.50 hält diese Frist für viel zu lang und Art.36 HV insgesamt für "verunglückt".

Die Verfassungsreformkommission der CDU-Bürgerschaftsfraktion hat unter Hinweis auf den entgegenstehenden Grundsatz der Parlamentsautonomie die Streichung des Art.36 Abs.1 S.2 HV vorgeschlagen[89]. Unter dem Begriff der Parlamentsautonomie wird heute allgemein der Bereich der Regelungen der internen Parlamentsangelegenheiten, insbesondere von Geschäftsgang und Disziplin verstanden[90]. Es ist nicht ersichtlich, aus welchem Grunde das Auflösungsrecht des Senats dazu im Widerspruch stehen sollte. Die Regelung des Art.36 HV ist im Grundsatz derjenigen des Art.68 GG nachempfunden, freilich unter bewußter Berücksichtigung[91] des Umstandes, daß der Senat in Hamburg gleichzeitig die Aufgaben des Staatsoberhauptes wahrnimmt[92]. Der Verzicht auf die Möglichkeit der Parlamentsauflösung auf Veranlassung der Exekutive mag mit Blick auf die entsprechende Praxis der anderen Bundesländer - mit Ausnahme Schleswig-Holsteins - beim Fehlen eines von der Regierung unabhängigen Staatsoberhauptes verfassungspolitisch sinnvoll sein, juristisch geboten erscheint es nicht.

Die Enquete-Kommission "Parlamentsreform" empfiehlt die Beibehaltung des Senats-Rechts, nach einem gescheiterten Vertrauensantrag die Wahlperiode vorzeitig zu beenden; allerdings soll die Reaktionszeit des Senats nach Art.36 Abs.1 S.1 HV von drei Monaten auf einen Monat verkürzt werden[93].

VI. Rechte der "geschäftsführenden" Bürgerschaft

Bei regulärer Beendigung einer Wahlperiode schließt sich - wie oben gesehen - die neue Legislaturperiode nahtlos an die alte an. Für den Fall der vorzeitigen Auflösung enthält die HV eine differenzierte Regelung. Nach Art.10 Abs.1 S.2 HV endet die Wahlperiode mit der Auflösung der Bürgerschaft. Gem. Art.12 Abs.2 HV soll aber die alte Bürgerschaft die Geschäfte bis zur ersten Sitzung des neu gewählten Parlaments weiterführen. Damit besteht praktisch eine "geschäftsführende Bürgerschaft", die außerhalb der Wahlperiode tätig wird. Fraglich ist, ob und ggf. welche Kompetenzeinschränkungen mit diesem Status verbunden sind.

---

89 Vorschläge zur Reform der Hamburger Verfassung vom Juli 1990, S.17.

90 BVerfGE 44, 308, 314; *Schneider / Zeh-Pietzcker*, § 10 Rdnr.4.

91 Vgl. Bericht des Verfassungsausschusses vom Dez.1951 zu Art.36, S.6.

92 Vgl. Art.43 HV.

93 Enquete-Kommission, S.43 ff.

Die Materialien zum Verfassungsentwurf von 1952 enthalten keinen Hinweis darauf, daß über die Kompetenzen einer aufgelösten Bürgerschaft beraten worden wäre. In den Beratungen zum Verfassungsentwurf von 1921 wurde ein Antrag diskutiert, in den damaligen Art.15 S.5 HV 1921 die Vorschrift aufzunehmen, daß lediglich "notwendige Geschäfte" von der aufgelösten Bürgerschaft zu führen seien[94]. Außerdem wurde im damaligen Verfassungsausschuß über die Formulierung "unaufschiebbare Geschäfte" beraten. Beide Vorschläge fanden schließlich keinen Eingang in die Verfassung, da man bei der Unterscheidung der Geschäfte im Einzelfall unlösbare Schwierigkeiten zwischen Senat und Bürgerschaft befürchtete[95].

Nach den Vorschriften der anderen Landesverfassungen, die ein Selbstauflösungsrecht des Parlaments oder die Möglichkeit der Auflösung durch die Landesregierung kennen, und nach der Auflösung des Bundestages gem. Art.68 Abs.1 S.1 GG tritt grundsätzlich eine parlamentslose Zeit ein[96]. Dies schließt nicht aus, daß bestimmte Organe[97] auch nach Beendigung der Wahlperiode ihre Tätigkeit fortsetzen. So sah auch Art.15 HV 1921 vor, daß der bisherige Bürgerausschuß bis zur ersten Sitzung der neuen Bürgerschaft bestehen bleibt.

Nach der HV soll es eine parlamentslose Zeit nicht geben. Kriterien dafür, welche Kompetenzen der geschäftsführenden Bürgerschaft verbleiben sollen, sind der Verfassung gleichwohl nicht unmittelbar zu entnehmen. Zu berücksichtigen ist insbesondere der allgemein als Verfassungsgewohnheitsrecht angesehene Grundsatz der Diskontinuität des Parlamentsbetriebs[98]; danach gehen mit dem Ende der Wahlperiode grundsätzlich alle Beschlußvorlagen und sonstigen Angelegenheiten unter und müssen ggf. von der neuen Bürgerschaft wieder aufgenommen werden. Dieser Grundsatz findet auch nach der vorzeitigen Beendigung der Wahlperiode Anwendung[99].

---

94 Stenographische Berichte der Bürgerschaft zu Hamburg 1921, 52.Sitzung am 5.11.1920, S.1531.

95 Ebenda.

96 *Wettig-Danielmeier*, ZParl 1970, 269, 281; *Busch*, ZParl 1973, 213, 225; für NRW: *Kleinrahm / Dickersbach*, Art.35 Anm.4; für Schleswig-Holstein: *Barschel / Gebel*, Art.10 Anm.I 1.

97 Vgl. etwa den Ständigen Ausschuß des Bundestages nach Art.45 a.F. GG, aufgehoben durch Gesetz vom 23.8.1976, BGBl.I, S.2381.

98 MDHS-*Maunz*, Art.39 Rndr.18; *Drexelius / Weber*, Art.10 Anm.2; *Bernzen / Sohnke*, Art.10 Rdnr.4.

99 *Busch*, ZParl 1973, 213, 223 ff.; *Kramer*, S.47 ff.

Mit dem Beschluß ihrer Selbstauflösung hat die Bürgerschaft darüber hinaus zum Ausdruck gebracht, daß sie sich nicht mehr als Repräsentantin des Volkes betrachtet. Wenn die Abgeordneten den ihnen erteilten Auftrag mit einem Auflösungsbeschluß und der zwingenden Folge von Neuwahlen an das Volk zurückgegeben haben, können ihnen nach demokratischen Grundsätzen keine Kompetenzen verbleiben, mit deren Wahrnehmung das Wahlvolk und seine künftigen Repräsentanten über den Rahmen des zur ordnungsgemäßen Führung der Staatsgeschäfte unbedingt erforderlichen hinaus gebunden oder verpflichtet würden. Gleiches gilt sinngemäß auch für den Fall der Parlamentsauflösung durch den Senat, weil die Bürgerschaft in einem solchen Fall durch ihre vorherige Unfähigkeit zur Bildung eines mehrheitsfähigen Senats bzw. zur Selbstauflösung die über einen Zeitraum von drei Monaten drohende Auflösung durch den Senat zur Behebung der Vertrauenskrise zumindest billigend in Kauf genommen hat.

Die Verabschiedung von Gesetzen ist nach der Auflösung nicht mehr zulässig. Hingegen dürfen Gesetzesvorlagen des Senats weiter entgegengenommen und auch debattiert werden. Keine Kompetenzen hat die geschäftsführende Bürgerschaft zur Verabschiedung des Haushalts oder auch des Nachtragshaushalts. Etwas anderes gilt für die Festlegung der mittelfristigen Finanzplanung, weil dieser gemäß § 31 LHO keine bindende Wirkung zukommt. Rechtlich weniger erhebliche Debatten in der aktuellen Stunde oder bei Beratung und Verabschiedung von Absichtserklärungen sowie Aufforderungen an den Senat zu einem bestimmten politischen Handeln sind weiterhin ohne Einschränkungen möglich.

Ihre Kontrollrechte muß die Bürgerschaft auch nach ihrer Auflösung in vollem Umfang ausüben können. Zum einen wird dadurch das nächste Parlament in keiner Weise gebunden und zum anderen ist nicht ersichtlich, warum der Senat, dessen Rechtsstellung vom Auflösungsbeschluß nach h.M. nicht beeinträchtigt wird[100], in der Zwischenzeit ohne parlamentarische Kontrolle bleiben sollte.

Die Ausschüsse der Bürgerschaft sind gemäß § 61 Abs.1 GOBü nur zur Vorbereitung der Beschlüsse des Plenums eingesetzt und fassen selbst keine bindenden Beschlüsse[101]. Insofern wird ihre Tätigkeit durch die Selbstauflösung

---

100 *Drexelius / Weber*, Art.34 Anm.4; a.A. *Bernzen / Sohnke*, Art.34 Rdnr.1; vgl. dazu unter Kapitel 4 III 3 a.

101 Vgl. dazu unter Kapitel 2 III.

nicht beschränkt. Die Vorbereitung von Gesetzesvorlagen, welche von der Bürgerschaft selbst nicht mehr verabschiedet werden können, kann weiterhin sinnvoll sein, weil die neugewählte Bürgerschaft gemäß § 61 Abs.4 GOBü die Möglichkeit hat, die bisherigen Beratungen in den Ausschüssen ohne Wiederholung fortzuführen.

Für die Rechte des Bürgerausschusses aus Art.31 HV gilt sinngemäß das oben Gesagte. Seine Kontrolltätigkeit erfährt keine Einschränkungen; die Mitwirkung an der Veräußerung von Staatsgut und die Notgesetzgebung muß schon deswegen unterbleiben, weil die geschäftsführende Bürgerschaft nicht mehr die Möglichkeit hat, Beschlüsse des Bürgerausschusses zu ändern oder aufzuheben[102].

---

102 Vgl. dazu *Bernzen / Sohnke*, Art.31 Rdnr.9.

2. Kapitel

Organe der Bürgerschaft

I. Präsident, Vorstand und Ältestenrat

Aus Art.18 Abs.1 HV folgt die verfassungsrechtliche Verpflichtung[1] der Bürgerschaft zur Wahl ihres Präsidenten, der Vizepräsidenten und des übrigen Vorstandes. Die geheime Wahl erfolgt in getrennten Wahlgängen in der ersten Sitzung einer neu gewählten Bürgerschaft[2]. Die Zusammensetzung des Vorstandes ist im Verhältnis der Stärke der einzelnen Fraktionen vorzunehmen[3].

Eine Abberufung von Mitgliedern des Vorstands der Bürgerschaft ist - abgesehen vom Mandatsverlust nach Art.13 Abs.2 HV[4] - weder in der Verfassung[5] noch in der Geschäftsordnung vorgesehen. Mißtrauensvoten gegen das gesamte Organ oder einzelne seiner Mitglieder sind unzulässig[6].

Keine Erwähnung in der Verfassung findet der Ältestenrat als weiteres Organ der Bürgerschaft.

1. Präsident

Nach altem Parlamentsbrauch und zwischenzeitlich verfassungsgewohnheitsrechtlicher Übung[7] steht der stärksten Fraktion das Vorschlagsrecht zur Wahl des Präsidenten zu[8].

---

1 Vgl. entsprechend zu Art.40 Abs.1 GG *Schneider / Zeh-Bücker*, § 27 vor Rdnr.1.

2 § 2 Abs.1 u. 3 GOBü.

3 Gem. § 10 Abs.1 GOBü gilt dafür das Berechnungsverfahren Hare / Niemeyer.

4 Vgl. dazu unter Kapitel 7 III.

5 Eine Abberufung mit Zwei-Drittel-Mehrheit ist neuerdings vorgesehen in Art.14 Abs.2 SHVerf, Art.69 Abs.2 BrandVerf, Art.29 Abs.2 MVVerf und Art.49 Abs.4 SaAnVerf; ablehnend dazu unter Hinweis auf die Symbol- und Integrationsfunktion des Amtes Enquete-Kommission, S.47.

6 *Drexelius / Weber*, Art.18 Anm.1; a.A. für das Bundestagspräsidium v. *Münch-Versteyl*, Art.40 Rdnr.4.

7 Vgl. *Stern*, Bd. 2, S. 90.

8 Nach § 86 Abs.1 BremVerf sind sogar Neuwahlen des Bürgerschaftsvorstandes möglich, wenn sich während der Wahlperiode das Stärkeverhältnis der Fraktionen verändert.

Neben den in Art.18 Abs.2 HV einzeln aufgeführten Pflichten obliegt dem Präsidenten insbesondere die Aufgabe, die Bürgerschaft und und jeden einzelnen Abgeordneten in ihren verfassungsmäßigen Rechten zu schützen[9], die Sitzungen gerecht und unparteiisch zu leiten und die Einhaltung der Geschäftsordnung zu überwachen[10].

Die Vizepräsidenten vertreten den Präsidenten im Vorsitz und in seinen sonstigen Geschäften[11] in der Reihenfolge Erster Vizepräsident, Zweiter Vizepräsident[12]. Sind gleichzeitig der Präsident und alle Vizepräsidenten verhindert, an einer Bürgerschaftssitzung teilzunehmen, so werden gem. § 4 GOBü unter dem Vorsitz des Alterspräsidenten für diese Sitzung ein oder mehrere Vertreter gewählt.

Da der hamburgische Bürgerschaftspräsident in seiner Amtsführung nicht auf ein Präsidium und nur in wenigen Fällen auf den Vorstand angewiesen ist, hat er im Vergleich mit anderen Parlamentspräsidenten[13] eine starke Stellung inne[14].

a) Leitungsbefugnis

Gem. Art.22 Satz 1 HV erfolgt die Einberufung der Bürgerschaft ausschließlich durch den Präsidenten[15].

Daneben ist es eine der Hauptaufgaben des Präsidenten, die Sitzungen der-Bürgerschaft zu leiten. Zur Leitungsbefugnis gehören nach der Geschäftsordnung vor allem:

- Festsetzung von Zeit und Tagesordnung der Sitzung (§ 14 Abs.1)

- Leitung der Sitzung (§ 5 Abs.5)

- Bestimmung der Reihenfolge der Redner (§ 21 Abs.2)

---

9 § 5 Abs.3 GOBü.

10 § 5 Abs.5 GOBü.

11 § 6 GOBü.

12 *Bernzen / Sohnke*, Art.18 Rdnr.4.

13 Vgl. für den Bundestagspräsidenten *Schneider / Zeh-Bücker*, § 27 Rdnr.19 ff.

14 *Schneider / Zeh-Schulz*, § 65 Rdnr.21 f., der als ehemaliger Bürgerschaftspräsident darin eine besondere Form des Minderheitenschutzes sieht - vorausgesetzt, das Parlament leiste sich eine innerlich unabhängige Persönlichkeit im Präsidentenamt.

15 Einzelheiten regelt § 14 GOBü.

- Überwachung der Einhaltung von Redezeiten (§ 22 Abs.3)
- Erteilung von Sach- und Ordnungsrufen (§ 47)
- Ausschluß von Abgeordneten (§ 49)
- Feststellung des Beratungsschlusses (§ 20 Abs.4)
- Fragestellung zur Abstimmung (§ 31 Abs.1)
- Feststellung des Abstimmungsergebnisses (§§ 32 Abs.1; 33 Abs.2)
- Unterzeichnung des Verhandlungsberichts (§ 53 Abs.1)
- Abgabe von Erklärungen (§ 34)
- Ausschußüberweisung im Vorwege (§ 19 Abs.3)
- Überweisung von Immunitätsangelegenheiten an den Geschäftsordnungsausschuß (§ 89)
- Entscheidung über die Auslegung der Geschäftsordnung im Einzelfall (§ 91 Abs.1)

Der parlamentarischen Ordnungsgewalt des Bürgerschaftspräsidenten unterstehen während der Sitzungen gem. Art.23 Abs.2 Satz 2 HV[16] auch die Mitglieder und Vertreter des Senats. Da die Geschäftsordnung als autonome Satzung[17] der Bürgerschaft aber nur die Abgeordneten bindet, kommt als Rechtsgrundlage für Ordnungsmaßnahmen gegenüber Senatsvertretern nicht die §§ 47 ff. GOBü sondern nur das allgemeine Hausrecht nach Art.18 Abs.2 Satz 1, 1.HS HV in Betracht[18]. Im Einzelfall kann sich der Präsident daran orientieren, welche Ordnungsmaßnahme ein entsprechendes Verhalten oder eine entsprechende Äußerung eines Abgeordneten rechtfertigen würde.

b) Behördenchef der Bürgerschaftskanzlei

Gem. Art.18 Abs.1 Satz 1, 1.HS HV untersteht dem Präsidenten in Abweichung von § 3 Abs.1 Satz 1 HmbBG die Bürgerschaftskanzlei.

---

16 Entsprechend § 83 GOBü.

17 Vgl. dazu unter Kapitel 6 I.

18 Vgl. für den Bundestag *v. Mangoldt / Klein / Achterberg / Schulte*, Art.43 Rdnr.71; *Schneider / Zeh-Bücker*, § 34 Rdnr.48.

Abweichend von Art.45 Abs.1 HV ernennt und entläßt der Präsident die Beamten der Bürgerschaft[19]; ohne ausdrückliche Regelung hat der Präsident als Unterfall der Ernennung auch das Recht zur Beförderung[20]. Die Mitwirkung des Beamtenernennungsausschusses nach Art.45 Abs.2 Satz 1 HV[21] bleibt davon unberührt[22]. Obwohl selbst nicht Beamter, ist der Präsident Dienstvorgesetzter[23] der Beamten der Bürgerschaft[24].

Die Bürgerschaftskanzlei hat z.Zt. knapp 60 Mitarbeiter, die in den Bereichen Presse- und Öffentlichkeitsarbeit sowie Protokollangelegenheiten, Allgemeine Verwaltung, Angelegenheiten des Plenums und der Abgeordneten, Justitiariat, Eingabendienst, Protokollführungs- und Ausschußdienst sowie Parlamentsdokumentation tätig sind[25]. Leiter der Kanzlei ist der Direktor bei der Bürgerschaft, der zur Unterstützung des Präsidenten tätig wird und dessen ständiger Vertreter in allen Verwaltungsangelegenheiten ist[26].

Die Enquete-Kommission "Parlamentsreform" empfiehlt die Erweiterung der Bürgerschaftskanzlei um einen parteipolitisch unabhängigen wissenschaftlichen Beratungsdienst, der insbesondere für die Vorbereitung und Begleitung der Ausschuß- und Fraktionsarbeit zuständig sein soll; entfallen soll dafür der Anspruch des einzelnen Abgeordneten, Mittel für einen wissenschaftlichen Assistenten zu erhalten[27].

Der Präsident verfügt im Rahmen des Haushaltsplanes über die Einnahmen und Ausgaben der Bürgerschaft[28] und erstellt die Haushaltsvoranschläge nach § 28 LHO[29]. Er weist den Fraktionen die von ihnen zu nutzenden Räumlichkeiten zu und nimmt damit erheblichen Einfluß auf die Arbeitsmöglichkeiten der Abgeordneten. Der Präsident ist gesetzlicher Vertreter der Freien und

---

19 Art.18 Abs.1 Satz3 HV.

20 *Bernzen / Sohnke*, Art.18 Rdnr.16.

21 Vgl. dazu unter Kapitel 6 II 1.

22 *Drexelius / Weber*, Art.18 Anm.8.

23 Gem. § 3 Abs.2 Satz 1 HambBG.

24 *Bernzen / Sohnke*, Art.18 Rdnr.13.

25 Vgl. dazu im einzelnen *W.A.Lange*, S.177 ff.; kritisch zu dieser Organisationsstruktur *Pumm*, ZParl 1984, 265, 267 ff.

26 *W.A.Lange*, S.177.

27 Enquete-Kommission, S.63 ff, 173; vgl. Kapitel 7 I 3.

28 Art.18 Abs.2 Satz 2, 1.HS HV.

29 Vgl. § 28 Abs.2 LHO; *Bernzen / Sohnke*, Art.18 Rdnr.14.

Hansestadt Hamburg, soweit die Bürgerschaft betroffen ist, und tritt in dieser Eigenschaft im Rechtsverkehr auf[30].

Nach Art.18 Abs.2 Satz 1, 1.HS HV übt der Präsident - im Rahmen der Rechtsordnung - das Hausrecht und die Polizeigewalt in den von der Bürgerschaft benutzten Räumen aus. Das Hausrecht ist privatrechtlicher Natur[31] und wird sowohl durch § 106 b StGB als auch durch § 112 OWiG[32] geschützt. Da die Bürgerschaft über keine Hausordnung[33] verfügt, die von jedem Besuchern allgemein anerkannt werden könnte, bedarf es bei etwaigen Störungen in jedem Einzelfall zunächst einer Anordnung des Ordnungsbefugten, bevor eine Verletzungshandlung i.S.d. § 106b StGB oder § 112 OWiG verwirklicht werden kann.

Die Übertragung der Polizeigewalt auf den Präsidenten bedeutet, daß dieser in den von der Bürgerschaft genutzten Räumen Organ der öffentlichen Gewalt ist und allein die Befugnis und Verpflichtung zur Wahrnehmung derjenigen Aufgaben besitzt, die sonst der Polizei obliegen[34]. Der Präsident verfügt über keine eigenen Polizeikräfte, so daß der Senat verpflichtet ist, ihm auf Anforderung hin im Wege der Amtshilfe solche zur Verfügung zu stellen[35]. Für die Zeit der Überstellung unterliegen die Polizeibeamten unbeschränkt den Weisungen des Bürgerschaftspräsidenten[36].

Fraglich ist, ob sich das Hausrecht des Präsidenten auch auf die von den Fraktionen der Bürgerschaft genutzten Räumlichkeiten erstreckt, oder ob diesen ein eigenes Hausrecht an ihren Geschäftsräumen zusteht.

Unabhängig von dem Streit über die Rechtsnatur von Parlamentsfraktionen[37] spricht deren unbestritten eigenständiger Stellenwert von Verfassungsrang dafür, daß Art.18 Abs.2 Satz 1, 1.HS wörtlich auszulegen ist und das Hausrecht des Präsidenten auf die ausschließlich vom Parlament, seinen Ausschüssen oder der

---

30 Art.18 Abs.2 Satz 2, 2.HS HV.

31 *Bernzen / Sohnke*, Art.18 Rdnr.9; *Drews / Wacke / Vogel / Martens*, S.71, 103.

32 Nach §§ 34 f. OWiG i.V. m. dem Gesetz vom 24.2.1975 (GVBl. S.55) ist der Präsident zur Verfolgung und Ahndung solcher Ordnungswidrigkeiten zuständig.

33 Vgl. die Hausordnung für den Bundestag, abgedruckt bei *Ritzel / Bücker* im Anschluß an § 7.

34 *Drexelius / Weber*, Art.18 Anm.6.

35 *Bernzen / Sohnke*, Art.18 Rdnr.10; *Drexelius / Weber*, Art.18 Anm.6; zur entsprechenden Regelung in Art.40 Abs.2 Satz 1 GG vgl. *Achterberg*, S.125.

36 *Bernzen / Sohnke*, Art.18 Rdnr.10; vgl. auch *Leinius*, NJW 1973, 448, 449.

37 Vgl. dazu näher unter Kapitel 2 II 3.

Bürgerschaftskanzlei genutzten Räume beschränkt[38]. Ein eigenständiges Hausrecht der Fraktionen an den von ihnen genutzen Räumen schließt dabei allerdings nicht aus, daß der Bürgerschaftspräsident aufgrund seiner Polizeigewalt - jedenfalls bei Gefahr im Verzuge - berechtigt ist, bei von den Fraktionsräumen ausgehenden Störungen einzuschreiten und die ihm zur Verfügung stehenden Ordnungsmaßnahmen anzuordnen[39].

Eine logische Konsequenz der Polizeigewalt des Präsidenten enthält Art.18 Abs.3 HV, wonach Durchsuchungen und Beschlagnahmen in den Räumen der Bürgerschaft nur mit Einwilligung des Präsidenten vorgenommen werden dürfen. Nichts anderes kann für Festnahmen oder Verhaftungen gelten[40].

c) Bannkreisgesetz

Das Hausrecht des Bürgerschaftspräsidenten wird nach außen hin ergänzt durch das Bannkreisgesetz[41].

Danach ist ein Versammlungsverbot innerhalb des befriedeten Bannkreises zulässig, wenn eine Beeinträchtigung der Tätigkeit der Bürgerschaft, ihrer Organe oder Gremien oder eine Behinderung des freien Zugangs zum Rathaus nicht zu befürchten ist. Unzulässig sind Ausnahmen, wenn am Tage der Versammlung eine Sitzung der Bürgerschaft, des Bürgerausschusses, des Ältestenrates oder der Fraktionen stattfindet. Mit der Normierung konkreter Zulässigkeitsvoraussetzungen für Versammlungen innerhalb des Bannkreises unterscheidet sich die hamburgische Regelung sowohl vom repressiven Verbot mit Befreiungsvorbehalt in § 16 VersG[42] als auch von den entsprechenden Regelungen der meisten anderen Bannkreisgesetze des Bundes[43] und der Länder[44].

---

38 So auch aufgrund einer Demonstration auf der Zuschauertribüne der Bürgerschaft *C.Schmidt*, DÖV 1990, 102, 104 f.

39 *C.Schmidt*, DÖV 1990, 102, 107.

40 *Bernzen / Sohnke*, Art.18 Rdnr.17.

41 Vom 5.2.1985 (GVBl.S.61), zuletzt geändert durch Gesetz vom 8.10.1986 (GVBl. S.326).

42 Vgl. *Schwarze*, DÖV 1985, 213, 219; *Dietl / Gintzel / Kniesel*, § 16 Rdnr.1.

43 Bannmeilengesetz vom 6.8.1955 (BGBl. I S.504) geändert durch Gesetz vom 28.5.1969 (BGBl. I S.449).

44 Keine Bannkreisgesetze bestehen in Bremen und Schleswig-Holstein.

Bei der Beratung des neuen hamburgischen Bannkreisgesetzes folgte die Bürgerschaft der Rechtsauffassung des VG Hamburg[45], wonach der Ermessensspielraum zur Entscheidung über die Freigabe des Rathausmarktes nach dem Bannkreisgesetz a.F.[46] aufgrund der Bedeutung von Art.8 GG regelmäßig auf Null reduziert gewesen sei, wenn konkrete Gründe zum Schutz der Arbeit der Bürgerschaft nicht vorlagen[47]. Die vereinzelt gegen diese Regelung erhobenen Einwände[48] haben sich in der bisherigen Praxis der Gesetzesanwendung als unbegründet erwiesen.

2. Vorstand

Der Vorstand der Bürgerschaft besteht gem. § 2 Abs.2 GOBü aus dem Präsidenten, dem Ersten und Zweiten Vizepräsidenten sowie vier Schriftführern, deren Anzahl verfassungsmäßig nicht festgelegt ist.

Die Aufgaben des Vorstandes erschöpfen sich in dem Recht, nach Art.22 Satz 2 Ziffer 1 HV eine Einberufung der Bürgerschaft verlangen zu können[49] sowie gem. § 18 Abs.1 Satz 1 GOBü über die Beschlußfassung nach Anzweifelung zu entscheiden. Die Schriftführer haben insbesondere beim Auszählen zweifelhafter Ergebnisse und bei der Durchführung namentlicher Abstimmungen den Präsidenten zu unterstützen[50].

3. Ältestenrat

Der Ältestenrat besteht gem. § 11 GOBü aus dem Präsidenten, seinen Stellvertretern sowie weiteren Mitgliedern der Bürgerschaft, die von den Frak-

---

45 NVwZ 1985, 678; kritisch dazu *Schwarze*, DÖV 1985, 213, 214 f.

46 Vom 4.11.1968, GVBl. S.241.

47 Bericht des Ausschusses für Verfassung, Geschäftsordnung und Wahlprüfung vom 5.12.1984, Drs. 11 / 3413, S.1.

48 *Korte / Rebe*, S.215 f. befürchteten eine erhebliche Rechtsunsicherheit wegen der möglichen Unsicherheit über das Stattfinden irgendwelcher Sitzungen und die Realität unfriedlicher Demonstrationen.

49 Das gleiche Recht steht dem Präsidenten jederzeit auch alleine zu, ebenso gem. Art.22 Satz 2 Ziff.3 bis 5 dem Bürgerausschuß, einem Zehntel der Abgeordneten sowie dem Senat.

50 §§ 7, 32 f. GOBü.

tionen benannt werden, ohne daß irgendwo die Zusammensetzung nach Stärkeverhältnissen[51] geregelt wäre[52].

Nach § 13 GOBü ist der Ältestenrat vom Präsidenten einzuberufen; dieser ist dazu verpflichtet, wenn eine Fraktion es verlangt. Die Beratungsfähigkeit ist gegeben, wenn die Mehrheit der Fraktionen vertreten ist. Der Ältestenrat ist kein Beschlußorgan[53]; seine Entscheidungen sind grundsätzlich freie, unverbindliche Vereinbarungen[54]. Die Unterstützung des Präsidenten erfolgt nur durch Ratschläge. Es ist dabei parlamentarischer Brauch, daß die Empfehlungen des Ältestenrates nur einstimmig ergehen können[55].

Die Hauptaufgabe des Ältestenrates ist gem. § 12 Abs.1 GOBü die Unterstützung des Präsidenten in seiner Amtsführung. Dabei soll er möglichst eine Verständigung der Fraktionen über die Tagesordnung[56] und den technischen Ablauf der Bürgerschaftssitzungen[57], die Besetzung der Ämter des Vorsitzenden und des Schriftführers von Parlamentsausschüssen[58] sowie in allen sonstigen umstrittenen Angelegenheiten herbeiführen. Kraft parlamentarischen Brauches werden die Empfehlungen des Ältestenrates in der Regel von der Bürgerschaft berücksichtigt bzw. gegebenenfalls beschlossen[59]. Sind Abweichungen von den Vereinbarungen im Ältestenrat beabsichtigt, so sollen der Präsident und die Fraktionen vorher verständigt werden[60].

Die Bedeutung des Ältestenrates für die parlamentarische Arbeit liegt in seiner Eigenschaft als Organ der Integration und Kommunikation zwischen dem Bürgerschaftspräsidium und den Fraktionen.

---

51 So etwa § 12 GOBT.

52 Zur Zeit gehören dem Ältestenrat 12 weitere Abgeordnete an, darunter alle Fraktionsvorsitzenden.

53 § 12 Abs.1 Satz 3; zur abweichenden Rechtslage nach § 6 Abs.3 u. 4 GOBT vgl. *Bernzen / Gottschalck*, ZParl 1990, 393, 401.

54 *Drexelius / Weber*, Art.18 Anm.2.

55 Für den Bundestag vgl. *Rietzel / Bücker*, § 6 Anm. II 3 c.

56 Zu den Einflußmöglichkeiten des Senats auf die Gestaltung der Tagesordnung durch dringende Anträge vgl. *Röper*, ZParl 1986, 385, 387 f.; *Tögel*, S.83 f.

57 *Bernzen / Sohnke*, Art.18 Rdnr.5.

58 § 12 Abs.1 Satz 2 GOBü.

59 *Drexelius / Weber*, Art.18 Anm.2; für den Bundestag vgl. *Schneider / Zeh-Roll*, § 28 Rdnr.46 ff. m.w.N.

60 § 12 Abs.2 GOBü.

Die Enquete-Kommission "Parlamentsreform" empfiehlt - bei Verzicht auf die Erwähnung des Vorstandes - die Verankerung des Ältestenrates in der Verfassung, um dessen Tätigkeit aufzuwerten[61].

II. Fraktionen

Ebenso wie viele andere Landesverfassungen[62] läßt die HV den Begriff der Fraktion unerwähnt. Das Recht, sich mit anderen Abgeordneten zu einer Fraktion zusammenzuschließen, findet seine verfassungsrechtliche Grundlage in Art.7 HV[63]. Nach der Definition in § 9 Abs.1 GOBü sind Fraktionen Vereinigungen von Mitgliedern der Bürgerschaft, die derselben Partei angehören. Ein von dieser Regel abweichender Zusammenschluß von Abgeordneten bedarf für die Anerkennung als Fraktion der Zustimmung der Bürgerschaft.

Die Enquete-Kommission "Parlamentsreform" empfiehlt eine gesetzliche Regelung des Status sowie der Rechte und Pflichten der Fraktionen, insbesondere in Bezug auf die Rechnungslegung und eine Prüfung durch den Landesrechnungshof[64].

1. Bildung und Auflösung

Die zur Bildung einer Fraktion notwendige Mitgliederzahl wird durch Beschluß der Bürgerschaft festgelegt[65]. Mit dieser Regelung vermeidet die Bürgerschaft sowohl die Anwendung einer weiteren 5%-Klausel[66] als auch die generelle Festlegung auf eine absolute Mindestzahl[67] und erhält damit die Möglichkeit, zu Beginn der Wahlperiode jeweils flexibel durch einfachen Parlamentsbeschluß auf die tatsächliche Größe kleiner Parteien im Parlament reagieren zu können Die verfassungsrechtlichen Grenzen bei der Festsetzung

---

61 Enquete-Kommission, S.46 f.

62 Definitionen finden sich neuerdings in Art.67 BrandVerf, Art.47 Abs.2 SaAnVerf und Art.25 Abs.2 MVVerf.

63 Vgl. zu Art.38 Abs.1 Satz 2 GG BVerfGE 80, 188, 218; 84, 304, 317.

64 Enquete-Kommission, S.49 ff.

65 Wobei Gäste - sogenannte Hospitanten - nicht mitgezählt werden.

66 So etwa § 10 Abs.1 GOBT.

67 Zur Zulässigkeit einer solchen Regelung in der GO des Bayerischen Landtages vgl. BayVerfGHE 29, 62; *Arndt / Schweitzer*, ZParl 1976, 71 ff.; BVerfGE 43, 142 ff.

einer Fraktionsmindeststärke[68] werden aus der Herrschafts- und Funktionsfähigkeit des Parlaments[69] einerseits und dem Willkürverbot[70], den Grundsätzen der Chancen-[71] bzw. Wahlrechtsgleichheit[72] der politischen Parteien in- und außerhalb des Parlaments, dem Minderheitenschutz[73] sowie der Oppositionsfreiheit[74] andererseits hergeleitet. Nach der Rechtsprechung des BVerfG ist das Parlament durch die Entscheidung des Wahlgesetzgebers für die 5%-Sperrklausel nicht gehindert, die Fraktionsmindeststärke höher oder niedriger festzusetzen, sofern der Grundsatz der gleichen Mitwirkungsbefugnis der Abgeordneten aus Art.38 Abs.1 Satz 2 GG beachtet wird[75].

Über die Auflösung einer Fraktion enthält die Geschäftsordnung keinerlei Regelungen. Ordentlicher Auflösungsgrund ist das Ende des Parlaments durch Ablauf der Wahlperiode oder vorzeitige Auflösung[76]. Als actus contrarius zum Zusammenschluß der Abgeordneten ist die vereinbarte Auflösung der Fraktion jederzeit möglich[77]. Austritte, Übertritte und Mandatsverluste von Abgeordneten lassen den Fraktionsstatus dann entfallen, wenn die Mindestmitgliedszahl dadurch unterschritten wird[78].

Mit der Auflösung der Fraktion sind deren aus öffentlichen Mitteln erworbene oder zur Verfügung gestellte Sachmittel an die Bürgerschaft zurückzugeben und fallen nicht etwa der jeweiligen politischen Partei außerhalb des Parlaments zu[79]. Alle arbeitsrechtlichen Beziehungen der Fraktion sind mit ihrer Auflösung fristlos beendet. Für den Fall, daß eine Fraktion, die bis zum Ende der Wahlperiode bestanden hat, sich zu Beginn der nächsten Wahlperiode erneut bildet, wird die Ansicht vertreten, daß deren arbeits- und vermögensrechtliche Beziehungen dieses Ende überdauern, sofern sie nicht ausdrücklich befristet

---

68 Vgl. BayVerfGH n.F. 29 II, 62, 85 ff.; *Stern*, Bd.1, S.1028.

69 *Linck*, DÖV 1975, 689, 693.

70 *Dach*, DVBl.1982, 1080 f.; a.A. *Fröhlinger*, DVBl. 1982, 682, 686.

71 *W.Schmidt*, Der Staat 1970, 481, 495.

72 *Lisken*, ZParl 1978, 320, 321.

73 Vgl. BVerfGE 2, 1, 13; 44, 308, 317 ff.; 70, 324, 363.

74 Vgl. dazu unter Kapitel 4 II.

75 BVerfGE 84, 304, 325.

76 Stern, Bd.1, S.1029 (§ 23 I 2e); *v. Mangoldt / Klein / Achterberg / Schulte*, Art.38 Rdnr.95.

77 *Hauenschild*, S.192.

78 *v. Mangoldt / Klein / Achterberg / Schulte*, Art.38 Rdnr.95.

79 So aber die Auffassung der GAL nach deren Verlust des Fraktionsstatus in der 13.Wahlperiode, vgl. FAZ vom 30.3.90 u. 31.3.90; diese Ansicht vertritt auch *Kretschmer*, Fraktionen, S.55.

sind[80]. Diese unfreiwillige Rechtsnachfolge stellt allerdings keine angemessene Lösung für den Fall dar, daß die neue Fraktion wesentlich kleiner als ihre Rechtsvorgängerin ist[81] oder aus anderen - z.B. politischen - Gründen mit der alten Fraktion nicht identifiziert werden will.

Ein Fraktionsausschluß ist aufgrund der damit für den Abgeordneten verbundenen erheblichen Minderung seiner parlamentarischen Wirkungsmöglichkeiten nur aus wichtigem Grunde, etwa wenn die Zugehörigkeit des betreffenden Mitglieds für die Fraktion unzumutbar ist[82], und unter Einhaltung gewisser Verfahrensvorschriften[83] zulässig.

2. Aufgaben

Die GO knüpft zahlreiche Rechte und Pflichten an den Fraktionsstatus. Nach § 10 Abs.1 GOBü ist die Zusammensetzung des Vorstandes der Bürgerschaft[84] sowie der Ausschüsse[85] vom Verhältnis der Stärke der einzelnen Fraktionen abhängig; dieselben Grundsätze sind bei Wahlen anzuwenden[86]. Die Fraktionen entsenden ihre Vertreter in den Ältestenrat[87]. Gem. § 15a GOBü werden die Fraktionen vom Präsidenten über Anträge des Senats zur Entsperrung von Haushaltsmitteln unterrichtet; einer Entscheidung des Haushaltsausschusses über die Entsperrung ohne Beteiligung des Plenums kann nur eine Fraktion widersprechen[88]. Die Beantragung einer Aktuellen Stunde zu Beginn der Bürgerschaftssitzung ist nur durch Fraktionen möglich[89]. Bei der Besetzung von Enquete-Kommissionen sieht die Geschäftsordnung lediglich ein Benennungsrecht für Fraktionen vor[90]. Schließlich hat der Fraktionsstatus Bedeutung für die Verteilung der Redezeit nach §§ 22, 23 GOBü.

---

80 *Korte / Rebe*, S.221; vgl. auch die Regelung in Art.10 des Entwurfes für ein Fraktionsgesetz der GRÜNE / GAL-Fraktion vom 15.4.1992, Drs.14 / 1520, S.3.

81 Vgl. *Schneider / Zeh-Jakewitz*, § 37 Rdnr.65; zur Kündigung von Fraktionsmitarbeitern aufgrund von Kürzungen der Fraktionszuschüsse vgl. BAG, AP § 1 KSchG 1969 Nr.11; ArbG Berlin, NJW 1990, 534.

82 *Stern*, Bd.1, S.1029; vgl. *Erdmann*, DÖV 1988, 907, 910.

83 Vgl. VGH München, NVwZ 1989, 494, 495 ff.

84 Vgl. dazu unter Kapitel 2 I 2.

85 § 62 Abs.2 GOBü; vgl. dazu unter Kapitel 2 III.

86 § 28 Abs.4 GOBü.

87 § 11 GOBü; vgl. unter Kapitel 2 I 3.

88 Vgl. dazu unter Kapitel 5 IV.

89 § 36a GOBü; vgl. dazu unter Kapitel 4 III 2.

90 § 79a GOBü; vgl. unter Kapitel 4 III 6.

Eine Antragsbefugnis der Fraktionen im Organstreitverfahren vor dem Hamburgischen Verfassungsgericht ist - im Gegensatz zu Art.93 Abs.1 Nr.1 GG i.V.m. §§ 13 Nr.5, 63 BVerfGG - in der HV nicht vorgesehen[91].

Darüber hinaus ist es die Aufgabe der Fraktionen, die parlamentarische Arbeit zu steuern, indem sie insbesondere eine Arbeitsteilung unter ihren Mitgliedern organisieren, gemeinsame Initiativen vorbereiten sowie eine umfassende Information der Fraktionsmitglieder sicherstellen[92]. Schließlich gehört eine eigene Öffentlichkeitsarbeit grundsätzlich auch zu den fraktionsspezifischen Tätigkeiten[93].

3. Rechtsnatur

Über die Rechtsnatur der Parlamentsfraktionen wird in der Literatur seit langem gestritten[94]. Die Definitionsversuche reichen vom nicht-rechtsfähigen[95] bzw. innenrechtsfähigen[96] Verein des bürgerlichen Rechts über einen rechtlichen Teil der jeweiligen politischen Partei[97] bis hin zur Körperschaft des öffentlichen Rechts[98] oder dem öffentlich-rechtlichen Verein des Verfassungsrechts[99].

Die Annahme einer privat-rechtlichen Organisationsform ist mit dem im Grundsatz unbestrittenen Verfassungsrang der Fraktionen unvereinbar. Gegen die Definition als Körperschaft des öffentlichen Rechts spricht insbesondere die Tatsache, daß Fraktionen keine vom Staat delegierten Aufgaben unter dessen Aufsicht, sondern eigene Rechte wahrnehmen[100]. Die Ansicht, Fraktionen seien Teile der politischen Parteien, verkennt die aus Art.38 Abs.1 Satz 2 GG

---

91 Art.65 Abs.2 Nr.1 HV sieht als Antragsteller lediglich ein Viertel der Abgeordneten der Bürgerschaft vor.

92 Vgl. BVerfGE 80, 188, 231.

93 *Kretschmer*, Fraktionen, S.155 ff.; *Jäger / Bärsch*, ZParl 1991, 204 ff. m.w.N.; zum Problem der Wahlwerbung aus Fraktionszuschüssen vgl. BVerfG, Beschluß vom, 19.5.1982, NVwZ 1982, 613 f.

94 Zum Stand der Diskussion vgl. zuletzt ausführlich *Mardini*, S.79 ff.; *Schneider / Zeh-Jakewitz*, § 37 Rdnr.51 ff. jeweils m.w.N.

95 *F.Schäfer*, S.135; gem. § 2 Abs.2 Nr.2 VereinsG (vom 5. 8.1964, BGBl. III 2180-1) sind Fraktionen des Bundestages und der Landtage keine Vereine im Sinne des Gesetzes.

96 *Achterberg*, S.278.

97 *Menger*, AöR Bd.78 (1953), 149, 156.

98 *Steiger*, S.114.

99 *Moecke*, DÖV 1966, 162, 163; *Mardini*, S.101.

100 Vgl. *Achterberg*, S.276.

folgende Weisungsunabhängigkeit der Abgeordneten[101]. Die Rechtsform des öffentlich-rechtlichen Vereins ist unserer Rechtsordnung unbekannt, so daß ihre Erfindung für die Einordnung von Parlamentsfraktionen keinerlei weitere Klarheit über deren Rechtsnatur bringt[102].

Die wohl überwiegende Meinung sieht die Fraktionen als Parlamentsorgane[103] bzw. Staatsorgane sui generis[104], jedenfalls aber als Teile des Parlaments[105] an. Das Bayerische Fraktionsgesetz[106] bezeichnet sie als mit eigenen Rechten und Pflichten ausgestattete Vereinigungen[107]. Gegen eine "normale" Organstellung spricht insbesondere der Umstand, daß die Fraktionen - in den meisten Fällen sogar mit gegensätzlichen Inhalten - nur in eigenem Namen, nicht aber für das Parlament zurechenbar handeln[108].

Mit der Rechtsprechung des BVerfG[109] ist vielmehr davon auszugehen, daß die Parlamentsfraktionen jedenfalls "von der Verfassung anerkannte[110] Teile eines Verfassungsorgans"[111] sind, die als "notwendige Einrichtungen des Verfassungslebens[112] und maßgebliche Faktoren der politischen Willensbildung"[113] als Gliederungen des Parlaments "der organisierten Staatlichkeit eingefügt"[114] sind. Eine darüber hinausgehende rechtsdogmatische Einordnung des Status der Fraktionen bleibt ohne erkennbaren Gewinn für die Lösung aller möglichen verfassungsrechtlichen, arbeitsrechtlichen oder sonstigen Rechtsfragen und hat insbesondere keinerlei Einfluß auf die sich aus der Geschäftsordnung ergebenden Rechte und Pflichten.

---

101 Vgl. *Hauenschild*, S.147 f.; *v. Münch-Versteyl*, Art.40 Rdnr.16f.

102 Vgl. *Achterberg*, S.277.

103 *Hauenschild*, S.167 ff.; *v. Münch-Versteyl*, Art.40 Rdnr.16f.

104 *Jarass / Pieroth*, Art.40 Rdnr.4; *Borchert*, AöR Bd.102 (1972), 210, 231; *C.Schmidt*, DÖV 1990, 102, 105.

105 MDHS-*Maunz*, Art.40 Rdnr.14; AK-*Schneider*, Art.38 Rdnr.35.

106 Gesetz zur Rechtsstellung und Finanzierung der Fraktionen im Bayerischen Landtag vom 26.3.1992, GVBl. S.39; dazu kritisch *Schmidt-Bens*, ZRP 1992, 281, 282 f.

107 Ebenso das Fraktionsgesetz Sachsen-Anhalt vom 5.11.1992, GVBl. S.768.

108 Vgl. §§ 89, 31 BGB.

109 Vg. dazu zusammenfassend *Kerbusch*, ZParl 1982, 225 ff.

110 Vgl. dazu für Hamburg auch *Ipsen*, S.274.

111 BVerfGE 43, 142, 147; vgl. auch StGH Bremen, DÖV 1970, 639.

112 BVerfGE 10, 4,14; 20, 56, 104; 43, 142, 147; vgl. auch BayVerfGH n.F. 29 II, 62, 86 f.

113 BVerfGE 84, 304, 322.

114 BVerfGE 70, 324, 362; für die Landesparlamente: BVerfGE 62, 194, 202.

4. Finanzierung und Finanzkontrolle

§ 8 Abs.1 des Gesetzes über die Aufwandsentschädigung an die Abgeordneten der Bürgerschaft und über die Gewährung von Zuschüssen an die Fraktionen der Bürgerschaft[115] gewährt den Fraktionen zur Durchführung ihrer parlamentarischen Aufgaben und zur Unterhaltung der Fraktionsbüros monatliche "Zuschüsse".

Der Begriff "Zuschuß" ist - als Unterfall der "Zuwendung" nach § 23 LHO[116] - an dieser Stelle haushaltsrechtlich falsch gebraucht, da Zuwendungen nach allgemeiner Ansicht keine Leistungen sind, auf die der Empfänger einen dem Grunde und der Höhe nach unmittelbar durch Rechtsvorschriften begründeten Anspruch hat[117]. Bei den Zahlungen nach dem AufwandsentschG handelt es sich vielmehr um schlichte Haushaltsmittel[118].

Gem. § 8 Abs.2 AufwandsentschG wird derzeit ein Grundbetrag je Fraktion in Höhe von 52.194,92 DM zuzüglich 1.122,99 DM für jeden Abgeordneten gezahlt. Nach § 8 Abs.3 AufwandsentschG erhalten Fraktionen, die sich in der Opposition befinden, einen weiteren Grundbetrag in Höhe von derzeit 1.913,82 DM sowie zusätzlich 400,14 DM für jeden fraktionsangehörigen Abgeordneten. Alle monatlichen Zuschüsse erhöhen sich gem. § 8 Abs.4 AufwandsentschG jährlich um den Prozentsatz, um den im Vorjahr die Vergütungen für die Angestellten des öffentlichen Dienstes nach dem Bundesangestellten-Tarif (BAT) linear und strukturell erhöht worden sind[119]; die genaue Höhe dieses Satzes wird vom Bürgerschaftspräsidenten festgestellt und dem Senat und der Bürgerschaft mitgeteilt[120].

Im Zuge der Beratungen über ein Hamburgisches Abgeordnetengesetz im Herbst 1991[121] war eine Neuregelung der Zahlungen an die Fraktionen derart geplant, daß neben Sachleistungen (Büroräume und Einrichtung) und

---

115 In der Fassung vom 4.2.1986 (GVBl. S.28), zuletzt geändert durch Gesetz vom 22.12.1989 (GVBl. S.306).

116 *Patzig*, §§ 23 BHO / LHO Rdnr.3.

117 *Morell*, § 23 BHO Anm. 1.2.2.; *Mardini*, S.129.

118 Vgl. *U.Müller*, NJW 1990, 2046.

119 Diese Koppelung hält *v. Arnim* , ZRP 1988, 83, 87 f. für verfassungswidrig, weil nicht mit dem Transparenzgebot des BVerfG (E 40, 296, 327) vereinbar.

120 Zwischen 1961 und dem Inkrafttreten der dynamisierten Regelung 1979 wurden die Zuschüsse zunächst durch Änderungsgesetze und später durch einfachen Beschluß festgesetzt, vgl. *Jakewitz*, ZParl 1982, 314, 330 f.; zur Praxis anderer Landesparlamente vgl. *v. Arnim*, ZRP 1988, 83, 84.

121 Vgl. dazu unter Kapitel 5 III 2.

feststehenden Grundbeträgen (für Geschäftsbedarf und Reisen) Personalmittel in Höhe der jeweiligen Durchschnittswerte nach dem BAT für im einzelnen aufgeführte Vergütungsgruppen normiert werden sollten[122].

Das BVerfG hat in seinem sogenannten "Wüppesahl-Urteil" unter Hinweis auf Art.114 Abs.2 GG[123] ausdrücklich festgestellt, daß der Bundesrechnungshof verflichtet sei, die ordnungsgemäße Verwendung von Fraktionszuschüssen im Sinne des ausschließlichen Einsatzes für die Arbeit der Fraktionen regelmäßig nachzuprüfen, Verstöße gegen die Zweckbindung sowie die Wirtschaftlichkeit und sonstige Ordnungsmäßigkeit der Mittelverwendung aufzudecken und zu beanstanden, ggf. Abhilfevorschläge zu unterbreiten und Beanstandungen in den jährlichen Prüfungsbericht aufzunehmen[124].

In der Literatur besteht Einigkeit darüber, daß sich die Rechtsprechung des BVerfG vorbehaltlos auf die Landesrechnungshöfe übertragen läßt[125] und deren Überprüfungsmöglichkeit keineswegs auf freiwilliger Bereitschaft beruht[126]. Für diese Ansicht spricht insbesondere der Umstand, daß die Fraktionen - anders als z.B. die ihr verbundenen Parteien - keine außerhalb der Staatsorganisation bestehenden Vereinigungen, sondern vielmehr als "Teile eines Verfassungsorgans" der "organisierten Staatlichkeit eingefügt" sind. Da sich die Kontrolle der Rechnungshöfe nach §§ 88 Abs.1 BHO/LHO unzweifelhaft auch auf die Parlamentsverwaltungen bezieht, sind für eine abweichende Praxis gegenüber den Fraktionen keine überzeugenden Gründe ersichtlich[127].

Da es sich bei den zugewiesenen Fraktionsgeldern haushaltsrechtlich nicht um Zuwendungen bzw. Zuschüsse handelt, ergibt sich die Prüfungskompetenz des Landesrechnungshofes in Hamburg nicht aus § 91 Abs.1 Satz 1 Nr.3 LHO sondern aus der Generalermächtigung des § 88 Abs.1 LHO. Der hamburgische Landesrechnungshof hat von seinen Kontrollrechten gegenüber den Fraktionen

---

122 Bericht des Ausschusses für Verfassung, Geschäftsordnung und Wahlprüfung vom 30.10.1991, Drs. 14 / 524, S.8 f.

123 Entsprechend Art.71 Abs.1 HV.

124 BVerfGE 80, 188, 214.

125 *Jäger / Bärsch*, ZParl 1991, 204, 205; *U.Müller*, NJW 1990, 2046; so schon vor der BVerfGE *v. Arnim*, ZRP 1988, 83, 89 f.

126 So aber offenbar *Schneider / Zeh-Jakewitz*, § 37 Rdnr.64.

127 Vgl. zu dieser Diskussion ausführlich *v. Arnim*, ZRP 1988, 83, 89 f.

der Bürgerschaft bislang keinen Gebrauch gemacht[128]. Die Praxis in anderen Ländern ist sehr unterschiedlich[129].

Eigene Beiträge der Abgeordneten zur Finanzierung der Fraktionsarbeit, wie sie im Bundestag üblich sind[130], werden - soweit ersichtlich - in der Hamburgischen Bürgerschaft von keiner Fraktion erhoben[131].

5. Innere Organisation

Organe und Verfahren der Fraktionen werden durch das innere Fraktionsrecht bestimmt[132]. Dazu geben sich die Fraktionen zum Teil[133] eine eigene Satzung[134] bzw. Geschäftsordnung[135].

Die Fraktionsversammlung besteht aus allen Angehörigen der Fraktion und bildet deren oberstes beschlußfassendes Organ. Sie beschließt über die Einbringung von Anträgen und Anfragen, berät die Tagesordnung der Plenarsitzungen und koordiniert die Arbeit ihrer Mitglieder in den Ausschüssen. Insbesondere für die Arbeitsgebiete der bürgerschaftlichen Ausschüsse werden Fraktionsarbeitskreise[136] gebildet, die Parlamentsinitiativen auf ihren Fachgebieten vorbereiten.

Der Fraktionsvorstand wird von der Fraktionsversammlung in unterschiedlichen Abständen gewählt. Auch seine Zusammensetzung ist bei den einzelnen Fraktionen nicht einheitlich; der Vorstand besteht bei den größeren

---

128 Ein Entwurf der GRÜNE / GAL-Fraktion vom 15.4.1992 für ein Fraktionsgesetz sah in Art.8 ausdrücklich die Rechnungsprüfung durch den LRH vor, Drs. 14 / 1520, S.3.

129 In Schleswig-Holstein hat der LRH im Jahre 1990 die Verwendung der Fraktionsmittel geprüft, vgl. dessen Bemerkungen 1992 mit Bericht zur Landeshaushaltsrechnung 1990 vom 28.2.1992, S.57 ff.; in Bremen haben sich zwei von vier Bürgerschaftsfraktionen freiwillig einer Überprüfung unterworfen, *Jäger / Bärsch*, ZParl 1991, 204, 205 Fn.3; Art.8 S.1 des Bayerischen Fraktionsgesetzes (GVBl. 1992, S.39) sieht ein eingeschränktes Prüfungsrecht des Obersten Rechnungshofes vor.

130 *Klatt*, Zparl 1976, 61 f; *Kretschmer*, Fraktionen, S.83.

131 *Mardini*, S.26.

132 Vgl. dazu für den Bundestag *v. Mangoldt / Klein / Achterberg / Schulte*, Art.38 Rdnr.97 ff.

133 Die Fraktionen von SPD und GRÜNE / GAL verfügen über keine normierten Innenrechtssätze.

134 Satzung der CDU-Fraktion vom 27.4.1992.

135 Geschäftsordnung er FDP-Fraktion vom 31.81987, geändert am 2.5.1988.

136 Vgl. dazu auch *Kretschmer*, S.94 ff.

Fraktionen aus dem Vorsitzenden, mehreren Stellvertretern und einigen Beisitzern[137].

Der Fraktionsvorsitzende vertritt die Fraktion nach außen und leitet die Sitzungen des Vorstandes und der Fraktionsversammlung nach innen. Der Vorsitzende der (größten) Oppositionsfraktion hat darüber hinaus gem. Art.23a Abs.2 HV den verfassungsmäßigen Auftrag, die von seiner Fraktion entwickelten Alternativen zur Regierungspolitik deutlich zu machen[138]. Zur Wahrnehmung der laufenden organisatorischen, juristischen und parlamentarischen Aufgaben bestimmen die Fraktionsversammlung oder der Vorstand den Fraktionsgeschäftsführer und/oder - bei der Wahl eines Abgeordneten - den Parlamentarischen Geschäftsführer.

III. Ausschüsse

Die Bildung von Ausschüssen ist ein wesentlicher Bestandteil des parlamentarischen Rechts auf Selbstorganisation. Durch die Wahrnehmung eines wesentlichen Teils der Informations-, Kontroll- und Untersuchungsaufgabe des Plenums kommt der Ausschußarbeit entsprechend der parlamentarischen Tradition in Deutschland eine besondere Bedeutung zu[139]. Mit Ausnahme des Eingabenausschusses[140] und der Untersuchungsausschüsse[141] werden die bürgerschaftlichen Ausschüsse in der Hamburgischen Verfassung zwar erwähnt, aber nicht institutionalisiert.

Gem. §§ 61 ff. GOBü setzt die Bürgerschaft auf Vorschlag des Ältestenrates ständige Ausschüsse für bestimmte Sachgebiete[142] oder besondere Ausschüsse zur Prüfung einzelner Gegenstände ein; letztere hören mit der Erledigung ihres Auftrages zu bestehen auf. Die Bürgerschaft bestimmt zugleich mit der Einsetzung die Zahl der Ausschußmitglieder, deren Benennung durch die

---

137 Vgl. dazu das Handbuch der Hamburgischen Bürgerschaft, 14.Wahlperiode.

138 Vgl. dazu unter Kapitel 4 II.

139 BVerfGE 84, 304, 323.

140 Vgl. dazu unter Kapitel 4 III 7.

141 Vgl. dazu unter Kapitel 4 III 5.

142 Zu Beginn der 14.Wahlperiode wurden folgende Ausschüsse eingesetzt: Haushalt; Hafen, Wirtschaft u. Landwirtschaft (je 21 Mitglieder); Schule, Jugend u. Berufsbildung; Wissenschaft u. Forschung; Bau; Inneres u. öffentlicher Dienst; Sport; Verfassung, Geschäftsordnung und Wahlprüfung; Recht; Arbeit u. Soziales; Gesundheit; Umwelt; Vermögen und öffentliche Unternehmen; Gleichstellung der Frau; Stadtentwicklung; Verkehr (je 15 Mitglieder).

Fraktionen im Verhältnis ihrer Stärke erfolgt[143]. Fraktionslose Abgeordnete können dem Präsidenten gem. § 62 Abs.1 Satz 2 GOBü zwei Ausschüsse nennen, in denen sie - unbeschadet ihres Rechts zur beratenden Teilnahme an allen Ausschußsitzungen - ständig mitarbeiten möchten. Aus dem Sinnzusammenhang dieser Vorschrift ergibt sich, daß den fraktionslosen Abgeordneten in zwei Ausschüssen auch das Stimmrecht eingeräumt wird. Damit geht die Bürgerschaft über die vom BVerfG formulierte Anforderung an eine statusgerechte Beteiligung fraktionsloser Abgeordneter durch bloße Mitwirkung in irgendeinem Ausschuß[144] hinaus[145]. Für den Fall, daß sich durch die stimmberechtigte Mitarbeit fraktionsloser Abgeordneter die Mehrheitsverhältnisse in einem Bürgerschaftsausschuß verändern sollten, müßte durch eine Aufstockung der Sitze dafür Sorge getragen werden, daß sich die mehrheitliche Zusammensetzung des Plenums auch künftig im Ausschuß wiederspiegelt[146].

Die Ausschüsse befassen sich mit Gegenständen, die die Bürgerschaft einem oder mehreren von ihnen zur Beratung überwiesen hat[147]; der Präsident kann eine Vorlage allerdings nach § 19 Abs.3 GOBü im Vorwege einem Ausschuß überweisen und dies auf der nächsten Bürgerschaftssitzung nachrichtlich mitteilen. Ohne daß dies in der Geschäftsordnung geregelt wäre, haben auch die Ausschüsse der Bürgerschaft das sogenannte Selbstbefassungsrecht[148]. Sie können sich auch mit anderen als den ihnen überwiesenen Fragen ihres Geschäftsbereiches befassen, die ihnen vom Ältestenrat oder aufgrund einer Abstimmung zwischen den Fraktionsvorsitzenden mit dem Präsidenten überwiesen worden sind; über das Beratungsergebnis können die Ausschüsse unmittelbar dem Plenum berichten[149].

---

143 § 62 GOBü.

144 BVerfGE 80, 188, 222 ff.; a.A. *v. Mangoldt / Klein / Achterberg / Schulte*, Art.38 Rdnr.65; Sondervotum *Mahrenholz*, BVerfGE 88, 180, 235 ff.

145 Stimmrecht in einem Ausschuß garantiert jetzt auch Art.70 Abs.2 S.3 BrandVerf.

146 Vgl. *v. Mangoldt / Klein / Achterberg / Schulte*, Art.38 Rdnr.65.

147 *Bernzen / Sohnke*, Art.23, Rdnr.14 (Anhang).

148 *Hoffmann*, ZParl.1973, 467 ff.; *Bernzen / Sohnke*, Art.23 Rdnr.14; zur Diskussion über diese Frage während der Beratungen über die Parlamentsreform von 1971 vgl. *Siegloch*, S.21; zu der entsprechenden Regelung in § 62 Abs.1 Satz 3 GOBT vgl. *Schneider / Zeh-Dach*, § 40 Rdnr.38.

149 Vgl. den Bericht des Ausschusses für Verfassung, Geschäftsordnung und Wahlprüfung vom 11.4.1973, Drs. VII / 2877, den das Plenum am 25.4.1973 zur Kenntnis genommen hat, Plenarprotokoll VII / 91, S.4984 A.

Nach § 12 Abs.1 Satz 2 GOBü soll der Ältestenrat über die Besetzung der Stellen der Vorsitzenden und der Schriftführer Einvernehmen zwischen den Fraktionen herstellen[150]. Sollte dies im Ausnahmefall nicht gelingen, dürfen die Fraktion im sogenannten Zugriffsverfahren in einer Reihenfolge, die sich aus den mathematischen Proportionen ihrer Stärke ergibt, Anspruch auf einen Ausschußvorsitz geltend machen[151]. Im Anschluß daran "wählt" der Ausschuß einen Vorsitzenden und einen Schriftführer, von denen regelmäßig jeweils einer der Regierungsfraktion(en) und einer der Opposition angehören.

Für den Ablauf des Beratungsverfahrens finden die Vorschriften der bürgerschaftlichen Geschäftsordnung sinngemäß Anwendung, soweit nicht anderes bestimmt ist[152].

Nach § 64 Abs.4 GOBü sind die Beratungen der Ausschüsse grundsätzlich nicht öffentlich[153]. Der Ausschuß kann mit einfacher Mehrheit beschliessen, daß die Öffentlichkeit zugelassen wird. In der Praxis machen die Ausschüsse davon nur sehr selten Gebrauch. Zur Begründung wird insbesondere vorgebracht, die Nichtöffentlichkeit der Beratungen sichere den nötigen Freiraum für unbefangene Diskussionen um Kompromisse, ohne daß Fraktions- oder Parteiführungen, Interessenvertreter oder Presseberichterstatter Einfluß auf das Abstimmungsverhalten der einzelnen Abgeordneten ausüben könnten[154]. Auch Fraktionsmitarbeiter und sonstige Hilfskräfte der Abgeordneten haben zu nichtöffentlichen Ausschußsitzungen regelmäßig[155] keinen Zutritt[156]. Dies ergibt sich auch aus dem Sinn und Zweck der Regelung in § 64 Abs.5 GOBü, nach der lediglich Abgeordnete, die nicht dem Ausschuß angehören, an der Sitzung beratend teilnehmen können.

---

150 Die Zahl der von jeder Fraktion zu beanspruchenden Ämter ergibt sich dabei in etwa aus deren Stärkeverhältnis.

151 Für den Bundestag vgl. dazu *Schneider / Zeh-Dach*, § 40 Rdnr.11.

152 § 64 Abs.1 GOBü.

153 Anders jetzt Art.17 Abs.3 Satz 1 SHVerf; regelmäßig öffentlich tagen die Ausschüsse darüber hinaus in Berlin und Bayern; zur Diskussion über diese Frage während der Beratungen über die Parlamentsreform 1971 vgl. *Siegloch*, S.37 f.

154 Zu dieser eher rechtspolitischen Diskussion vgl. ausführlich *Linck*, DÖV 1973, 513 ff.

155 Eine ausnahmsweise Gestattung durch den Vorsitzenden wäre allenfalls bei sinngemäßer Anwendung des § 51 Satz 2 GOBü denkbar.

156 Für den Bundestag vgl. *Schneider / Zeh-Dach*, § 40 Rdnr.53.

Seit der Parlamentsreform von 1971 hat jeder Ausschuß das Recht und auf Antrag eines Viertels seiner Mitglieder die Pflicht, ein öffentliches Anhörverfahren durchzuführen[157].

Über das Ergebnis ihrer Beratungen haben die Ausschüsse dem Plenum Bericht zu erstatten; dabei kann ein Viertel der Mitglieder ein Minderheitenvotum vorlegen[158]. Die Bürgerschaft kann jederzeit, auch wenn der Ausschuß noch keinen Bericht erstattet hat, einen Gegenstand wieder an sich ziehen, da die Ausschüsse nur Unterorgane der Bürgerschaft sind, über die das Plenum Verfügungsgewalt hat[159].

Die Enquete-Kommission "Parlamentsreform" schlägt vor, das Ausschußwesen durch eine Verankerung in der Verfassung zu stärken[160]. Die Kommission empfiehlt, Ausschußberatungen grundsätzlich öffentlich abzuhalten, das Selbstbefassungsrecht ausdrücklich in der Geschäftsordnung zu verankern und die Möglichkeit, Beratungsgegenstände zur abschließenden Behandlung in die Ausschüsse zu überweisen, wenn nicht eine Fraktion die Entscheidung der Bürgerschaft verlangt; darüber hinaus soll versuchsweise eine Pflicht zur Überweisung von Anträgen in die jeweils zuständigen Ausschüsse für den Fall eingeführt werden, daß die antragstellende Minderheit dies beantragt[161].

IV. Bürgerausschuß

Kein Parlamentsausschuß i.S.d. § 61 ff. GOBü, sondern eigenständiges Organ der Bürgerschaft[162] mit Verfassungsrang[163] ohne Entsprechung in anderen Landesverfassungen ist der Bürgerausschuß[164]. Er bereitet keine Entscheidungen des Plenums vor, sondern trifft gem. Art.26 HV im Rahmen der

---

157 § 68 GOBü; zu den Funktionen eines Hearings bei der Erfüllung von Parlamentsfunktionen vgl. *Schneider / Zeh-Schüttemeyer*, § 42 Rdnr.23 ff.

158 §§ 72 f. GOBü.

159 *Bernzen / Sohnke*, Art.23 Rdnr.15.

160 Enquete-Kommission, S.53 ff.

161 Ebenda.

162 Bericht des Verfassungsausschusses vom Dezember 1951 zu Art.26, S.5; *Drexelius / Weber*, Art.26 Anm.1; *Bernzen / Sohnke*, Art.26 Rdnr.1.

163 Die Bezeichnung als "Verfassungsorgan" bei *Tögel*, S.34 ist aufgrund seiner personellen, funktionalen und organisatorischen Einbindung in den Bereich der Bürgerschaft zumindest mißverständlich.

164 Zur geschichtlichen Entwicklung vgl. *Perels*, S.3 ff.; *Dunkelberg*, S.3 ff.

Wahrnehmung bestimmter durch die Verfassung oder durch Gesetz festgelegter Aufgaben eigene Entscheidungen. Der Bürgerausschuß ist nicht verpflichtet, dem Plenum zu berichten; ihn trifft keine unmittelbare Verantwortlichkeit gegenüber der Bürgerschaft[165].

1. Zusammensetzung

Der Bürgerausschuß besteht aus dem Präsidenten der Bürgerschaft, der den Vorsitz führt[166], und zwanzig von der Bürgerschaft aus ihrer Mitte nach den Grundsätzen der Verhältniswahl (d'Hondt) mit gebundenen Listen zu wählenden Mitgliedern[167]. In aller Regel wird dabei das Abstimmungsergebnis dem Stärkeverhältnis der Fraktionen in der Bürgerschaft entsprechen, dennoch handelt es sich nach dem Wortlaut der Verfassung um eine "echte" Wahl und nicht etwa um eine Verteilung der Sitze auf die Fraktionen gemäß § 10 GOBü[168].

Die Wahlvorschläge bedürfen der Unterschrift von fünf Abgeordneten[169], was es für fraktionslose Mitglieder der Bürgerschaft praktisch unmöglich macht, in den Bürgerausschuß gewählt zu werden. Dieser Umstand ist nur dadurch gerechtfertigt, daß gem. Art.30 Satz 2 HV Abgeordnete, die nicht Mitglieder des Ausschusses sind, an dessen Sitzungen teilnehmen können.

Art.27 Abs.2 HV regelt ausdrücklich die Grundsätze des d'Hondtschen Wahlverfahrens, nach dem die Sitzverteilung zu ermitteln ist, und unterstreicht damit die verfassungsrechtliche Sonderstellung des Bürgerausschusses[170]. Bis zur sechsten Wahlperiode wurde die Wahl zum Bürgerausschuß anhand mehrerer gebundener Listen, von denen jede Fraktion eine eigene vorlegte, durchgeführt[171]. Dieses Verfahren entsprach dem Wortlaut des Art.27 Abs.1 Satz 1 HV, brachte aber die Gefahr mit sich, daß bei knappen Mehrheitsverhältnissen

165 *Perels*, S.19; *Prass*, S.32; *Bernzen / Sohnke*, Art.26 Anm.1.

166 Art.26 Abs.2 Satz 1 HV; gem. § 58 Abs.1 Satz 2 GOBü wählt der Bürgerausschuß zu seiner Vertretung einen zweiten Vorsitzenden.

167 Art.27 Abs.1 Satz 1 HV; § 56 GOBü.

168 A.A. offenbar *Bernzen / Sohnke*, Art.27 Rdnr.1.

169 Art. 27 Abs.1 Satz 2; § 57 Abs.1 Satz 2 GOBü.

170 *Bernzen / Sohnke*, Art.27 Rdnr.2.

171 Vgl. die einzelnen Nachweise bei *Dunkelberg*, S.90.

und der nicht vollständigen Präsenz einer Fraktion die Zusammensetzung des Bürgerausschusses nicht mehr spiegelbildlich zum Plenum zustande kam[172].

Seit der sechsten Wahlperiode wird die Wahl zum Bürgerausschuß auf der Grundlage eines interfraktionellen Antrages durchgeführt, der die gebundenen Listen aller Fraktionen enthält. Diesem Wahlvorschlag stimmt die Bürgerschaft für jeden Kandidaten zu, so daß in der Regel jedes Ausschußmitglied einstimmig gewählt wird[173]. Unabhängig von der Anzahl der bei diesem Verfahren tatsächlich abgegebenen Stimmen richtet sich die Sitzverteilung im Bürgerausschuß immer an den vollen Fraktionsstärken aus. Dieses Verfahren steht nicht im Einklang mit dem Wortlaut der Verfassung und läßt sich auch mit dem "Spiegelbildgedanken" allein nicht rechtfertigen, denn die Sitzverteilung steht eben nicht bereits mit dem Ergebnis der Bürgerschaftswahl und der anschließenden Fraktionsbildung fest[174], sondern bedarf eines eigenständigen Wahlvorganges, bei dem sich die Parlamentsfraktionen der "Mühe" unterziehen müssen, die jeweils notwendigen Mehrheiten zusammenzubringen. Nach Art.7 Satz 2 HV ist kein Abgeordneter verpflichtet oder kann von seiner Fraktion gezwungen werden, für deren Liste zu stimmen; keiner Fraktion ist es von Verfassungs wegen verwehrt, mehr Kandidaten vorzuschlagen, als es ihrem Anteil an Abgeordneten entspricht[175]. Das derzeit von der Bürgerschaft praktizierte Verfahren mag solange hinnehmbar sein, wie die Abgeordneten einmütig daran festhalten; sollte dem Parlament allerdings einmal ein nicht konsensualer Wahlvorschlag vorliegen, wird man spätestens dann zu dem ursprünglich angewandten Verfahren zurückkehren müssen.

Der Bürgerausschuß wird zu Beginn der Legislaturperiode in einer Art Urwahl für deren gesamte Dauer gewählt; auch eine Neuwahl einzelner Mitglieder wäre unzulässig[176]. Scheidet ein Abgeordneter aus dem Bürgerausschuß aus, so tritt an seine Stelle automatisch der nächste Bewerber desselben Wahlvorschlages; ist ein Listennachfolger nicht mehr vorhanden, wird der freiwerdende Sitz nicht

---

172 Vgl. dazu die Nachweise aus der Verfassungsdiskussion zwischen 1919 und 1921 bei *Dunkelberg*, S.63 ff.

173 Für die Wahl zu Beginn der 14.Wahlperiode vgl. Plenarprotokoll 14 / 1 vom 19.6.1991, S.11 D f.

174 So aber *Dunkelberg*, S.93.

175 Vgl. HVerfG, HmbJVBl.1976, 39, 43 zur Wahl von Mitgliedern des NDR-Rundfunkrates "nach den Grundsätzen der Verhältniswahl".

176 *Drexelius / Weber*, Art.27 Anm.4, dessen Vorschlag eines abweichenden "verfassungsdurchbrechenden" Beschlusses abzulehnen ist.

mehr besetzt[177]. Auf diese Weise können sich die Mehrheitsverhältnisse im Bürgerausschuß auch während der Wahlperiode verändern[178].

2. Einberufung und Beschlußfassung

Art.28 ff. HV i.V.m. §§ 58 f. GOBü regeln die Einberufung, die Beschlußfähigkeit und die Nicht-Öffentlichkeit der Sitzungen.

Der Bürgerausschuß wird durch seinen Vorsitzenden einberufen[179]; dieser ist dazu auf Verlangen des Senats oder von drei Mitgliedern des Bürgerausschusses verpflichtet. Das Plenum der Bürgerschaft hat keine rechtliche Möglichkeit, die Einberufung des Bürgerausschusses zu erzwingen[180].

Der Ausschuß ist beschlußfähig, wenn mindestens elf seiner Mitglieder anwesend sind. Der Vorsitzende hat die Beschlußfähigkeit von Amts wegen zu prüfen; anders als nach Art.20 Abs.1 Satz 2 HV kommt es nicht darauf an, ob die Beschlußfähigkeit zuvor angezweifelt worden ist[181]. Mangels anderweitiger verfassungsmäßiger Regelungen entscheidet der Bürgerausschuß entsprechend der Regelung des Art.19 HV mit einfacher Mehrheit; auch für den Fall der Beratung über gesetzliche Vorschriften schreibt die Verfassung keine mehrmalige Lesung vor[182].

Die Sitzungen sind nicht öffentlich. Von dieser Vorschrift kann auch durch einen Beschluß nach § 64 Abs.4 GOBü nicht abgewichen werden[183]. Gem. § 59 Abs.3 GOBü kann der Bürgerausschuß mit Zweidrittelmehrheit für eine bestimmte Angelegenheit Geheimhaltung beschließen, was die Sanktionsmöglichkeit des Art.13 Abs.2 Nr.3 HV nach sich zieht[184]. Bürgerschaftsabgeordnete, die nicht Mitglieder des Bürgerausschusses sind, können an seinen Sitzungen teilnehmen. Der Vorsitzende kann ihnen nach pflichtgemäßem

177 Art.27 Abs.3 HV; § 57 Abs.3 GOBü.

178 *Dunkelberg*, S.94; *Bernzen / Sohnke*, Art.27 Rdnr.6.

179 Zum Geschäftsgang der Einberufung vgl. *Dunkelberg*, S.100 ff.

180 *Bernzen / Sohnke*, Art.28 Rdnr.2.

181 *Dunkelberg*, S.115; *Bernzen / Sohnke*, Art.29 Anm.1.

182 *Drexelius / Weber*, Art.29 Anm.3.

183 *Bernzen / Sohnke*, Art.30 Rdnr.1.

184 *Drexelius / Weber*, Art.30 Anm.1; die verbreitete Praxis der widerspruchslosen Beratung von Senatsvorlagen, die als Verschlußsache bezeichnet sind, reicht dafür allerdings nicht aus.

Ermessen das Wort erteilen[185]. Durch die Anwendbarkeit des Art.23 HV erhalten Senatoren und andere Vertreter des Senats das Recht, an den Sitzungen des Bürgerausschusses teilzunehmen; ebenso kann der Ausschuß den Senat um Entsendung von Vertretern ersuchen[186].

3. Kontrollkompetenz

Nach Art.31 Abs.1 HV ist der Bürgerausschuß verpflichtet, über die Einhaltung der Verfassung und über die Gesetzmäßigkeit der Verwaltung zu wachen. Die gleiche Verpflichtung der Bürgerschaft bleibt davon unberührt[187]. Wird dabei ein Verstoß festgestellt und bleibt ein Abhilfeersuchen gegenüber dem Senat erfolglos, hat der Ausschuß die Bürgerschaft zu informieren.

Die Auffassung, daß der Bürgerausschuß auch ohne vorherige Beteiligung des Senats das Plenum informieren kann[188], ist mit dem Wortlaut der Norm nicht ohne weiteres vereinbar[189]. Darüber hinaus besteht auch bei groben Verstößen gegen die Rechtmäßigkeit der Verwaltung kein Bedürfnis nach unmittelbarer Information der Bürgerschaft durch den Bürgerausschuß, weil das Plenum selber gerade in einem solchen Falle jederzeit berechtigt und - mindestens politisch - auch verpflichtet ist, von sich aus das Fehlverhalten der Exekutive zum Gegenstand seiner Erörterungen zu machen. Eines Evokationsrechts der Bürgerschaft für Fälle der konkurrierenden Zuständigkeit[190] bedarf es dabei nicht.

Die Anrufung des Hamburgischen Verfassungsgericht ist dem Bürgerausschuß - anders als der Bürgerschaft - nicht möglich.

Die Zuständigkeit nach Art.31 Abs.1 HV hat dem "ständigen parlamentarischen Haupt- und Überwachungsausschuß" [191] die Aufgabenbeschreibung "-Verfassungsrechtspflege von Amts wegen" [192] oder "Quasi-Verwaltungsge-

---

185 *Bernzen / Sohnke*, Art.30 Rdnr.4.

186 Vgl. dazu unter Kapitel 4 III 3.

187 *Prass*, S.30; *Ipsen*, HVerf, S.277.

188 *Bernzen / Sohnke*, Art.31 Rdnr.2.

189 In diesem Sinne auch *Prass*, S.32; *Drexelius / Weber*, Art.31 Anm.2; *Ipsen*, HVerf, S.277.

190 *Prass*, S.32.

191 *Ipsen*, DVBl.1953, 524; *ders.*, HVerf, S.277.

192 *Glatz / Haas*, JöR n.F. Bd.6 (1957), 223, 237.

richt"[193] eingetragen. In der politischen Praxis ist dieser Kontrollfunktion des Bürgerausschusses bisher keine nennenswerte Bedeutung zugekommen[194].

4. Haushalts- und Gesetzgebungsbefugnisse

Nach Art.31 Abs.2 HV kann der Bürgerausschuß Haushalts- und Gesetzgebungsbefugnisse wahrnehmen, sofern der Senat einen entsprechenden Antrag stellt. Der Bürgerausschuß hat weder das Recht der eigenen Initiative, noch darf er Senatsanträge modifizieren oder diese von sich aus der Bürgerschaft überweisen[195]. Dem Senat steht es allerdings frei, einen vom Bürgerausschuß abgelehnten Antrag aufrechtzuerhalten und an die Bürgerschaft zu richten[196].

a) Haushaltsrechtliche Befugnisse

Gem. Art.31 Abs.2 Ziffer 1 HV ist der Bürgerausschuß auf Antrag des Senats befugt, Ausgaben bis zu einer von der Bürgerschaft zuvor pauschal festgesetzten Grenze zu genehmigen. Die Bürgerschaft hat den Höchstbetrag für Einzelfallbewilligungen zuletzt am 11.12.1985 auf 250.000,-- DM festgesetzt[197]. Seither wird dieser Rahmen eingehalten, obwohl nach Ablauf der 11.Legislaturperiode keine neue Beschlußfassung erfolgte. Aufgrund des Diskontinuitätsprinzips allen bürgerschaftlichen Handelns kommt dem damaligen Beschluß keine Verbindlichkeit mehr zu; die heutige Staatspraxis entbehrt daher einer notwendigen Rechtsgrundlage[198].

Vor einer Beschlußfassung hat der Bürgerausschuß nach pflichtgemäßem Ermessen zu prüfen, ob die Erörterung des Haushaltsantrags im Plenum der Bürgerschaft dem Staatswohl zuwiderlaufen würde, dessen Dringlichkeit eine

---

193 *Schneider / Zeh-Schulz*, § 65 Rdnr.46; ebenso *v. Dohnanyi*, S.71.

194 Seit 1952 hat es einen einzigen Aufsichtsfall gegeben, der in der 6.Wahlperiode sogar zu einer Bestätigung der Maßnahme durch die Bürgerschaft führte, vgl. *Dunkelberg*, S.130.

195 *Prass*, S.30; *Drexelius / Weber*, Art.31 Anm.3; *Bernzen / Sohnke*, Art.31 Rdnr.4.

196 *Ipsen*, HVerf, S.278.

197 Bericht des Ausschusses für Verfassung, Geschäftsordnung und Wahlprüfung über Fragen zur Parlamentsreform vom 26.11.1985, Drs.11 / 5258, Anl.3; Plenarprotokoll 11 / 84 vom 11.12.85, S.5012 C.

198 *Bernzen / Sohnke*, Art.31 Rdnr.6.

Entscheidung vor der nächsten Bürgerschaftssitzung erfordert oder sein Volumen den von der Bürgerschaft festgesetzen Bagatellbetrag nicht übersteigt[199].

Nach Art.31 Abs.2 Ziffer 2 HV ist der Bürgerausschuß befugt, die Veräußerung von Staatsgut nach Art.72 Abs.3 HV innerhalb eines von der Bürgerschaft festgesetzten Rahmens[200] zu genehmigen.

b) Notgesetzgebungsrecht

Art.31 Abs.2 Ziffer 3 HV räumt dem Bürgerausschuß ein Notgesetzgebungs- bzw. "Staatsnotstandsrecht"[201] ein. In dringenden Fällen darf er bis zur anderweitigen Beschlußfassung der Bürgerschaft gesetzliche Vorschriften erlassen. Nicht unter das Notgesetzgebungsrecht fallen Verfassungsänderungen, die aufgrund der Spezialzuweisung des Art.51 HV ausschließlich in der Kompetenz der Bürgerschaft liegen[202].

Die Feststellung des Haushaltsplans fällt nicht unter die Gesetzgebungsbefugnis des Bürgerausschusses, weil dessen Haushaltsbefugnisse in Art.31 Abs.2 Ziffer 1 und 2 HV abschließend geregelt sind[203]. Dies ergibt sich insbesondere daraus, daß der Verfassungsgeber die Aufzählung der Aufgaben des Ausschusses "so vollzählig wie ... möglich" gestalten und lediglich "außerhalb der ihm durch die Verfassung übertragenen Zuständigkeit" weitere Aufgaben durch Gesetz zuweisen lassen wollte[204].

Die Feststellung der Dringlichkeit[205] steht im Ermessen des Bürgerausschusses. Gegen seine ablehnende Entscheidung kann der Senat das Hamburgische Verfassungsgericht anrufen[206].

---

199 Zu den Aufgaben des Bürgerausschusses im Rahmen der zwischenzeitlichen Haushaltsüberschreitung nach § 37 LHO vgl. unter Kapitel 2 IV 4.

200 Mit Beschluß vom 11.12.1985 wurde dieser Betrag auf 750.000,-- bei Grundstücken und 80.000,-- DM bei sonstigem Staatsgut festgesetzt; Plenarprotokoll 11 / 84, S.5012 C.

201 *Prass*, S.35.

202 *Bernzen / Sohnke*, Art.31 Rdnr.9.

203 *Ipsen*, HVerf, S.279; a.A. *Bernzen / Sohnke*, Art.31 Rdnr.13; *Dunkelberg*, S.180.

204 Bericht des Verfassungsausschusses vom Dezember 1951 zu Art.31, S. 5.

205 Vgl. zu diesem Begriff ausführlich *Dunkelberg*, S.151 f.

206 *Bernzen / Sohnke*, Art.31 Rdnr.11.

Die vom Bürgerausschuß beschlossenen Gesetze haben gegenüber denjenigen der Bürgerschaft keine mindere Wirksamkeit[207]. Allerdings steht der Bürgerschaft gegenüber diesen Gesetzen nicht nur das selbstverständliche Recht zu, sie im Verfahren nach Art.49 HV zu ändern oder aufzuheben, sondern die Bürgerschaft kann nach h.M. die vom "Notparlament" erlassenen Vorschriften durch einfachen Beschluß gem. Art.19 HV ex nunc wieder beseitigen[208]. Bettermann vertritt hingegen die Ansicht, daß nicht einmal eine Wortlautinterpretation von Art.31 Abs.2 Ziffer 3 HV im Lichte der ordentlichen Gesetzgebungsvorschriften dieses Ergebnis stütze[209]. Dem muß entgegengehalten werden, daß die Verwendung der Begriffe "beschlossen" in Art.50 und 52 HV nur den - seitens der Bürgerschaft - abgeschlossenen Gesetzgebungsvorgang i.S.d. Art.49 HV beschreibt, und daß in Art.51 HV - im Gegensatz zu Art.31 Abs.2 Ziffer 3 HV - immerhin von "zwei ... Beschlüssen" die Rede ist. Für die h.M. spricht darüber hinaus der Gegenschluß zum Zustandekommen der Notgesetze. Wenn der Bürgerausschuß durch einfachen Beschluß ein Gesetz verabschieden kann, dann darf es nach den Grundsätzen demokratischer Rechtsstaatlichkeit für das übergeordnete Verfassungsorgan Bürgerschaft nicht schwieriger sein, das Gesetz wieder aus der Welt zu schaffen. Nur so besteht auch eine angemessene Reaktionsmöglichkeit bei etwaigem Mißbrauch des Notgesetzgebungsrechts durch den Bürgerausschuß.

Das Einspruchsrecht des Senats aus Art.50 HV entfällt, da dies dem Charakter der Notgesetzgebung widerspricht und darüber hinaus jeder Gesetzesbeschluß des Bürgerausschusses nur auf seinen Antrag erfolgt[210].

Die Gesetzgebungskompetenz des Bürgerausschusses war vom Verfassungsgeber zur Überbrückung "einer Periode der Arbeitsunfähigkeit der Bürgerschaft" in Notzeiten gedacht[211] und wurde aus diesem Grunde bis heute nicht wirklich benötigt[212]. Während der Parlamentsferien steht der Bürgerausschuß bereit, im Einzelfall ein dringendes Gesetzesvorhaben des Senats zu beraten[213], und wird deshalb in der Öffentlichkeit häufig als "Ferienparlament" bezeichnet.

---

207 *Drexelius / Weber*, Art.31 Anm.7; *Bernzen / Sohnke*, Art.31 Rdnr.9; *Ipsen*, HVerf, S.279.

208 *Drexelius / Weber*, Art.31 Anm.7; *Ipsen*, HVerf, S.279 f.; *Dunkelberg*, S.173.

209 *Bettermann*, GS f.Martens, S.40 f.

210 *Drexelius / Weber*, Art.31 Anm.7; *Ipsen*, HVerf, S.279; *Bettermann*, GS f.Martens, S.40.

211 Bericht des Verfassungsausschusses aus dem Dez. 1951 zu Art.31, S.5.

212 *Schwabe*, HmbStVwR, S.52.

213 Vgl. die Beispiele bei *Dunkelberg*, S.171 f.

5. Sonstige Aufgaben

Der Bürgerausschuß wirkt gem. Art.31 Abs.3 HV bei der Bestellung der Mitglieder des Rechnungshofes sowie bei der Genehmigung einer Nebentätigkeit von Senatoren mit. Gem. Art.71 Abs.2 HV ernennt der Senat die Mitglieder des Rechnungshofes mit Zustimmung des Bürgerausschusses. Dieser kann dabei - anders als in Bremen[214] - keine eigenen Vorschläge machen, sondern nur eine negative Auslese der Kandidaten vornehmen. Nach Art.39 Abs.2 HV können Senatoren dem Verwaltungs- oder Aufsichtsrat eines den Gelderwerb bezweckenden Unternehmens nur im Einvernehmen mit dem Bürgerausschuß angehören. Auf die Gewinnerzielungsabsicht eines solchen Unternehmens oder den Grad der staatlichen Beteiligung daran kommt es nicht an, es reicht aus, daß es am wirtschaftlichen Leben teilnimmt[215].

Von der Zuweisung weiterer Aufgaben durch Gesetz nach Art.31 Abs.4 HV machte die Bürgerschaft bis in die 60er Jahre hinein für die gesetzliche Gewährung von Hilfen zum Wiederaufbau und zur Wirtschaftsförderung Gebrauch[216]. Heute findet sich noch eine gesetzliche Aufgabenzuweisung zur Festsetzung der Entschädigung für Senatoren, denen ein Anspruch auf Umzugskosten, Tagegelder oder Reisekosten zusteht[217]. Darüber hinaus kann der Bürgerausschuß zur Vermeidung unbilliger Härten Senatoren ein höheres Ruhegehalt gewähren als dieses sich aus dem Senatsgesetz ergibt[218].

Schließlich kann der Bürgerauschuß - neben dem Senat - die Entlassung oder Amtsentbindung eines Hamburgischen Verfassungsrichters beantragen, über die das Gericht zu entscheiden hat[219].

6. Reformüberlegungen

An der fortdauernden verfassungsrechtlichen Bedeutung des Bürgerausschusses sind sowohl innerhalb[220] wie außerhalb[221] der Bürgerschaft immer wieder Zweifel angemeldet worden.

---

214 Vgl. § 4 Abs.1 des Gesetzes über die Rechnungsprüfung in der Freien Hansestadt Bremen vom 20.12.1966, GVBl. S.221.

215 *Drexelius / Weber*, Art.39 Anm.5; *Bernzen / Sohnke*, Art.39 Rdnr.6.

216 Vgl. *Dunkelberg*, S.179 f.

217 § 12 Abs.3 SenatsG.

218 § 14 Abs.5 u.6 SenatsG; vgl. dazu die Antwort des Senats auf eine Kleine Anfrage der Abg. *Sager* vom 6.3.1992, Drs.14 / 1247.

219 § 9 Abs.2 HVerfGG.

Die Tätigkeit des Bürgerausschusses ist weder für die interessierte Öffentlichkeit noch für die große Zahl derjenigen Abgeordneten, die ihm nicht angehören, nachvollziehbar. Eine Transparenz seiner Entscheidungen ist in keiner Weise gewährleistet, weil der Ausschuß nicht öffentlich verhandelt, abschließend entscheidet und dem Plenum keinerlei Bericht erstattet.

Die Tätigkeit des Bürgerausschusses als "kleiner Staatsgerichtshof"[222] ist im Zeitalter einer verwaltungsinternen Wiederspruchspraxis, eines lückenlosen Verfassungs- und Verwaltungsrechtsschutzes sowie des Petitionsrechts für den einzelnen Bürger ohne jedes Interesse[223]. Dunkelberg weist darauf hin, daß die (oppositionellen) Abgeordneten der Bürgerschaft, die einen vermeintlichen Rechtsbruch durch den Senat zu kennen glauben, selten an einer internen Klärung der Rechtsfragen im Bürgerausschuß, sondern vielmehr an einer medien-und öffentlichkeitswirksamen Debatte der politischen Aspekte im Plenum oder mit Hilfe eines parlamentarischen Untersuchungsausschusses interessiert sein werden[224]. Aus diesen Gründen hat es auch seit 1952 keinen nennenswerten Aufsichtsfall i.S.v. Art.31 Abs.1 HV mehr gegeben.

Die zahlreichen Aufgaben des Bürgerausschusses im Bereich der Haushaltsbefugnisse könnten sachnäher vom Haushaltsausschuß übernommen werden bzw. ganz entfallen. Für die Beibehaltung des Notgesetzgebungsrechts ist kein Grund ersichtlich. Die Auswahl der Mitglieder des Rechnungshofes sollte dem Plenum der Bürgerschaft übertragen werden[225]; Nebentätigkeits- und Umzugskostengenehmigungen für Senatoren könnte der Verfassungsausschuß erteilen[226].

Es spricht vieles dafür, die Institution des Bürgerausschusses aus der HV zu streichen. Zu diesem Ergebnis gelangt auch die Enquete-Kommission "Parlamentsreform"[227].

---

220 Vgl. den Bericht des Sonderausschusses für Fragen zur Verfassungsänderung vom 26.10.1967, Drs.VI / 899, S.2 f.

221 *Schwabe*, HmbStVwR, S.52; *Dunkelberg*, S.131 ff.; *Tögel*, S.35 f.; CDU-Kommission zur Verfassungsreform, S.11 f.

222 Bericht des Verfassungsausschusses vom Dezember 1951 zu Art.26, S.5.

223 Vgl. *Tögel*, S.37 f.

224 *Dunkelberg*, S.133.

225 Vgl. auch Enquete-Kommission, S.140 ff.

226 Vgl. CDU-Kommission, S.12.

227 Enquete-Kommission, S.61 ff.

3.Kapitel

Gesetzgebungsrecht

I. Gesetzgebungsverfahren

Im Rahmen der grundgesetzlichen Kompetenzordnung werden die Landesgesetze gem. Art.48 ff. HV von der Bürgerschaft beschlossen, nachdem sie vom Senat oder aus der Mitte der Bürgerschaft eingebracht und beraten worden sind. Sofern die HV nicht im Einzelfall etwas anderes festlegt[1] beschließt die Bürgerschaft gem. Art.19 mit einfacher Mehrheit.

Auch in Hamburg geht der weit überwiegende Teil der beschlossenen Gesetze - ebenso wie in allen Landesparlamenten und dem Bundestag -auf eine Initiative der Exekutive zurück[2]. In der Mehrzahl der Fälle ergibt sich die Notwendigkeit von Gesetzesänderungen oder -neuschaffungen erst bei der praktischen Gesetzesanwendung bzw. aufgrund des Erfahrungswissens der Verwaltung[3].

Die GOBü schreibt in § 26 Abs.1 - zulässigerweise[4] - für die Einbringung eines Gesetzentwurfes die Festsetzung einer Mindestzahl von Abgeordneten - derzeit 5 - vor.

Gem. Art.49 HV bedürfen Gesetzesvorlagen grundsätzlich einer zweimaligen Lesung, wobei die Legaldefinition des Art. 49 Abs.1 HV dafür eine Beratung mit anschließender Abstimmung verlangt. Abweichend vom Verfahren der meisten Landesparlamente und des Bundestages[5] steht in Hamburg am Ende einer Lesung immer eine Sachabstimmung, so daß die Überweisung einer Vorlage in den zuständigen Ausschuß noch keine Lesung i.s.d. Art.49 Abs.1 HV darstellt. Zwischen der ersten und zweiten Abstimmung muß nach Art.49 Abs.2 HV in der Regel eine Frist von mindestens sechs Tagen liegen, in

---

1 Vgl. Art.11 Abs.1 S.3; Art.13 Abs.2 S.2; Art.34 ff.; Art.50 S.3; Art.51 S.2; Art.63 Abs.3 S.1.

2 *Schwabe*, HambStVwR, S.59.

3 Vgl. *Ellwein*, HdbVerfR, S.1105.

4 Vgl. BVerfGE 1, 144, 153 zu Art.76 GG.

5 Vgl. § 80 Abs.1 GOBT.

welcher dem Senat das Ergebnis der ersten Lesung mitzuteilen ist[6]. Die Feststellung des Haushaltsplans erfolgt in der Hamburgischen Bürgerschaft nicht durch Gesetz, sondern durch einfachen Beschluß[7].

Art.53 HV räumt der Bürgerschaft im Rahmen ihrer landesgesetzgeberischen Zuständigkeit das Recht ein, den Senat zum Erlaß von Rechtsverordnungen zu ermächtigen[8].

II. Senatsprivilegien im Gesetzgebungsverfahren

Das Gesetzgebungsverfahren nach der HV enthält bis heute einige Privilegien des Senats, die historisch aus seiner gleichberechtigten Mitwirkung im ehemaligen Zwei-Kammern-System zu erklären sind und noch heute eine starke Einflußnahme der Exekutive auf die Gesetzgebung ermöglichen, welche über die bloße quantitative Übermacht bei der Gesetzesinitiative weit hinausgeht. Nach Ansicht der Enquete-Kommission "Parlamentsreform" widersprechen diese Einflußmöglichkeiten dem Prinzip klarer Verantwortungsstrukturen und machen den Senat zu einer Art Vormund der Bürgerschaft[9].

1. Beschleunigung der Beratungen

Nach Art.23 Abs.4 HV kann der Senat durch eine Dringlichkeitserklärung erreichen, daß seine Gesetzesvorlagen vorrangig behandelt werden. Damit hat der Senat die Möglichkeit, seine Initiativen trotz einer vollen Tagesordnung der Bürgerschaft auf schnellstem Wege beraten zu lassen. Die Enquete-Kommission "Parlamentsreform" empfiehlt die Streichung des Art.23 Abs.4 HV[10].

Nach Art.49 Abs.1 HV bedürfen Gesetzesinitiativen des Senats ausnahmsweise nur der einmaligen Lesung, wenn während der Beratungen keine Änderungen vorgenommen worden sind[11] und bei der Abstimmung bereits mindestens zwei Drittel der anwesenden Abgeordneten zugestimmt haben.

6 *Schwabe*, HmbStVwR, S.59 empfiehlt im Hinblick auf die Staatspraxis, die Sätze 2 bis 4 des Art.49 Abs.2 HV als gesonderten Abs.2a zu lesen, da sie auch für Art.49 Abs.1 HV gelten.

7 Vgl. unter Kapitel 5 III.

8 Vgl. dazu Einzelheiten bei *Bernzen / Sohnke*, Art.53 Rdnr.2 ff.

9 Enquete-Kommission, S.78.

10 Enquete-Kommission, S.78 f.

11 Ansonsten gilt das Verfahren nach Art.49 Abs.2 HV.

Dazu wird die Ansicht vertreten, daß es bei einer solchen Abstimmung in Abweichung von der Regelung in Art.20 Abs.1 S.2 HV erforderlich sei, daß mehr als die Hälfte der Abgeordneten anwesend sind, auch ohne daß die Beschlußfähigkeit des Parlaments angezweifelt worden ist[12]. Dafür ist kein Grund ersichtlich. Die Enquete-Kommission hält für alle Gesetzesvorlagen - unabhängig davon, von wem sie eingebracht wurden - zwei Lesungen für erforderlich[13].

2. Verzögerung der Beratungen

Gem. Art.49 Abs.2 S.4 HV kann der Senat beantragen, daß die Frist zwischen der ersten und zweiten Lesung auf einen Monat verlängert wird; nur mit seiner Zustimmung ist eine Verkürzung der regulären Sechs-Tage-Frist möglich. Mit Hilfe dieser Möglichkeiten kann der Senat den Verlauf der Beratungen von Gesetzesinitiativen zumindest beträchtlich verzögern, um auf diese Weise Zeit für die Einflußnahme auf die Meinungsbildung in den bürgerschaftlichen Gremien zu gewinnen.

Schließlich steht dem Senat nach Art.50 HV gegen jedes von der Bürgerschaft beschlossene Gesetz ein Vetorecht zu, welches innerhalb eines Monats, mit einer Begründung versehen, ausgeübt werden kann[14]. Einen solchen Einspruch kann die Bürgerschaft in einer dritten Lesung nur mit der Mehrheit ihrer gesetzlichen Mitgliederzahl, also derzeit 61 Abgeordneten, zurückweisen.

Die scharfe Waffe des aufschiebenden exekutiven Vetos gegen ein von der souveränen Volksvertretung beschlossenes Gesetz kommt in der politischen Praxis nur sehr selten zur Anwendung[15] und scheint eigentlich nur für einen Minderheitssenat bedeutsam zu sein, der damit die Gesetzgebung einer ihm politisch unliebsamen Mehrheit der Bürgerschaft vorübergehend blockieren kann. Als nach der Wahl vom November 1986 in der Bürgerschaft zwar keine Mehrheit für die Neuwahl eines Senats zustande kam, die in Opposition zum

12 *Bernzen / Sohnke*, Art.49 Rdnr.3.

13 Enquete-Kommission, S.79.

14 Eine gleiche Regelung findet sich nur in Art.104 BremVerf und Art.119 HessVerf, vgl. auch die stark abgeschwächte Form in Art.67 NRWVerf.

15 Im Dezember 1991 hat der Senat gegen das bereits in zweiter Lesung beschlossene Abgeordnetengesetz im politischen Einvernehmen - mindestens - mit der Regierungsfraktion sein Veto eingelegt und zur Begründung auf "verfassungsrechtliche Zweifel" und "über diese zugleich hinausgehende politische Kritik, die moralische Maßstäbe für die Legitimation zum Erlaß des Gesetzes herangezogen hat," verwiesen; vgl. FAZ vom 12.12.91, S.4.

Senat stehenden Fraktionen sich aber in Einzelfällen über die Änderung unliebsamer Gesetze einig waren, hätte der Senat von seinem Vetorecht mehrfach Gebrauch machen können. Nach erfolgloser Verzögerung der zweiten Lesung gem. Art.49 Abs.2 S.4, 2.HS HV verzichtete der Senat allerdings darauf. Als Motiv dafür kann vermutet werden, daß er bei einer neuerlichen Abstimmung der Bürgerschaft nicht erneut seine parlamentarische Handlungsunfähigkeit unter Beweis stellen[16] und sich nicht unnötig dem Vorwurf der Mißachtung des Willens der Legislative aussetzen wollte, ohne die Entscheidung letztlich verhindern zu können.

Der noch seltenere Fall, daß ein Senat, der sich grundsätzlich auf eine Mehrheit in der Bürgerschaft stützen kann, von seinem Vetorecht Gebrauch macht, ist politisch kaum vorstellbar und bei der Auseinandersetzung über ein neues Abgeordnetengesetz[17] das erste und einzige Mal vorgekommen.

In der Literatur ist die Frage aufgeworfen worden, ob es verfassungsrechtlich zulässig wäre, daß der Senat sein Veto gegen ein beschlossenes Gesetz einlegt, welches vollständig seiner Vorlage nach Art.48 Abs.1 1.Alt. HV entspricht[18]. Bettermann sieht in einem solchen Einspruch jedenfalls dann ein unzulässiges venire contra factum proprium, wenn nicht zwischenzeitlich ein "neuer" Senat ins Amt gekommen sei[19]. Dieser Ansicht könnte nur dann zugestimmt werden, wenn die Gefahr bestünde, daß der Senat in rechtsmißbräuchlicher Weise und damit unter Verletzung seines Amtseides aus Art.38 HV die bürgerschaftlichen Gremien mit Gesetzesinitiativen beschäftigen würde, deren Verabschiedung er gar nicht wünscht. Dieser politisch ohnehin kaum denkbaren Gefahr wird außerdem dadurch begegnet, daß Art.50 S.1 HV vom Senat eine Begründung für sein Veto verlangt, die ggf. einen beabsichtigten Rechtsmißbrauch erkennen ließe. Darüber hinaus ist es nicht von vornherein ausgeschlossen, daß sich eine politische Situation im Verlaufe der Beratungen eines Gesetzentwurfes nach Auffassung des Senats derart verändert, daß er den Einsatz seines Vetorechts für erforderlich hält. Es sind keine Gründe dafür ersichtlich, daß der Senat bei eigenen Gesetzesinitiativen grundsätzlich dieses Mittels beraubt sein müßte[20].

---

16 *Bettermann*, GS f.Martens, S.44.

17 Vgl. dazu unter Kapitel 7 I 2.

18 *Bettermann*, GS f.Martens S.43.

19 Ebenda.

20 Vgl. *Bernzen / Sohnke*, Art.50 Rdnr.1 und im Ergebnis wohl auch *Drexelius / Weber*, Art.50 Anm.2; *Ipsen*, HVerf, S.333.

Die Enquete-Kommission "Parlamentsreform" empfiehlt die Abschaffung der Rechte des Senats zur Aussetzung der zweiten Lesung und zur Erhebung von Einsprüchen; stattdessen soll das Widerspruchsrecht gegen eine vorzeitige zweite Lesung einem Fünftel der Abgeordneten oder einer Fraktion zustehen[21].

III. Verfahren der Verfassungsänderung

Gemäß Art.51 HV bedarf ein die Verfassung änderndes Gesetz zweier übereinstimmender Beschlüsse der Bürgerschaft, zwischen denen ein Zeitraum von mindestens dreizehn Tagen liegen muß[22]. Beide Beschlüsse müssen bei Anwesenheit von mindestens drei Vierteln der gesetzlichen Mitgliederzahl - derzeit 91 Abgeordneten - mit einer Mehrheit von zwei Dritteln der anwesenden Abgeordneten, also derzeit 61 Stimmen, gefaßt werden[23]. Damit ist in Hamburg nicht nur keine relative Zwei-Drittel-Mehrheit, wie sie Art.79 Abs.2 für Grundgesetzänderungen vorschreibt, sondern - im Falle der verfassungsmäßigen Mindestanzahl von 120 Bürgerschaftsabgeordneten - nicht einmal die einfache absolute Mehrheit des Art.50 S.2 HV erforderlich[24]. Gleichzeitig kann eine Minderheit von mehr als einem Viertel der gesetzlichen Mitgliederzahl jede Verfassungsänderung durch Abwesenheit verhindern[25].

Unstreitig stehen dem Senat seine Verzögerungs- und Einspruchsrechte aus Art.49 Abs.2 S.4, 2.HS bzw. Art.50 HV auch gegenüber verfassungsändernden Gesetzen zu[26], im letzteren Falle mit der bemerkenswerten Konsequenz, daß bei einer dritten Abstimmung in der Bürgerschaft in jedem Falle mindestens 61 Abgeordnete für die Verfassungsänderung stimmen müssen.

---

21 Enquete-Kommission, S.78 f.

22 Diese Frist erlaubt die Abstimmung an zwei in der Regel im Abstand von 14 Tagen aufeinanderfolgenden ordentlichen Sitzungstagen.

23 Vgl. die Brechnung für 120 Abgeordnete bei *Bettermann*, GS f.Martens, S.41 u.*Ipsen*, HVerf, S.334.

24 Anderslautende Auffassungen bei *Drexelius / Weber*, Art.51 Anm.5 und *Bernzen / Sohnke*, Art.51 Rdnr.2 beruhen zumindest bei letzterem - nach persönlicher Auskunft - auf einem Rechenfehler.

25 *Schachtschneider*, Der Staat 1989, 173, 182.

26 *Drexelius / Weber*, Art.51 Anm.2; *Ipsen*, HVerf, S.333; *Bettermann*, GS f.Martens, S.41 f.

1. Streit über verfassungsdurchbrechende Gesetze

Anders als Art.79 Abs.1 GG und - mit einer Ausnahme[27] - alle anderen Landesverfassungen schreibt die HV nicht vor, daß bei einer Änderung oder Ergänzung der Verfassung ausdrücklich deren Text geändert werden muß. Aus diesem Grunde wird die Auffassung vertreten, daß sogenannte verfassungsdurchbrechende Gesetze, die den Text der Verfassung nicht verändern, aber von der Art ihres Zustandekommens von einfachen Gesetzen abweichen, zulässig sind[28].

In seiner Entscheidung über den Streit um den Bürgerschaftswahltermin 1978[29] hat das HVerfG die Beantwortung der Frage, ob das hamburgische Verfassungsrecht Verfassungsdurchbrechungen zuläßt, ausdrücklich offen gelassen. Gleichzeitig hat das Gericht allerdings ein Gesetz für verfassungsmäßig erklärt, welches die in Art.10 Abs.1 HV festgelegte Dauer der Wahlperiode um zwei Monate verlängerte[30]. Zur Begründung wurde darauf verwiesen, daß es sich bei dem streitgegenständlichen Gesetz um eine einmalige Regelung handelte[31]. Darüber hinaus ergebe sich die Notwendigkeit einer Änderung des Verfassungstextes auch nicht aus dem Homogenitätsgebot des Art.28 Abs.1 S.1 GG, da Art.79 Abs.1 S.1 GG kein rechtsstaatliches Prinzip normiere, sondern lediglich ein positiver Verfassungsrechtssatz des Bundesrechts sei[32]. Offen bleibt die Frage, ob das Gericht anders entschieden hätte, wenn die Verfassung nicht für einen einmaligen Vorgang, sondern auf Dauer geändert worden wäre. Die skizierte Begründung der Entscheidung aus dem Jahre 1977 läßt dies unwahrscheinlich erscheinen.

a) Die Praxis der Verfassungsdurchbrechung

Die h.M. befürwortet die Möglichkeit von Verfassungsdurchbrechungen in Hamburg[33] und beruft sich zur Begründung vor allem auf die Entstehungsge-

---

27 Zur Praxis nach der BlnVerf vgl. *Pfennig / Neumann*, Art.88 Rdnr.1. In Art.129 Abs.2 RhPfVerf ist mit Gesetz vom 15.3.1991 (GVBl. S.73) ein Gebot zur Verfassungstextänderung eingefügt worden.

28 Vgl. auch *Bernzen / Gottschalck*, ZRP 1993, 91 ff.

29 Vgl. dazu unter Kapitel 1 III.

30 HVerfG, HambJVBl. 1978, 43, 49.

31 Ebenda.

32 Ebenso BGH, WM 1967, 779, 782; HansOLG, MDR 1964, 761; *Martens*, FS f.Reimers, S.318; MDHS-Maunz, Art.79 Rdnr.5 m.w.N.; *Willemer*, DVBl.1975, 607, 609.

33 Unzutreffend insofern die Darstellung bei *Linck*, DÖV 1991, 730, 732.

schichte des Art.51 HV. Diese Norm entspricht nahezu dem Art.55 HV 1921, der wiederum im Einklang mit dem damals geltenden Art.76 WRV[34] allgemein dahin ausgelegt wurde, daß er Verfassungsdurchbrechungen zuließ[35]. Der Grundgesetzgeber hat die in der Weimarer Republik regelmäßig geübte Praxis[36] durch die Schaffung des Art.79 Abs.1 S.1 GG bewußt beendet; der Verfassungsausschuß der Hamburgischen Bürgerschaft hat sich für die beinahe wörtliche Beibehaltung der alten Regelung entschieden. Die Rechtsprechung[37] und die überwiegenden Stimmen in der Literatur[38] billigen die hamburgische Staatspraxis, nach der im Einzelfall ein verfassungsdurchbrechendes Gesetz unter Beachtung des in Art.51 HV vorgeschriebenen strengen Verfahrens zustandekommt und im Anschluß daran vom Senat mit einem entsprechenden Hinweis auf diesen Umstand verkündet wird[39].

b) Gegenauffassung

Die Gegenmeinung sieht im Gebot der Verfassungstextänderung einen Grundsatz des demokratischen Verfassungsrechts und hält dessen Erwähnung in Art.79 Abs.1 GG für eine bloße Klarstellung gegenüber dem Mißbrauch in der Weimarer Republik[40]. Eine Verfassungsdurchbrechung würde das Prinzip der Öffentlichkeit und "Einsehbarkeit" staatlichen Handelns verletzen[41].

Bushart entwickelt die Bindung des Hamburgischen Gesetzgebers an die formelle Verfassung aus den Normen über die Verfassungsgerichtsbarkeit in der

---

34 Art.76 Abs.1 S.1 WRV lautete: "Die Verfassung kann im Wege der Gesetzgebung geändert werden." Bedenken gegen diese Regelung wurden allenfalls de lege ferenda erhoben, vgl. *Anschütz*, Art.76 Anm.2.

35 *Drexelius / Weber*, Art.51 Anm.2; *Martens*, FS f.Reimers, S.316f.

36 Vgl. RG, JW 1927, 2198, 2199; zur damaligen rechtswissenschaftlichen Diskussion ausführlich *Ehmke*, AöR 1953 (Bd.79), 385, 386 f. m.w.N.

37 HansOLG, MDR 1964, 761,762; BGH, WM 1967, 779, 782.

38 *Drexelius / Weber*, Art.51 Anm.4; *Ipsen*, HVerf, S.325 f; *Martens*, FS f.Reimers, S.317; *Freitag / Haas*, JöR n.F. 1976 (Bd.25), 27, 43; mit kritischem Unterton *Schwabe*, HmbStVwR, S.60 f.

39 Besonders eklatante Beispiele bilden das Gesetz zur Umwandlung der nach Art.47 Abs.1 S.1 HV beamteten Senatssyndici in politisch-beamtete Staatsräte (v. 13.7.1978, GVBl. S.315) sowie das Gesetz über die Feststellung von Bauleitplänen und ihre Sicherung (v. 4.4.1978, GVBl. S.89), nach welchem Bebauungspläne, die als Gesetz erlassen werden, nicht im GVBl. vekündet, sondern beim Staatsarchiv zur Einsichtnahme ausgelegt werden. Weitere Beispiele bei *Freitag / Haas*, JöR n.F. 1976 (Bd.25), 27, 43.

40 *Ehmke*, AöR 1953 (Bd.79), 385, 397.

41 Ebenda.

HV[42]. Wenn Art.65 Abs.2 Ziffer 2 HV für die abstrakte Normenkontrolle "die" Verfassung als Maßstab angebe und Art.64 Abs.2 S.1 HV dafür den Verstoß eines Gesetzes gegen "diese" Verfassung verlange, dann müsse diesen Formulierungen eine Bindungswirkung an die Verfassungsurkunde entnommen werden[43]. Willemer entnimmt das Verbot der Verfassungsdurchbrechung zwar nicht dem Art.28 Abs.1 GG, wohl aber der HV selbst; diese würde allmählich ihren Sinn verlieren, wenn der Text der Verfassungsurkunde nicht mehr deren tatsächlichen Inhalt wiedergäbe[44]. Schwabe verweist auf die "absurde Folge", daß jedes unter den formellen Anforderungen des Art.51 HV zustandegekommene Gesetz bei hinreichend grundsätzlichem Gehalt als Verfassungsdurchbrechung betrachtet werden könnte[45].

Während der Beratungen des 1991 geplanten Abgeordnetengesetzes[46] hat sich der Senat erstmals kritisch zur Praxis der Verfassungsdurchbrechung geäußert. Während der Beratungen im Verfassungsausschuß hat die Justizsenatorin darauf verwiesen, daß die bisherige Staatspraxis von diesem Instrument lediglich in eher marginalen Fällen oder bei vorübergehenden Regelungen Gebrauch gemacht habe; wenn es aber - wie in Fragen des Abgeordnetenstatus - ein Grundpfeiler des parlamentarischen Systems zur Disposition stehe, müsse aus Gründen der Rechtssicherheit der Wortlaut der Verfassung geändert werden[47].

2. Stellungnahme

Zunächst ist zu fragen, ob Verfassungsdurchbrechungen mit dem Wesen einer Verfassung als Grundgesetz der staatlichen Ordnung überhaupt in Einklang zu bringen sind. Moderne Verfassungstexte enthalten neben einem Grundrechtskatalog zum einen mehr oder weniger verbindlich formulierte Zielbestimmungen staatlichen Handelns, deren Verwirklichung auf verschiedenen Wegen und mit unterschiedlicher Intensität möglich ist, sowie andererseits auch detaillierte Kompetenz- und Verfahrensregelungen zur Staatsorganisation[48]. Der Sinn einer

---

42 *Bushart*, S.48.

43 Ebenda.

44 *Willemer*, DVBl.1975, 606, 609; ebenso *Bernzen / Sohnke*, Art.51 Rdnr.3; *Karpen*, Weimar lebt, S.17.

45 *Schwabe*, HmbStVwR, S.61.

46 Vgl. dazu unter Kapitel 7 I 2.

47 Bericht des Ausschusses für Verfassung, Geschäftsordnung und Wahlprüfung vom 3.9.1991, Drs. 14 / 197, S.48.

48 Vgl. *Böckenförde*, NJW 1975, 2089, 2091; *Badura*, FS f.Scheuner, S.33.

Verfassungsurkunde liegt gerade darin, in schriftlicher Form die Festlegung der rechtlichen Grundordnung des Staates mit erhöhter formeller Gesetzeskraft vollständig wiederzugeben[49]. Eine durchbrochene Verfassung, deren außerhalb ihres Textes bestehende Regelungen gar nicht auf einen Blick übersehen werden können, erfüllt nicht mehr ihren eigentlichen Zweck. Der einzelne Staatsbürger erhält keine Chance, sich mit seiner Verfassung zu identifizieren, wenn es ihm nicht durch einen einfachen Blick in den Verfassungstext möglich ist, eindeutig zu erkennen, welcher Verfassungswortlaut gerade Gültigkeit besitzt[50]. Es stellt sich in diesem Zusammenhang auch die Frage, wie die hamburgischen Senatoren und Beamten eigentlich ihren Eid gem. Art.38 Abs.1 bzw. Art.74 HV auf "diese" Verfassung leisten können, ohne zuvor das gesamte Landesrecht eingehend studiert zu haben.

Darüber hinaus spricht die Entstehungsgeschichte des Art.79 Abs.1 S.1 HV dafür, daß das Verbot der Verfassungsdurchbrechung als wesentliches Merkmal des demokratischen Rechtsstaates über Art.28 Abs.1 S.1 GG auch Bestandteil der demokratischen Ordnung in den Ländern ist. Aufgrund der weimarer Erfahrungen mit der Methode des Art.76 WRV - zuletzt bei der Verabschiedung des sog. Ermächtigungsgesetzes[51] - haben die Autoren des Grundgesetzes auf die textliche Verbindlichkeit der Verfassungsnormen besonderen Wert gelegt[52]. Der entgegenstehende Wille des Hamburgischen Verfassungsgebers muß dahinter zurückstehen.

Schließlich können reine Praktikabilitätserwägungen zur Begründung der Notwendigkeit von Verfassungsdurchbrechungen schon deswegen nicht überzeugen, weil alle anderen Bundesländer entweder eine dem Art.79 Abs.1 GG entsprechende Verfassungsnorm besitzen, oder aber aus grundsätzlichen Erwägungen auf Verfassungsänderungen ohne Neufassung des Textes verzichten[53].

Dem Grundsatz des Art.79 Abs.1 GG muß auch die HV genügen, so daß die (bisherige) Praxis der Verfassungsdurchbrechungen in Hamburg unzulässig ist.

---

49 Vgl. *Hesse*, Rdnr.698; *Bernzen / Gottschalck*, ZRP 1993, 91, 94.

50 Dazu reicht es sicher nicht aus, daß der Senat in der von ihm herausgegebenen Gesetzessammlung diejenigen verfassungsdurchbrechenden Gesetze, die für einen längeren Zeitraum von Bedeutung sind, in Fußnoten zu den jeweiligen Artikeln angibt; vgl. *Freitag / Haas*, JöR 1976 (Bd.25), 27, 44.

51 Gesetz zur Behebung der Not von Volk und Reich vom 24.3.1933, RGBl.I S.141; letztmalig verlängert am 10.5.1943, RGBl.I S.295.

52 *Stern*, Bd.1, S.158; zur Debatte im Parlamentarischen Rat vgl. JöR n.F. 1951 (Bd.1), 573 ff.

53 Zur entsprechenden Praxis in Berlin vgl. *Pfennig / Neumann*, Art.88 Rdnr.1.

In der aktuelleren Verfassungsreformdebatte ist freilich die Forderung nach einer insoweit klarstellenden Ergänzung der Verfassung erst vereinzelt erhoben worden[54].

---

54 Vgl. *Karpen*, Weimar lebt, S.17; *Bernzen / Gottschalck*, ZRP 1993, 91, 94 f.

4. Kapitel

Wahl und Kontrolle des Senats

I. Wahl des Senats

Nach Art.34 Abs.1 HV wählt die Bürgerschaft mit der Mehrheit ihrer gesetzlichen Mitgliederzahl die Senatoren[1].

1. Bestimmung der Anzahl der Senatoren

Gem. Art.33 Abs.2 HV hat die Bürgerschaft die Anzahl der Senatsmitglieder durch Gesetz zu bestimmen. § 1 SenatsG sieht mindestens zehn und höchstens fünfzehn Senatoren vor und überläßt eine genaue Festlegung einem Beschluß der Bürgerschaft.

Diese Regelung hält Bettermann für unvereinbar mit Art.33 Abs.2 HV[2]. Zwar sei sowohl für einen einfachen Beschluß als auch für die Verabschiedung eines Gesetzes jeweils die einfache Stimmenmehrheit des Art.19 HV erforderlich; nur im Falle einer gesetzlichen Regelung kämen aber die Verfahrensvorschriften des Art.49 HV und vor allem das Vetorecht des Senats nach Art.50 HV zur Anwendung[3]. Die Möglichkeit des aufschiebenden Einspruchs ist für den Senat insbesondere dann von besonderer Bedeutung, wenn die Bürgerschaft während der Wahlperiode das Kollegium durch die Herabsetzung der Zahl der Senatoren gem. Art.35 Abs.3 HV verkleinern will. In diesem Falle könnte der Senat daran interessiert sein, durch einen Einspruch gegen das entsprechende Gesetz zunächst Zeit zu gewinnen. Dies ist insbesondere deswegen von Bedeutung, weil der Senat nach allgemeiner Auffassung[4] der Entlassung einzelner seiner Mitglieder nach Art.35 Abs.3 HV durch eine entsprechende Anzahl von eigenen Rücktritten zuvorkommen kann.

---

1 Der Wahlmodus ist in §§ 3 ff. des SenatsG vom 18.2.1971 (GVBl. S. 23) in der Fassung vom 19.3.1987 (GVBl. S.83) geregelt.

2 *Bettermann*, GS f.Martens, S.48.

3 Ebenda.

4 *Bernzen / Sohnke*, Art.35 Rdnr.6; *Drexelius / Weber*, Art.35 Anm.3; *Schwabe*, HmbStVwR, S.56; *Tögel*, S.146.

2. Wahl der Senatoren

Der Beginn der Amtszeit eines jeden Senators ist eng an die Mitwirkung der Bürgerschaft gebunden. Abweichend von den Regelungen des Grundgesetzes und der meisten anderen Landesverfassungen wird in Hamburg nicht ein Regierungschef gewählt, der sich dann seine Minister vom Parlament vollkommen frei[5] bzw. lediglich unter dem Vorbehalt der Bestätigung des gesamten Kabinetts[6] aussuchen kann. Vielmehr wählt die Bürgerschaft zunächst jeden einzelnen Senator gleichberechtigt in den Senat[7]; dieser bestimmt aus seiner Mitte gem. Art.41 Abs.1 HV den Präsidenten und dessen Stellvertreter und nimmt gem. Art.42 Abs.1 S.1 HV die Ressortverteilung vor.

Dieses Wahlverfahren verschafft der ganzen Bürgerschaft eine starke Stellung und gibt insbesondere kleinen Minderheitsgruppen von Abgeordneten der den Senat tragenden Fraktionen die Macht, gegenüber dem designierten Bürgermeister bei der Zusammenstellung des Kollegiums eigene Vorstellungen durchzusetzen. Gleichzeitig wird die Stellung des Ersten Bürgermeisters, der als primus inter pares gegenüber den übrigen Senatsmitgliedern - im Gegensatz zu anderen Regierungschefs des Bundes[8] und der Länder - auch keine in der Verfassung verankerte Richtlinienkompetenz besitzt[9], dadurch geschwächt, daß die Wiederwahl der Senatoren nicht allein vom Willen des Regierungschefs, sondern von einer Mehrheit in der die Regierung tragenden Fraktion abhängt.

Nach Auffassung des ehemaligen Ersten Bürgermeisters v.Dohnanyi "lähmt das heutige System die Politik"[10]; nach der Analyse der sog. Stadtstaatenkommission ist ein Hamburger Bürgermeister "von Verfassungs wegen gar nicht in der Lage, die Regierung als ein Arbeitsteam seines Vertrauens zusammenzustellen"[11]. Ein konkretes Beispiel für die angebliche Unpraktikabilität der in Rede stehenden Norm läßt sich allerdings in der jüngeren hamburgischen Verfas-

---

5 Vgl. Art.64 Abs.1 GG; Art.52 Abs.3 S.1 NRWVerf; Art.26 Abs.2 S.2 SHVerf; Art.84 BrandVerf; Art.60 Abs.4 SächsVerf; Art.43 MVVerf; Art.65 Abs.3 SaAnVerf.

6 Vgl. Art.46 Abs.3 S.1 BaWüVerf; Art.45 BayVerf; Art.101 Abs.4 HessVerf; Art.29 Abs.3 NdsVerf; Art.98 Abs.2 S.3 RhPfVerf; Art.87 Abs.1 S.2 SaarVerf.

7 Ebenso Art.107 Abs.2 BremVerf; ähnlich Art.41 Abs.2 BlnVerf.

8 Vgl. Art.65 S.1 GG.

9 Obwohl deren Nutzen nirgends überzeugend begründet ist, wird ihre Einführung dennoch allgemein gefordert: Stadtstaatenkommissions-Gutachten, S.47 f.; Beschluß des SPD-Parteitages vom 30.3.90; Vorschläge der CDU-Kommission, S.23, vgl. dazu FAZ v. 9.7.90, S.5; Enquete-Kommission, S.88.

10 *v. Dohnanyi*, S.74.

11 Stadtstaatenkommissions-Gutachten, S.34.

sungswirklichkeit nur schwer finden[12]. Dennoch sehen zahlreiche Reformvorschläge eine Verfassungsänderung vor, die dem Ersten Bürgermeister nach seiner Wahl durch die Bürgerschaft das autonome Recht zur Ernennung und Entlassung der übrigen Senatsmitglieder verleiht[13]. Verfassungsrechtliche Bedenken gegen eine entsprechende Neufassung sind nicht ersichtlich. Zwar wäre damit im Vergleich zur heutigen Situation eine politische wie rechtliche Schwächung des Parlaments verbunden; die Verantwortung des vom Parlament gewählten und erforderlichenfalls auch abzuwählenden Regierungschefs bliebe allerdings in vollem Umfang erhalten und würde sogar noch verstärkt. Die Grenzen des für Bund und Länder gleichermaßen verbindlichen Demokratieprinzips aus Art.20 Abns.1 GG würden schon deswegen nicht berührt, weil das Grundgesetz selbst eine solche Form der Regierungsbildung vorsieht.

Die Enquete-Kommission "Parlamentsreform" schlägt darüber hinaus vor, alle parlamentarischen Abstimmungen im Zusammenhang mit der personellen Besetzung des Senats sowie über das Mißtrauensvotum und die Vertrauensfrage offen durchzuführen[14]. Eine solche Regelung wäre mit der Gewissensfreiheit des einzelnen Abgeordneten wohl nur schwer zu vereinbaren.

3. Beendigung der Amtszeit des Senats

Auch die Beendigung der Amtszeit eines Senators ist - abgesehen von seinem verfassungsrechtlich garantierten[15] jederzeitigen Rücktrittsrecht - an die Mitwirkung der Bürgerschaft gebunden.

a) Rücktrittsverpflichtung mit Ablauf der Wahlperiode

Fraglich ist, ob die Amtszeit des Senats durch den Ablauf der Legislaturperiode oder den erstmaligen Zusammentritt einer neugewählten Bürgerschaft

12 *v. Dohnanyi*, S.73 greift auf das Beispiel von Kurt Sieveking aus dem Jahre 1953 zurück.

13 Empfehlungen des Stadtstaatenkommissions-Gutachtens, S.38 f.; Referentenentwurf zur Neuordnung von Verf. u. Verw. in Hamburg, S.4; Beschluß des SPD-Landesparteitages vom 30.3.1990; Vorschläge der CDU-Kommission, S.20, vgl. FAZ v. 9.7.90 S.5; Enquete-Kommission, S.85 f.

14 Enquete-Kommission, S.87 f.

15 Art.35 Abs.1 S.1 HV.

automatisch endet[16]. Anders als das Grundgesetz und die meisten Landesverfassungen[17] trifft die HV eine solche Regelung nicht.

aa) Literaturansichten

In der Literatur wird die Ansicht vertreten, die Pflicht des Senats zum Rücktritt nach dem Zusammentritt einer neugewählten Bürgerschaft ergebe sich bereits aus den Grundprinzipien des parlamentarischen Regierungssystems; diese würden durch die uneingeschränkte Amtsführung eines Senats, der die Mehrheit verloren hat, verletzt[18]. Zur Begründung verweist Ipsen zunächst auf die Entstehungsgeschichte der Art.34 und 35 HV 1921, welche als Vorbild für die Verfassung von 1952 gedient hätten; damals sei vom Verfassungsausschuß eine Bestimmung darüber, daß sich der Senat nach einer Bürgerschaftsneuwahl ebenfalls neu zur Wahl stellen müsse, nicht für erforderlich gehalten worden, "da es bei dem parlamentarischen System selbstverständlich ist, daß der Senat sich nach einer Neuwahl der Bürgerschaft verständigen muß, ob er das Vertrauen der Mehrheit hat. Falls dies nicht der Fall ist, muß er zurücktreten"[19].

Darüber hinaus liege das Essentiale des parlamentarischen Systems, nämlich die Abhängigkeit der Regierung vom Vertrauen des Parlaments, auch den Art.35 Abs.2 und 36 Abs.1 HV zugrunde; die Bürgerschaft disponiere über die Fortexistenz des Senats sowohl wenn sie selbst als auch wenn der Senat die Frage des Vertrauensverhältnisses aufgeworfen habe[20]. Die Verweisung der Bürgerschaft auf ihre Befugnis, einen neuen Senat über den Weg des konstruktiven Mißtrauensvotums nach Art.35 Abs.2 HV zu bilden, bedeute eine Verkürzung ihrer in Art.34 Abs.1 HV statuierten Rechte, da beide Vorgänge verfassungsrechtlich nicht identisch seien[21].

Schließlich ergebe sich aus Art.36 Abs.1 S.1 Ziffer 3 u. Satz 2 HV, daß die letzte Entscheidung in einer Regierungskrise dem Wahlvolk in einer

---

16 Zur politischen Diskussion dieser Frage kam es insbesondere nach den Bürgerschaftswahlen vom 6.6.1982 und 9.11.1986; vgl. *Beyer*, S.25; *Walter*, ZParl 1982, 482 ff.

17 Vgl. Art.69 Abs.2 GG; Art.55 Abs.2 BaWüVerf; Art.113 Abs.2 HessVerf; Art.33 Abs.2 NdsVerf; Art.62 Abs.2 NRWVerf; Art.87 Abs.2 S.1 SaarVerf; Art.107 Abs.2 BremVerf; Art.27 Abs.1 SHVerf; Art.85 Abs.1 S.1 BrandVerf; Art.68 Abs.2 SächsVerf; Art.50 Abs.1 MVVerf; Art.71 Abs.1 SaAnVerf; ähnlich Art.44 Abs.1 BayVerf.

18 *Ipsen*, HVerf, S.292 ff; *ders.*, FS f.Zeidler, S.1187; *Bernzen / Sohnke*, Art.34 Anm.1.

19 Bericht des Verfassungsausschusses Nr.53 von 1920, S.18.

20 *Ipsen*, HVerf, S.293; *ders.*, FS f.Zeidler, S.1187.

21 *Ipsen*, HVerf, S.293.

Bürgerschaftsneuwahl überantwortet sei. Deren von der Verfassung bestimmter Wert würde ignoriert, wenn der Senat unbeschadet des Wahlergebnisses nicht verfassungsrechtlich verpflichtet wäre, durch seinen Rücktritt auch den Weg für Senatsneuwahlen zu eröffnen[22]. Der alte Senat könne gem. Art.38 Abs.1 HV nur noch geschäftsführend fungieren[23].

Die h.M. verneint eine Rücktrittsverpflichtung des Senats beim Zusammentritt einer neugewählten Bürgerschaft[24]. Den zur Verfassung von 1921 dargestellten entstehungsgeschichtlichen Argumenten hält Tögel[25] damalige Literaturansichten entgegen, die aus der Verfassung keine Rücktrittsverpflichtung herleiteten[26]. Außerdem verweist er auf ein Beispiel aus der damaligen Staatspraxis, welches sich an dieser Auslegung orientiert[27].

Tögel sieht in der Möglichkeit der neugewählten Bürgerschaft, den Senat durch das konstruktive Mißtrauensvotum abzulösen, keine Verkürzung ihrer Rechte, weil im Gegensatz zu den Regelungen in anderen Landesverfassungen die Mehrheitserfordernisse bei einer Neuwahl und bei einer Mißtrauensabstimmung die gleichen seien[28]. Eine Einengung der bürgerschaftlichen Entscheidungsfreiheit dadurch, daß es bei einem Mißtrauensvotum notwendigerweise zugleich einer politischen Entscheidung gegen den bisherigen Senat bedürfe, will Tögel nicht gelten lassen, weil eine neue politische Mehrheit im Parlament ihre Kreationsfähigkeit kaum dadurch beeinträchtigt sehen werde, daß sie zur Abwahl des vom politischen Gegner gestellten Senats schreiten müsse[29]. Darüber hinaus zeige Art.36 Abs.1 S.1 HV, daß im Falle eines gestörten Vertrauensverhältnisses zwischen Bürgerschaft und Senat zuerst das Parlament am Zuge sei, die Situation binnen einer Frist von drei Monaten zu bereinigen; erst danach gehe die Initiative gem. Art.36 Abs.1 S.2 HV auf den Senat über. Da die HV damit eine Regierung ohne das Vertrauen der Bürgerschaft durchaus akzeptiere, sei nicht ersichtlich, warum dies nach einer

22 Ebenda, S.294.

23 *Ipsen*, FS f.Zeidler, S.1187.

24 *Drexelius / Weber*, Art.34 Anm.4; *Bettermann*, GS f.Martens, S.47; *Schwabe*, HmbStVwR, S.56 f.; *Tögel*, S.130 ff.; *Glaatz / Haas*, JöR n.F. 1957 (Bd.6), 223, 236.

25 *Tögel*, S.127.

26 *Mittelstein*, Art.34 Anm.2 sowie Einführung S.24; *Wulff*, Art.36 Anm.3.

27 Rücktrittserklärung des Senats ohne Anerkennung einer Verpflichtung vom 9.3.1925, Verhandlungen zwischen Senat und Bürgerschaft im Jahre 1925, Nr.59, S.113.

28 *Tögel*, S.130 f.

29 Ebenda, S.131.

Bürgerschaftswahl ins Gegenteil verkehrt sein sollte, ohne daß sich darauf irgendein Hinweis in der Verfassung fände[30].

Bettermann verweist darauf, daß das Land regiert werden müsse, und daß aus diesem Grunde eine Minderheitsregierung im parlamentarischen System legitim sei, solange das Parlament zur Bildung einer regierungsfähigen Mehrheit nicht willens oder nicht fähig sei[31].

Glatz/Haas schließlich begründen die hamburgische Sonderregelung mit der Doppelfunktion des Senats als "Regierung und Verwaltungsbehörde"[32].

bb) Rechtsprechung des BVerfG

Das BVerfG hat einerseits in einem Verfahren über eine dem hamburgischen Ewigkeitsprinzip vergleichbare Regelung nach der alten schleswig-holsteinischen Landessatzung[33] entschieden, das Prinzip des Art.69 Abs.2 GG gehöre nicht zu den für die Länder verbindlichen Grundsätzen des demokratischen Rechtsstaates[34]. Dieses Urteil ist in der Literatur etwa in gleichem Umfang auf Zustimmung[35] wie auf Ablehnung[36] gestoßen. In einem späteren Verfahren hat das Gericht andererseits ausgesprochen, daß die personellen Träger der obersten politischen Staatsorgane, damit ihr Verhalten dem Volke verantwortlich bleibe, in regelmäßig wiederkehrenden zeitlichen Abständen der demokratischen Legitimation durch Wahlen bedürften; deshalb ende auch das Amt des Bundeskanzlers gem. Art.69 Abs.2 GG mit dem Zusammentritt eines neuen Bundestages[37]. In diesem Urteil findet sich allerdings kein Hinweis darauf, daß damit eine Änderung der bisherigen Rechtsprechung verbunden wäre.

---

30 Ebenda, S.132.

31 *Bettermann*, GS f.Martens, S.47.

32 *Glatz / Haas*, JöR n.F. 1957 (Bd.6), 223, 236.

33 Vgl. *Barschel / Gebel*, Art.21 Anm.2, die eine die Wahlperiode überdauernde Amtszeit des Ministerpräsidenten billigen.

34 BVerfGE 27, 44, 52 ff.

35 *Peine*, Der Staat 1982, 335 ff. m.w.N. aus der Verfassungsgeschichte; *Knies*, JUS 1975, 420, 423; *Weis*, S.100 ff.; *Menzel*, DÖV 1969, 765, 766 f.; vgl. auch *Uhlitz*, DÖV 1956, 485, 488.

36 *Schäfer*, DVBl.1969, 737, 738; *Häberle*, JZ 1969, 613, 615; *Friedrich*, JöR n.F. 1981 (Bd.30), 197, 204; vgl. auch *Friesenhahn*, VVdStRL 16 (1958), 43, 44.

37 BVerfGE 44, 125, 139.

cc) Argumentation mit der Rechtsstellung des geschäftsführenden Senats

Der Minderheitssenat, der sich nach den Bürgerschaftswahlen vom Juni 1982 und November 1986 den Rücktrittsforderungen der Opposition gegenüber sah[38], hat seine Weigerung zurückzutreten vor allem damit begründet, daß ein nur noch geschäftsführend[39] im Amt befindlicher Senat nicht mehr das Recht habe, gem. Art.36 Abs.1 S.1 HV die Vertrauensfrage zu stellen und ggf. nach Satz 2 dieser Norm die Bürgerschaft aufzulösen[40].

Für diese von der Literatur offenbar einhellig gebilligte Auffassung[41] sind bisher keine Gründe vorgetragen worden. Eher im Gegensatz dazu besteht Einigkeit darüber, daß ein zurückgetretener und gem. Art.37 Abs.1 HV geschäftführend im Amt befindlicher Senat alle verfassungsmäßigen Rechte und Pflichten behält[42]. Für Ipsen ergibt sich aus dem Sinn des parlamentarischen Systems eine tunliche Beschränkung des geschäftsführenden Senats auf die Wahrnehmung der laufenden Angelegenheiten[43].

Der Wortlaut der Art.36 und 37 HV verbietet einem geschäftsführenden Senat die Einbringung eines Antrages, ihm das Vertrauen auszusprechen, nicht. Fraglich ist allein, ob sich aus dem Sinn und Zweck der Vorschriften unter Berücksichtigung der Grundsätze des parlamentarischen Systems eine solche Beschränkung ergeben könnte. Art.36 HV dient der Auflösung des Parlaments zur Verhinderung von "Gesetzgebungskrisen", die trotz der Möglichkeit des konstruktiven Mißtrauensvotums dann bestehen können, wenn politisch nicht übereinstimmende Mehrheiten die Arbeit der Regierung durch Ablehnung ihrer Vorlagen ernstlich gefährden[44]. Die politische Blockade durch eine destruktive Mehrheit in der Bürgerschaft bedroht allerdings einen in vollem Umfang amtierenden Senat ebenso wie einen nur geschäftsführend im Amt befindlichen, auch wenn dieser sich auf die Wahrnehmung der laufenden Angelegenheiten beschränkt.

---

38 *Beyer*, S.34; *Walter*, ZParl 1982, 482, 496; vgl. Plenarprotokoll 10 / 2 vom 30.6.1982, S.23 A.

39 Gem. Art.37 Abs.1 HV.

40 Bürgermeister *v. Dohnanyi* am 30.6.1982, Plenarprotokoll 10 / 2, S.34 C, vgl. auch Plenarprotokoll 10 / 7, S.344 A sowie Plenarprotokoll 12 / 2, S.37 A.

41 *Schwabe*, HmbStVwR, S.57; *Tögel*, S.133; *v. Münch*, Hamburger Abendblatt vom 29.6.1982, S.2.

42 *Drexelius / Weber*, Art.37 Anm.1; *Bernzen / Sohnke*, Art.37 Rdnr.1; allgemein zur geschäftsführenden Regierung *Peine*, Der Staat 1982, 335, 337 Fn.8; vgl. auch MDHS-*Herzog*, Art.69 Rdnr.43.

43 *Ipsen*, HVerf, S.290.

44 Bericht des Verfassungsausschusses vom Dez.1951 zu Art.36, S.6 f.

Gerade ein Senat, der etwa nach dem Zusammentritt einer neu gewählten Bürgerschaft zurückgetreten, aber anschließend nicht selbst durch Neuwahlen ersetzt worden ist, sollte die Möglichkeit des Vertrauensantrages haben, um die Bürgerschaft nochmals an ihre Pflicht zur Regierungsbildung erinnern und im Falle ihrer Verweigerung ggf. selbst gemäß Art.36 Abs.1 S.2 HV Neuwahlen herbeiführen zu können. Damit würde auch die nach Ipsen notwendige Beschränkung eines ohne fortbestehende demokratische Legitimation nur noch die Geschäfte führenden Senats auf die unaufschiebbaren und bereits laufenden Staatsangelegenheiten nicht verletzt, weil die Mitwirkung an der Widergewinnung einer vom Vertrauen des Parlaments getragenen Regierung gerade für einen zurückgetretenen Senat von überragender Bedeutung ist.

Das Argument, eine Verpflichtung zum Rücktritt des Senats beim Zusammentritt einer neu gewählten Bürgerschaft verbiete sich allein deswegen, weil er dann nicht mehr über den Weg des Art.36 Abs.1 HV Neuwahlen herbeiführen könne, ist daher nicht überzeugend.

dd) Stellungnahme

Mit der Entstehungsgeschichte der Art.34 und 35 HV sind - wie oben gesehen - einander widersprechende Auslegungsmöglichkeiten zu begründen[45], so daß dieser Ansatz für eine Entscheidung des Streites nicht hilfreich ist.

Die Gleichsetzung des Parlamentsrechts auf Neuwahlen einer Regierung zu Beginn der Legislaturperiode mit der Möglichkeit eines konstruktiven Mißtrauensvotums läßt sich nicht widerspruchsfrei begründen. Wenn Tögel darauf verweist, eine Einengung der Entscheidungsfreiheit der Bürgerschaft sei darin nicht zu erblicken, weil eine neue parlamentarische Mehrheit keine Skrupel hätte, den vom politischen Gegner besetzten alten Senat durch vorherige Abwahl zu ersetzen, dann übersieht er dabei, daß das Auswechseln von Senatoren zu Beginn einer Legislaturperiode nicht auf den Fall der Veränderung politischer Mehrheitsverhältnisse beschränkt ist. Unabhängig von der Frage, ob diese rein politologische Betrachtung für die Lösung des vorliegenden juristischen Problems überhaupt von Nutzen ist, kann es den Fall geben, daß auch neue Abgeordnete einer vom Wähler bestätigten Regierungs-

---

45 Vgl. auch § 2 des EinführungsG zur HV 1921 - abgedruckt bei *Mittelstein*, S.108 - wonach die Amtszeit des gegenwärtigen Senats mit dem Zusammentritt der neuen Bürgerschaft endete; sowie die Rede des FDP-Abg. *Biermann-Ratjen* in der Debatte zu Art.37 HV, Plenarprotokoll vom 28.5.1952, S.712 f., 720.

fraktion neue Köpfe im Senat vertreten sehen wollen. Für diese Abgeordneten kommt es aus naheliegenden Gründen nicht in Betracht, gegen einzelne Senatoren einen Mißtrauensantrag einzubringen und auf die Unterstützung der Opposition zu zählen. Vielmehr könnten sie ihre parlamentarischen Rechte in politisch realistischer Weise nur derart durchsetzen, daß sie einem erneut zur Wahl stehenden Kandidaten ihre Zustimmung verweigern. Wenn dies aufgrund der "Ewigkeit" der Wahlperiode des vor langer Zeit von einer anderen Bürgerschaft Gewählten nicht möglich ist, dann liegt darin eine empfindliche Verkürzung der Rechte des einzelnen Abgeordneten.

Für eine Entscheidung des Streites ist das demokratische Prinzip sowohl des Grundgesetzes als auch der HV heranzuziehen, welches grundlegende Strukturen der Staatsorganisation normiert[46]. Nach Art.20 Abs.2 GG und Art.3 Abs.2 S.1 HV geht alle Staatsgewalt vom Volke aus. Sie wird vom Volke in Wahlen und Abstimmungen und durch Organe der Gesetzgebung, der vollziehenden Gewalt und der Rechtsprechung ausübt. Art.20 Abs.1 u.2 GG und Art.3 HV verlangen nicht nur die Existenz einer gewählten Volksvertretung, sondern gleichzeitig, daß diese Vertretung in regelmäßigen, im voraus bestimmten Abständen abgelöst und neu legitimiert wird[47]. Demokratie bedeutet immer Herrschaft auf Zeit; es gilt das Periodizitätsprinzip bei politischen Wahlen[48]. Die Wahrnehmung staatlicher Aufgaben und die Ausübung staatlicher Befugnisse bedarf stets einer Legitimation, die unmittelbar oder mittelbar durch eine ununterbrochene Legitimationskette auf das Volk selbst zurückführt[49]. Insbesondere die Bestellung der Herrschenden durch das Volk und die Rückkoppelung ihrer Herrschaftsausübung mit dem Volk gehören deshalb zum zentralen Bestandteil des demokratischen Prinzips[50].

Die auf das Volk zurückführende Legitimationskette wäre unterbrochen und das Prinzip der Periodizität politischer Wahlen verletzt, wollte man es zulassen, daß eine Regierung länger im Amt bleibt als die Amtszeit desjenigen Organs dauert, welches sie gewählt hat und von dessen fortdauerndem Vertrauen sie ständig abhängig war. Darüber hinaus muß das Parlament als einzig unmittelbar vom Volk gewähltes Verfassungorgan die Möglichkeit haben, substantielle Aufgaben der Herrschaftsausübung wie insbesondere die Bestellung der

---

46 Vgl. VerfGH NRW, DVBl.1986, 1196.

47 BVerfGE 18, 18, 151, 154; *Hesse*, Rdnr.153; *Stern*, Bd.1, S.609.

48 *Stern*, Bd.1, S.609; AK-*Schneider*, Art.69 Rdnr.5.

49 BVerfGE 47, 253, 275; *Böckenförde*, HdbStR, § 22 Rdnr.11.

50 *Stern*, Bd.1, S.604.

Regierung ohne Einschränkungen wahrnehmen zu können, um dem Prinzip der Legitimation der Herrschaft durch das Volk genügen zu können. Dem widerspricht es, wenn einem neugewählten Parlament eine Regierung gegenübertritt, deren Amtszeit grundsätzlich unbegrenzt fortbesteht und zu deren Ablösung es erst des Umweges über ein konstruktives Mißtrauensvotum bedarf. Der rechtspolitische Zweck eines Mißtrauensvotums besteht außerdem regelmäßig nicht darin, einen Regierungswechsel zu erleichtern, sondern vielmehr in der Gewährleistung ihrer Stabilität während der Legislaturperiode[51].

Aus alledem ergibt sich, daß die Amtszeit des Senats zwar nicht automatisch mit dem Ablauf der Legislaturperiode enden muß, er aber spätestens am Tag des ersten Zusammentrittes einer neugewählten Bürgerschaft zum Rücktritt verpflichtet ist. Einen entsprechenden Reformvorschlag haben die von der CDU-Fraktion in der Bürgerschaft eingesetzte Expertenkommission[52] sowie zwischenzeitlich auch die Enquete-Kommission "Parlamentsreform"[53] unterbreitet.

b) Mißtrauensvotum und Herabsetzung der Senatorenanzahl

Die Abwahl eines Senators durch die Bürgerschaft kann gem. Art.35 Abs.2 HV grundsätzlich nur durch ein konstruktives Mißtrauensvotum erfolgen, mit dessen Hilfe die Mehrzahl der gesetzlichen Mitglieder einen oder auch mehrere Senatoren durch Neuwahl ersetzen. Ein entsprechender Antrag muß von mindestens einem Viertel der Abgeordneten unterzeichnet und mindestens eine Woche vor der Abstimmung den Parlamentariern und dem Senat mitgeteilt sein. Die Frist und das Quorum sollen die Bürgerschaft vor einer unüberlegten oder mißbräuchlichen Verwendung dieses Instrumentes bewahren.

Die Vorschrift über das konstruktive Mißtrauensvotum steht in einem gewissen Spannungsverhältnis zu der Regelung des Art.35 Abs.3 HV, nach der die Bürgerschaft mit einfacher Mehrheit nach einer (gesetzlichen) Herabsetzung der Zahl der Senatoren eine entsprechende Zahl von Senatsmitgliedern entlassen kann.

---

51 Vgl. *Süsterhenn / Schäfer*, Art.98 Anm.3a; *Landsberg / Goetz*, Art.41 Anm.1; a.A. jetzt *Pfennig / Neumann* Art.41 Rdnr.3, die freilich darauf hinweisen, daß in der Staatspraxis bisher jeder Senat nach Neuwahlen des Abgeordnetenhauses zurückgetreten ist.

52 Vorschläge der CDU-Kommission S.21; vgl. FAZ v. 9.7.1990, S.5.

53 Enquete-Kommission, S.88 f.

Bettermann sieht in dieser Vorschrift eine Kollision mit Art.35 Abs.2 HV, wonach weder der Gesamtsenat noch einzelne seiner Mitglieder ersatzlos, d.h. ohne gleichzeitige Neuwahl, abgewählt werden können[54]. Eine destruktive Mehrheit in der Bürgerschaft, die sich auf die Neuwahl eines Senats nicht einigen kann, hätte nach Art.35 Abs.3 HV allerdings durch die Verkleinerung des Senats und beispielsweise durch die Abwahl des Ersten Bürgermeisters die Möglichkeit, die Handlungsunfähigkeit eines Minderheitensenats herbeizuführen[55].

Drexelius/Weber halten diese Umgehungsgefahr für vom Verfassungsgeber bewußt in Kauf genommen, um die Durchsetzbarkeit einer Entscheidung über die Herabsetzung der Anzahl der Senatoren während der Legislaturperiode auch zu gewährleisten[56]. Für Tögel werden diese Bedenken dadurch relativiert, daß er eine Begrenzung der Verkleinerungs- und Entlassungsmöglichkeiten aus dem Sinn und Zweck des Art.35 Abs.3 HV ableitet[57]. Die Bürgerschaft besitze trotz ihrer Rechte aus Art.33 Abs.2 und Art.35 Abs.3 HV nicht die Kompetenz zur Aufhebung der Funktionsfähigkeit des Senats; die Verfassung selber schreibe vielmehr den Bestand eines Kollektivorgans Senat vor, welches nach Ausschöpfung aller Rationalisierungsmöglichkeiten die ordnungsgemäße Erledigung der verfassungsmäßig zugewiesenen Aufgaben dennoch gewährleisten müsse[58]. Gegen eine Verkleinerung im Rahmen des verfassungsrechtlich Zulässigen könne sich der Senat politisch mit der Vertrauensfrage und der anschliessenden Bürgerschaftsauflösung wehren[59].

Zustimmung verdient die Auffassung, daß die Vorschriften des III.Abschnitts der HV die Bürgerschaft daran hindern, den Senat als kollektives, d.h. aus einer Mehrzahl von Mitgliedern bestehendes Organ zu beseitigen oder auch nur unerträglich zu beeinträchtigen. Zweifelhaft ist allerdings, bei welcher Anzahl von Senatoren diese von der Verfassung vorgegebene Grenze überschritten sein soll. Drexelius/Weber halten eine Halbierung von zwölf auf sechs Senatoren für zulässig[60], während Tögel damit die Grenze der Funktionsunfähigkeit schon als

---

54 *Bettermann*, GS f.Martens, S.49.

55 Ebenda.

56 *Drexelius / Weber*, Art.35 Anm.3.

57 *Tögel*, S.146 f.

58 Ebenda, S.147.

59 Ebenda, S.148.

60 *Drexelius / Weber*, Art.35 Anm.3.

erreicht ansieht[61]. Eine endgültige verfassungsrechtliche Beurteilung kann sicher nur im Einzelfall unter Berücksichtigung der jeweiligen Umstände vorgenommen werden[62]. Mit dieser Begrenzung hat der betroffene Minderheitssenat freilich weder eine rechtlich, noch politisch wirksame Abwehrmöglichkeit gegen die Abwahl seiner profiliertesten Mitglieder, insbesondere der beiden Bürgermeister. Wenn sich gleichzeitig eine destruktive Bürgerschaftsmehrheit darin einig ist, Neuwahlen nicht anzustreben, dann ist es durchaus denkbar, daß auch einem Minderheitssenat - ggf. durch Stimmenthaltungen - das Vertrauen ausgesprochen wird. Selbst für den Fall, daß über den Weg einer Vertrauensfrage des Rest-Senats gem. Art.36 Abs.1 HV die Bürgerschaft aufgelöst würde, stünden die ehemals führenden Senatsmitglieder zumindest vorübergehend nicht zur Verfügung. Politisch dürfte es nicht ohne Auswirkungen bleiben, wenn die ehemaligen Senatoren ohne Unterstützung des Regierungsapparates und ohne den nicht zu unterschätzenden Amtsbonus in den anschließenden Wahlkampf ziehen müßten.

Zu untersuchen bleibt, ob nicht jede Entscheidung der Bürgerschaft über die Verkleinerung des Senats bei gleichzeitiger Entlassung bestimmter Senatoren im Lichte des Art.35 Abs.2 HV gesehen werden muß. Grundsätzlich sollte mit der Einführung des konstruktiven Mißtrauensvotums - in Anlehnung an Art.67 GG - die "staatsrechtliche Pflicht der Volksvertretung, für die Existenz einer arbeitsfähigen Regierung zu sorgen"[63], normiert werden. Die Festschreibung eines Antragsquorums und einer Frist sowie vor allem das Erfordernis einer qualifizierten Mehrheit lassen die überragende Bedeutung erkennen, welche die verfassungsgebende Bürgerschaft in einer handlungsfähigen Regierung gesehen hat. Vor diesem Hintergrund wäre jede bewußte Beschränkung der Handlungsfähigkeit des Senats durch eine destruktive Bürgerschaftsmehrheit mittels der Verkleinerung des Senats als Umgehung der Vorschriften des Art.35 Abs.2 HV anzusehen und damit verfassungswidrig.

Die nachträgliche Herabsetzung der Anzahl der Senatoren während einer laufenden Legislaturperiode wird nur im Einzelfall aus besonderen Gründen zulässig sein; die Abwahl eines bestimmten Senators im Wege des Art.35 Abs.3 HV ist nur dann zulässig, wenn kein Mitglied des Senats freiwillig sein Amt zur Verfügung stellt.

---

61 *Tögel* S.148.

62 So auch *Tögel*, S.147 f.

63 *Ipsen*, HVerf, S.309.

c) Vertrauensfrage des Senats

Nach Art.36 HV kann der Senat in der Bürgerschaft den Antrag stellen, ihm das Vertrauen auszusprechen. Die Vertrauensfrage kann mit einer zusätzlichen Vorlage - etwa der Ermächtigung zur vorläufigen Haushaltsführung[64] - oder einer Gesetzesvorlage verbunden werden.

Für den Fall, daß die Vertrauensfrage nicht von der Mehrheit der gesetzlichen Mitgliederzahl der Bürgerschaft positiv beantwortet wird, hat das Parlament drei Monate Zeit[65], entweder einen neuen Senat zu wählen oder dem alten Senat doch noch das Vertrauen auszusprechen oder sich selbst aufzulösen. Die erste Möglichkeit ergibt sich bereits aus Art.35 Abs.2 S.1 HV und stellt insoweit keine Erweiterung bürgerschaftlicher Rechte dar[66]. Ebenso entspricht die dritte Möglichkeit dem Selbstauflösungsrecht des Art.11 Abs.1 HV[67]. Die Möglichkeit der nachträglichen Zustimmung bei Wiederholung der Abstimmung ergibt sich bereits aus dem ungeschriebenen parlamentarischen Grundsatz, daß ein Beschlußorgan jederzeit vorherige Entscheidungen aufheben oder abändern kann[68]. Seine eigentliche Bedeutung erlangt Art.36 Abs.1 HV daher erst durch das Recht des Senats, bei Untätigkeit der Bürgerschaft während der Drei-Monats-Frist innerhalb weiterer zwei Wochen von sich aus die Bürgerschaft aufzulösen[69].

II. Kontrolle des Senats durch die parlamentarische Opposition

In allen Parlamenten des Bundes und der Länder bildet die parlamentarische Opposition nach heutiger Auffasung[70] einen "wesentlichen Bestandteil der parlamentarischen Demokratie"[71]. Das BVerfG hat aus verschiedensten Anlässen das Recht auf Bildung und Ausübung einer parlamentarischen Opposition zum unabänderlichen Kernbestandteil der freiheitlichen demokratischen Grund-

---

64 So ausdrücklich Art.67 Abs.2 HV.

65 *Bettermann*, GS f.Martens, S.50 hält diese Frist mit Blick auf die Drei-Wochen-Frist des Art.68 Abs.1 S.1 GG für "viel zu lang".

66 Vgl. dazu unter Kapitel 4 I 3 b.

67 Vgl. dazu unter Kapitel 1 V 1.

68 *Bernzen / Sohnke*, Art.36 Rdnr.2.

69 Vgl. dazu unter Kapitel 1 V 2.

70 Zur geschichtlichen Entwicklung der parlamentarischen Opposition in Deutschland vgl. *Schneider / Zeh-Schneider*, § 38 Rdnr.5 ff.

71 So die Worte *Ollenhauers* in der Bundestagssitzung am 28.10.1953, Stenographischer Bericht II / 36 C.

ordnung erklärt[72], verfassungsrechtliche Pflichten der Opposition begründet[73] und das Prinzip der Chancengleichheit zwischen Regierung und Opposition postuliert[74]. Ohne daß der Begriff der Opposition (bis 1971) in einer geltenden Verfassungsurkunde[75] oder in einem einfachen Gesetz - abgesehen von § 92 Abs.2 Ziffer 3 StGB - Erwähnung gefunden hätte, war die Bildung und Ausübung der politischen Opposition unmittelbar durch das Demokratieprinzip aus Art. 20 und 28 GG garantiert und die parlamentarische Opposition zusätzlich durch die Stellung der Parteien im Staat und der Fraktionen im Parlament gesichert[76].

1. Oppositionsklausel in der HV

Im Zuge der Verfassungsreform des Jahres 1971 wurde in die HV mit Art.23a eine Regelung über Bedeutung und Aufgabe der Opposition aufgenommen, die bis zum Inkrafttreten der neuen schleswig-holsteinischen Landesverfassung[77] im August 1990 einmalig blieb[78].

Obwohl die Opposition in der Hamburgischen Bürgerschaft seither als Verfassungsinstitution[79] oder gar als Verfassungsorgan[80] bezeichnet wird, ist sowohl der verfassungsrechtliche als auch der verfassungspolitische Nutzen des Art.23a HV bis heute lebhaft umstritten. Uneingeschränkt bejaht wird er beinahe ausschließlich von Politikern, die am Zustandekommen der Regelung

72 BVerfGE 2, 1, 12 f.

73 BVerfGE 2, 143, 170 f.

74 BVerfGE 10, 4, 18 f; 20, 56, 101.

75 Art. 120 Abs.3 Badische Verfassung von 1947 lautete: "Stehen sie (die Parteien) in Opposition zur Regierung, so obliegt es ihnen, die Tätigkeit der Regierung und der an der Regierung beteiligten Parteien zu verfolgen und nötigenfalls Kritik zu üben. Ihre Kritik muß sachlich, fördernd und aufbauend sein. Sie müssen bereit sein, gegebenenfalls die Mitverantwortung in der Regierung zu übernehmen."

76 *Schneider*, HdbVerfR, S.277; *Hesse*, Rdnr.590.

77 Art.12 SHVerf lautet:
(1) Die parlamentarische Opposition ist ein wesentlicher Bestandteil der parlamentarischen Demokratie. Die Opposition hat die Aufgabe, Regierungsprogramme und Regierungsentscheidungen zu kritisieren und zu kontrollieren. Sie steht den die Regierung tragenden Abgeordneten und Fraktionen als Alternative gegenüber. Insoweit hat sie das Recht auf politische Chancengleichheit.
(2) Die oder der Vorsitzende der stärksten die Regierung nicht tragenden Fraktion ist die Oppositionsführerin oder der Oppositionsführer.

78 Zu entsprechenden Vorstößen der Opposition in der Bremischen Bürgerschaft vgl. Drs.10 / 921 vom 19.10.1982.

79 *Schneider*, Opposition, S.262.

80 *Schachtschneider*, Der Staat 1989, 173, 174; a.A. *Schneider*, Opposition, S.262.

beteiligt waren[81]. In der Literatur überwiegen die Zweifel am Nutzen des Art.23a HV[82]. Achterberg sieht in der Opposition als solcher kein Subjekt, das mit Rechten oder Pflichten ausgestattet werden könnte, und vermißt jeden Regelungsgehalt der Norm[83]. Schachtschneider sieht in der Regelung statt eines Rechtssatzes eher einen Lehrsatz der allgemeinen Staatslehre oder der politischen Wissenschaft, der das Verfassungsleben nicht gestalte und aus diesem Grunde nicht in die Verfasung gehöre[84].

a) Normadressaten des Art.23a HV

Für die Untersuchung der praktischen Bedeutung von Art.23a HV bedarf es zunächst der Definition seines Adressaten. Als parlamentarische Opposition sieht Stern diejenigen Gruppierungen an, die die Regierung und die sie stützende(n) Fraktion(en) im Rahmen der verfassungsrechtlichen Ordnung bekämpfen[85]. Etwas präziser definiert Schneider Opposition als alle nicht an der Regierung beteiligte, d.h. sie weder tragende noch duldende, jedoch potentiell regierungsfähige und -willige Parlamentsfraktionen[86].

b) Rechtswirkungen des Art.23a HV

Sodann stellt sich die Frage, welche Rechtswirkungen Art.23a HV für die eben definierten Gruppierungen der Bürgerschaft entfaltet. Die Formulierung der Norm deutet bereits darauf hin, daß es sich eher um eine verfassungsrechtliche Programmaussage als um eine exakte Anweisung für ein bestimmtes Verhalten im Parlament handelt. Aus diesem Grunde besteht weitgehende Einigkeit darüber, daß Art.23a HV keine unmittelbare Anspruchsgrundlage für einzelne Rechte darstellt[87]. Ebensowenig werden dadurch bestimmte Pflichten normiert.

---

81 *Busse / Hartmann*, ZParl 1971, 200; *Klose*, Gegenwartskunde 1971, 303 ff.; *Müller*, Geschichte der Hamburgischen Bürgerschaft, S.163.

82 *Stern*, Bd.1, S.1041 spricht von keinem Fortschritt in der Sache; *Schneider*, Opposition, S.262 hält Art.23a HV für eine sachlich verfehlte Verfassungsfortbildung; vgl. auch *Schneider / Zeh-Schneider*, § 38 Rndr.59.

83 *Achterberg*, DVBl.1974, 693, 704 mit dem vergleichenden Hinweis auf Art.125 Abs.1 S.1 BayVerf: "Gesunde Kinder sind das köstlichste Gut eines Volkes."

84 *Schachtschneider*, Der Staat 1989, 173, 174.

85 *Stern*, Bd.1, S.1039.

86 *Schneider / Zeh-Schneider*, § 38 Rdnr.33; *ders.*, Opposition, S.121.

87 *Bernzen / Sohnke*, Art.23a Rdnr.3; *Tögel*, S.65 f.

aa) Auslegungsmaßstab von Verfassungsrang

Die praktische Bedeutung des Art.23a HV liegt vielmehr in der Schaffung eines "oppositionsfreundlichen"[88] Auslegungsmaßstabs von Verfassungsrang[89], der insbesondere zur Konkretisierung von parlamentarischen Minderheitenrechten heranzuziehen ist[90]. In diesem Sinne hat das HVerfG den Art.23a HV auch in seinem Urteil über die Reichweite des Aktenvorlageverlangens einer Parlamentsminderheit berücksichtigt[91] und entschieden, daß der Senat zur Vorlage von Akten über seine mittelfristige Finanzplanung verpflichtet sei, weil die Opposition ohne ausreichende Kenntnis der Daten, die der Regierungsplanung zugrundeliegen, die ihr gem. Art.23a HV obliegende Aufgabe, Kritik am Regierungsprogramm im Grundsatz und im Einzelfall zu vertreten, nicht wirksam erfüllen könne[92]. Das HVerfG hat damit der Rechtsauffassung des Senats widersprochen, der in dem Verfahren vorgetragen hatte, es gehe nicht an, zwischen den Art.23a und 32 HV einen gedanklichen Zusammenhang herzustellen und daraus die Folgerung abzuleiten, daß der Verfassungsgeber durch die Novelle von 1971 der Opposition im Verhältnis zum Senat weitergehende Rechte habe einräumen wollen, als sie bis dahin der Bürgerschaft insgesamt zugestanden hätten[93]. Keinen Einfluß hat Art.23a HV nach der Rechtsprechung des HVerfG auf die Auslegung der parlamentarischen Interpellationsrechte aus Art.24 HV[94].

bb) Literaturansichten über Inhalte und Reichweite der Norm

Fraglich erscheint, ob sich aus der Formulierung konkreter Aufgaben in Art.23a Abs.2 HV gleichzeitig bestimmte Grenzen für das parlamentarische Wirken der Opposition ergeben. Schneider kritisiert, daß sich die "Kritik" dem Wortlaut nach nur auf das Regierungsprogramm beschränke, die "Alternative" lediglich im Verhältnis zur Regierungsmehrheit anerkannt werde und die Regierungskontrolle überhaupt nicht genannt werde[95].

---

[88] *Tögel*, S.67.

[89] *Bernzen / Sohnke*, Art.23a Rdnr.3; *Meyer-Bohl*, S.189.

[90] *Scheuner*, DÖV 1974, 433, 437; vgl. auch *Freitag / Haas*, JöR n.F. 1976 (Bd.25), 27, 34.

[91] Vgl. unter Kapitel 4 III 4 c.

[92] HVerfG, HmbJVBl.1973, 282, 285; vgl. auch HVerfG, HmbJVBl. 1973, 286, 291.

[93] HVerfG, HmbJVBl. 1973, 282, 283.

[94] HVerfG, HmbJVBl.1978, 11, 15.

[95] *Schneider*, Opposition, S.261 f.; *Schneider / Zeh-Schneider*, § 38 Rdnr.57.

Die Entstehungsgeschichte der Norm belegt allerdings, daß die fehlende Erwähnung der Kontrolle des Regierungshandelns in Art.23a Abs.2 HV keineswegs den Schluß zuläßt, diese essentielle "Grundfunktion parlamentarischer Opposition"[96] hätte in Hamburg keine Geltung. Die Geschichte der Parlamentsreform des Jahres 1971 stellt sich - wie jedes größere Vorhaben einer Verfassungsänderung - als eine lange Suche nach Kompromissen zwischen allen in der Bürgerschaft vertretenen politischen Kräften dar[97]. Der urprüngliche Formulierungsvorschlag der oppositionellen CDU-Fraktion enthielt ausdrücklich die Aufgabenbeschreibung der "parlamentarischen Kontrolle und öffentlichen Kritik des Senats"[98]. Dagegen wandten die Regierungsfraktionen von SPD und FDP ein, die Wahrnehmung der Kritik- und Kontrollfunktion gegenüber dem Senat obliege nicht primär der Opposition, sondern sei in gleicher Weise auch Aufgabe der Mehheitsfraktion(en)[99]. Diese Auffassung nähert sich der These von Ellwein, wonach eine effektive Kontrolle des Regierungshandelns durch die Opposition immer nur bis an die Grenze der Mehrheitsmacht möglich sei[100]. Für diese Auffassung spricht, daß jedenfalls die wirksame Androhung von Sanktionen zur Herbeiführung von Änderungen, nur demjenigen möglich ist, der darüber auch mit Mehrheit zu entscheiden vermag.

Steffani entgegnet darauf mit dem Hinweis, daß die Opposition ihre Kontrollfunktion gegenüber der Regierung dadurch erfülle, daß sie tatsächliche oder vermutete Fehlhandlungen und kritikwürdiges Verhalten notfalls auf solche Weise publik mache, daß die Mehrheitsfraktion(en) zur Wahrnehmung ihrer eigenen Kontrollfunktion veranlaßt werden[101]. Für Eschenburg liegt das Schwergewicht der parlamentarischen Kontrolle bei der Opposition; sie sei der "Schrittmacher"[102].

---

96 *Steffani*, Opposition, S.340.

97 Vgl. im einzelnen *Siegloch*, S.29 ff., zum Verfassungsartikel "Opposition" S.43 ff; vgl. auch die Schilderung bei *Schneider*, Opposition, S.262 ff.

98 Danach sollte Art.23a Abs.2 HV lauten: "Der Opposition obliegt im besonderen Maße die parlamentarische Kontrolle und öffentliche Kritik des Senats; sie ist die politische Alternative zum Senat. Für diese Aufgabe sind ihr die erforderlichen Mittel zur Verfügung zu stellen. Das Nähere regelt ein Gesetz." Vgl. *Siegloch*, S.43.

99 *Klose*, Gegenwartskunde 1971, 303, 305; *Busse / Hartmann*, ZParl 1971, 200, 201; *Siegloch*, S.50; *Schneider*, Opposition, S.263 f.; vgl. auch Plenarprotokoll VII / 25 vom 3.2.1971, S.1251 B.

100 *Ellwein / Hesse*, S.273; vgl. Enquete-Kommission, S.19 f.

101 *Steffani*, Opposition S.341; *Schneider / Zeh-Schneider*, § 49 Rdnr.9 f.; ebenso *Müller*, Geschichte der Hamburgischen Bürgerscahft, S. 162.

102 *Eschenburg*, S.543.

Darüber hinaus wird man bereits aus dem Sinn und Zweck des Auftrags aus Art.23a HV, Kritik am Regierungsprogramm auch "im Einzelfall" zu vertreten, das Recht und die Pflicht der Opposition ableiten können, die Regierungsgeschäfte zunächst zu kontrollieren. Es kann von niemandem eine konstruktive Kritik erwartet werden, dem nicht vorher das Recht auf umfassende Information und Kontrolle zugestanden wurde. Unter der Kritik "am Regierungsprogramm" im Einzelfall ist aus diesem Grunde auch die Kontrolle eines jeden Regierungshandelns zu verstehen[103].

Das geteilte Echo[104], auf welches die Formulierung der Oppositions-Norm in der schleswig-holsteinischen Verfassung gestoßen ist, verdeutlicht die Schwierigkeit, die darin besteht, eine parlamentarische Grundfunktion, zu deren rechtlicher Absicherung sich in vielen Jahren der Parlamentspraxis - teilweise mit Hilfe der Gerichte - zahllose Regelungen herausgebildet haben, in einer knappen und prägnanten Verfassungsnorm wiedergeben zu wollen[105].

Zur weiteren Stärkung parlamentarischer Minderheitenrechte empfiehlt die Enquete-Kommission "Parlamentsreform" die ausdrückliche Verankerung des oppositionellen Rechts auf Chancengleichheit in der Verfassung[106].

cc) Einfluß auf Minderheitenrechte und finanzielle Besserstellung

Festzuhalten bleibt, daß Art.23a HV eine Existenzberechtigung jedenfalls als Auslegungs- und Interpretationshilfe für eine Reihe von parlamentarischen Minderheitenrechten besitzt, die zum Teil gleichzeitig im Rahmen der Verfassungsreform 1971 geschaffen bzw. erweitert worden sind. Dies gilt insbesondere für Art.32 HV, der die Verpflichtung des Senats zur Vorlage von Akten bereits auf Verlangen von einem Viertel der Abgeordneten normiert, und der in der parlamentarischen Praxis eine große Bedeutung erlangt hat[107]. Durch Art.25 Abs.1 S.1 HV ist das Recht zur Einsetzung von parlamentarischen

---

103 Vgl. *Freitag / Haas*, JÖR n.F. 1976 (Bd.25), 27, 34; *Krahl*, S.94; *Tögel*, S. 66.

104 *Schneider / Zeh-Schneider*, § 38 Rdnr.62 ff. spricht im Vergleich zur HV von einer "systematisch sehr viel konsequenter(en)" Verankerung und von einem "Stück Parlamentsgeschichte"; a.A. *Rohn*, NJW 1990, 2782, 2784 u. *Lippold*, DÖV 1989, 663, 667, der insbesondere den Beitrag der Regierungsfraktionen zur parlamentarischen Arbeit für verkannt hält.

105 Vgl. nunmehr Art.55 Abs.2 BrandVerf; Art.26 MVVerf; Art.19 Abs.2 NdsVerf; Art.40 S.2 SächsVerf; Art.48 SaAnVerf.

106 Enquete-Kommission, S.52.

107 Vgl. dazu unter Kapitel 4 III 4.)

Untersuchungsausschüssen und deren Verfahren insbesondere bei der Beweiserhebung minderheiten- und damit oppositionsfreundlich ausgestaltet[108]. Wiederum ein Viertel der Abgeordneten reicht gemäß § 79a GOBü aus, um eine Enquete-Kommission zur Vorbereitung von Entscheidungen über umfangreiche und bedeutsame Sachkomplexe einzusetzen[109]. Das gleiche Quorum hat nach § 68 GOBü das Recht, in den Ausschüssen ein öffentliches Anhörverfahren zu verlangen.

Schließlich haben sich aus der Verankerung von Oppositionsaufgaben in der HV einige bedeutsame finanzielle Konsequenzen für die "nicht regierenden" Fraktionen in der Bürgerschaft ergeben. Nach § 8 Abs.3 AbgeordnetenentschädigungsG erhält jede Fraktion, die sich in der Opposition befindet, monatlich einen zusätzlichen Grundbetrag in Höhe von derzeit 1.913,82 DM sowie weitere 400,14 DM für jeden der Fraktion angehörenden Abgeordneten[110].

dd) Verbotsnorm für Große Koalitionen

Fraglich ist, ob die verfassungsrechtliche Institutionalisierung der Opposition durch Art.23a HV Auswirkungen auf die Verfassungsmäßigkeit der Bildung sogenannte Großer Koalitionen unter Einbeziehung aller (großen) Parlamentsfraktionen hat[111].

Schachtschneider vertritt die Auffassung, das in der HV normierte Oppositionsprinzip umfasse die Regelung, daß Hamburg eine Opposition haben müsse[112]. Darüber hinaus wird zur Erfüllung des Verfassungsauftrages eine Mindeststärke für opponierende Fraktionen verlangt; diese müßten in ihrer Gesamtheit mindestens ein Viertel der Abgeordneten stellen, um nicht zu ohnmächtigem Agieren verurteilt zu sein[113]. Aus dem Oppositionsbegriff des Art.23a HV ergebe sich der Rechtssatz, daß eine Große Koalition in Hamburg solange verboten sei, als die Koalitionsparteien zusammen mehr als drei Viertel

---

108 Vgl. dazu unter Kapitel 4 III 5.

109 Vgl. dazu unter Kapitel 4 III 6.

110 Zu den Regelungen in anderen Bundesländern vgl. *Jakewitz*, ZParl 1982, 314 ff.

111 Zur Bedeutung von Großen Koalitionen in der hamburgischen Verfassungsgeschichte vgl. *Ipsen*, GS f.Martens, S.132 f.

112 *Schachtschneider*, Der Staat 1989, 173, 178.

113 Ebenda, S.181 ff.

der Abgeordneten der Bürgerschaft umfassen[114]. Auch Schneider wirft die Frage der "Opportunität" [115] von Allparteienregierungen oder Großen Koalitionen auf und hält für die Verfassungskultur der Bundesrepublik eine "reale Machtalternanz"[116] wegen ihrer partizipations-, innovations- und kontrollfördernden Wirkung von der demokratischen Ordnung des Grundgesetzes her geradezu für funktionsrechtlich notwendig[117].

Aus der politischen Wirklichkeit liegen praktische Erfahrungen mit einer Großen Koalition im Bundestag während der Jahre 1966-1969 vor. Die zeitgeschichtlichen und politikwissenschaftlichen Bewertungen dieser Erfahrungen fallen überwiegend negativ aus[118]. Dabei wird hauptsächlich auf das Anwachsen extremistischer Bestrebungen an den Rändern des politischen Spektrums und die Entscheidungsunfähigkeit auf wichtigen Politikfeldern verwiesen[119]. Hieraus wird häufig die Forderung abgeleitet, daß die Regierungsbeteiligung aller (großen) Fraktionen im System der parlamentarischen Demokratie eine Ausnahmeerscheinung bleiben müsse, die nur in Krisenzeiten zur Überwindung eines Notstandes gerechtfertigt sei[120].

Man mag die Gestalt einer Großen Koalition aus rechtspolitischer Sicht als "im Hinblick auf das demokratische Prinzip (für) nicht wünschenswert"[121] ansehen; mit den Worten Radbruchs ist aber darauf hinzuweisen, daß eine juristische Entscheidung aufgrund von Erfahrungen mit der "Natur der Sache" bestenfalls ein Glücksgriff der Intuition, nicht aber eine Methode der Erkenntnis sein kann[122]. Wörtlich stellt er fest: "Für das methodische Erkennen bleibt es dabei, daß Sollenssätze nur aus anderen Sollenssätzen deduktiv abgeleitet, nicht auf Seinstatsachen induktiv gegründet werden können."[123] Die Bewertung der Billigkeit und Zweckmäßigkeit einer politischen Lage, die ohne Zweifel auch verfassungsrechtliche Fragestellungen berührt, ist in ihrem Kern eine

[114] Ebenda, S.184.

[115] *Schneider*, Opposition, S.399.

[116] Ebenda, S.408.

[117] Vgl. auch *Stern*, Bd. I S.1042, der durch die Große Koalition auf Bundesebene 1966-1969 die Oppositonsfunktion beeinträchtigt sah.

[118] *Benda*, S.167; *Wilhelm Henke* in *Herzog* u.a., Ev. Staatslexikon, S.1798; *Schachtschneider*, Der Staat 1989, 173, 187.

[119] *Zundel*, S.29 ff.

[120] *Eschenburg*, S.539; *Wilhelm Henke* a.a.O.; *Schachtschneider*, Der Staat 1989, 173, 187 m.w.N..

[121] *Benda*, S.167.

[122] *Radbruch*, S.99.

[123] Ebenda.

politologische Betrachtung, die aufgrund ihrer induktiven Methodik nicht geeignet ist, in vertretbarer Weise Erkenntnisse der Sozialwissenschaften in die Staatsrechtslehre einzuführen. Aus diesem Grunde kann aus solchen Erkenntnissen ein generelles verfasungsrechtliches Verbot Großer Koalitionen nicht abgeleitet werden.

Darüber hinaus gibt Schachtschneider selbst den Hinweis auf die in der HV durch Art.34 Abs.1 begründete Pflicht der Abgeordneten zur Regierungsbildung, die Vorrang habe vor der Oppositionsregel[124]. Den einzelnen Abgeordneten und Fraktionen muß es dabei freistehen, nach eigenem Ermessen zu entscheiden, welche Konstellation der Zusammenarbeit im Parlament - von der Minderheitsregierung bis zur Allparteienkoalition - am besten geeignet ist, um die anstehenden Probleme des Gemeinwesens zu lösen. Es ist kein Rechtssatz ersichtlich, der diesen Beurteilungsspielraum der Parlamentarier dahingegend einschränken würde, jedenfalls eine Regierungsbildung unter Zusammenarbeit aller Fraktionen von vornherein außer Betracht zu lassen.

Etwas anderes ergibt sich auch nicht aus der Einfügung des Art.23a in die HV. Zu keinem Zeitpunkt wurde mit der Verfassungsänderung des Jahres 1971 die Absicht verfolgt, Große Koalitionen in der Hamburgischen Bürgerschaft verfassungsrechtlich einzuschränken oder auszuschließen[125]. Ebensowenig kann Art.23a HV diejenigen Fraktionen, die nicht die Regierung tragen, dazu verpflichten, sich eine einheitliche Meinung zu bilden und damit eine organisierte Opposition darzustellen[126].

2. Bewertung

Als Ergebnis der Überlegungen zu Art.23a HV bleibt festzuhalten, daß es für eine ausdrückliche Funktionsgarantie der parlamentarischen Opposition in der Verfassung keine zwingende verfassungsrechtliche Notwendigkeit gibt, da bereits die freiheitliche, demokratische Grundordnung des GG und der Landesverfassungen eine diesbezügliche Einrichtungsgarantie enthalten.

---

124 *Schachtschneider*, Der Staat 1989, 173, 184 geht um der Regierungsbildung willen sogar von einer Koalitionspflichtigkeit aller im Parlament vertretenen Parteien aus.

125 *Drexelius / Weber*, Art.23a Anm.1; *Bernzen / Sohnke*, Art.23a Rdnr.4; *Klose*, Gegenwartskunde 1971, 303, 304.

126 *Bernzen / Sohnke*, Art.23a Rdnr.4.

Den zahlreichen Kritikern des Art.23a HV ist insoweit zuzustimmen, als die im Wege des Kompromisses gefundene Formulierung der Norm tatsächlich die Gefahr einer restriktiven Interpretation von Oppositionsrechten in sich birgt.

Aus der pragmatischen Sicht der seit vielen Jahren in dieser Rolle geübten größten Oppositionsfraktion in der Bürgerschaft hat sich die mit der Einfügung des Art.23a in die HV verbundene Aufwertung allerdings ausgezahlt. Als minderheitenfreundliche Auslegungsregel von Verfassungsrang hat die Norm bei der Durchsetzung von parlamentarischen Rechten und bei der finanziellen Absicherung der eigenen Tätigkeit einen wichtigen Beitrag zur Stärkung parlamentarischer Minderheitenrechte geleistet.

III. Kontrollinstrumente

Der Bürgerschaft insgesamt stehen eine Reihe von parlamentarischen Kontrollrechten zur Verfügung, welche die parlamentarische Verantwortung des Senats konkretisieren und ihn zur umfassenden Rechenschaftslegung verpflichten. Als Kontrollinstrument dient der Bürgerschaft dabei bereits jede allgemeine parlamentarische Debatte, in der die Vertreter des Senats - sowohl gegenüber den Abgeordneten als auch gegenüber der Öffentlichkeit - die Regierungspolitik erläutern und gegen die Angriffe der Opposition verteidigen.

Die übrigen Kontrollrechte sind im wesentlichen mit der Beschaffung von Informationen für die Abgeordneten und ihre Fraktionen verbunden, ohne die eine verantwortungsvolle Mitwirkung am Prozeß der politischen Meinungs- und Willensbildung angesichts der Komplexität staatlichen Handelns nicht mehr denkbar ist. Sowohl eine effektive Kontrolle des Regierungs- und Verwaltunghandelns als auch eine echte Mitwirkung des Parlaments am Gesetzgebungsverfahren erfordern das detaillierte Wissen über Tatsachen und Zahlen sowie eine möglichst umfassende Kenntnis der Verwaltungsvorgänge. Die Enquete-Kommission "Parlamentsreform" empfiehlt die Erweiterung der Informationspflichten des Senats in Bezug auf dessen Vorschläge für Gesetzesvorhaben und den geplanten Abschluß von Staatsverträgen; darüber hinaus soll eine Verpflichtung zur "rechtzeitigen" Unterrichtung der Bürgerschaft über Verwaltungsvorschriften sowie Planungen und Zusammenarbeit mit dem Bund, anderen Staaten, Ländern, Regionen oder zwischenstaatlichen Einrichtungen verfassungsrechtlich geboten sein, soweit die jeweiligen Gegenstände von grundsätzlicher Bedeutung sind oder erhebliche finanzielle Auswirkungen haben[127].

Es liegt auf der Hand, daß die Abgeordneten der den Senat tragenden Fraktion(en) aufgrund ihrer personellen Verflechtung mit der Regierung und zahlreicher informeller Informationsmöglichkeiten die offizielle Kontrolltätigkeit des Parlaments eher vernachlässigen, wenn nicht gar im Einzelfall behindern. Aus diesem Grunde werden die Informationsmittel und -einrichtungen hauptsächlich von Oppositionsabgeordneten genutzt[128].

Die Ausgestaltung der einzelnen Rechte, die im wesentlichen auch dem Bundestag und den anderen Landtagen zur Verfügung stehen, weist dabei einige hansestädtische Besonderheiten auf.

1. Kleine und Große Anfragen

Allein in Hamburg und Bremen[129] ist das parlamentarische Interpellationsrecht[130] in der Verfassung verankert. Für den Bundestag[131] und die übrigen Landesparlamente findet sich eine ausdrückliche Regelung nur in deren Geschäftsordnungen[132].

Art.24 Abs.1 HV verankert das Recht der Abgeordneten, in "öffentlichen Angelegenheiten" Anfragen an den Senat zu richten. Unter diesen Begriff fallen alle Themengebiete, die im Zuständigkeitsbereich der Bürgerschaft für eine öffentliche Erörterung von Interesse sind oder sein könnten[133].

Nach Art.24 Abs.3 S.1 HV hat jeder einzelne Abgeordnete das Recht, schriftlich[134] eine Kleine Anfrage zu stellen, die der Senat gem. Art.24 Abs.3 S.2 HV[135] innerhalb von acht Tagen schriftlich zu beantworten hat. Nach Art.24 Abs.3 S.3 HV hat der Senat die Antwort "auf Verlangen" - d.h. auf

---

127 Enquete-Kommission, S.104 ff.

128 *Stern*, Bd.2, S.56.

129 Zur Rechtslage nach Art.100 BremVerf vgl. *Tögel*, S.12 f.

130 Zur geschichtlichen Entwicklung in deutschen Parlamenten vgl. *Witte-Wegmann*, S.14 ff.

131 Vgl. §§ 100 ff. GOBT.

132 Zu den daraus entstehenden Problemen vgl. *Bodenheim*, ZParl 1980, 38, 39 f.

133 *Bernzen / Sohnke*, Art.24 Rdnr.2; vgl. auch HVerfG, HmbJVBl. 1978, 11, 15.

134 Obwohl der Wortlaut in dieser Hinsicht nicht ganz eindeutig ist, wird allgemein von der Unzulässigkeit mündlicher Anfragen ausgegangen; vgl. *Bernzen / Sohnke*, Art.24 Rdnr.11.

135 Vgl. die Wiederholung der Norm in § 39 I GOBü.

Antrag, dem entsprochen werden muß[136] -im Rahmen der Aktuellen Stunde[137] mündlich zu erteilen, wenn die Kleine Anfrage sechs Tage[138] vor der Sitzung gestellt worden ist. § 39 Abs.2 S.1 GOBÜ knüpft die mündliche Beantwortung zusätzlich an die Bedingung, daß im Rahmen der Aktuellen Stunde "Zeit zur Verfügung steht". Das Recht, die mündliche Beantwortung zu verlangen, hat nur der die Anfrage stellende Abgeordnete[139]. In der Praxis wird diese Möglichkeit sehr selten genutzt.

Art.24 Abs.2 S.1 HV gibt einer von der Geschäftsordnung zu bestimmenden Mindestzahl von Abgeordneten, die nicht höher als 10 sein darf, das Recht, schriftliche Große Anfragen an den Senat zu richten. Nach § 38 Abs.1 GOBü muß eine Große Anfrage von mindestens sechs Abgeordneten unterzeichnet sein. Gem. Art.24 Abs.2 S.2 HV[140] sind Große Anfrage binnen zwei Wochen vom Senat in der Bürgerschaft zu beantworten; findet innerhalb dieser Frist keine Bürgerschaftssitzung statt, so hat die Beantwortung in der nächstfolgenden Sitzung zu erfolgen[141]. In der parlamentarischen Praxis hat die schriftliche Beantwortung die in der Verfassung vorgesehene mündliche Form so gut wie vollständig verdrängt[142]. Von großer Bedeutung für die Wirksamkeit dieses Interpellationsrechts ist die in Art.24 Abs.2 S.3 HV[143] vorgesehene Möglichkeit, auf Verlangen von einem Drittel der anwesenden Abgeordneten eine Besprechung der Antwort im Plenum folgen zu lassen. Oftmals ist die parlamentarische und damit öffentliche Debatte über das Thema der Großen Anfrage deren eigentlicher Zweck; ihr Kontrollwert kann auf diese Weise erheblich gesteigert werden[144].

---

136 *Ritzel / Bücker*, § 29 Anm.II b unter Hinweis auf § 29 Abs.2 GOBT.

137 Näheres dazu unter Kapitel 4 III 2.

138 Von der normalen Acht-Tages-Frist werden zwei Tage für die Zustellung der schriftlichen Antwort abgezogen.

139 *Bernzen / Sohnke*, Art.24 Rdnr.13.

140 Ebenso § 38 Abs.2 GOBü.

141 *Bernzen / Sohnke*, Art.24 Rdnr.9; vgl. auch die Stellungnahme des Senats zu dieser Frage anläßlich der Beantwortung der Großen Anfrage Drs. 11 / 3723 vom 14.2.1985 S.19 f.

142 Seit 1971 besteht die Praxis, daß die Abgeordneten die schriftliche Antwort in der Bürgerschaftssitzung auf ihren Platz gelegt bekommen; die während der Parlamentsferien eingehenden Antworten werden mit der Post versandt; vgl. auch *Wege / Grönwall*, S.24 u. *Bernzen / Sohnke*, Art.24 Rdnr.9.

143 Ebenso § 38 Abs.3 S.1 GOBü.

144 *Stern*, Bd.2, S.57; *Krahl*, S.35; *Tögel*, S.12; *Wege / Grönwoll*, S.25; vgl. auch *Laband*, DJZ 1909, Sp.677, 678.

Gem. § 37 Abs.2 und Abs.3 GOBü dürfen die Anfragen keine Beurteilungen oder Wertungen enthalten; sie müssen knapp und sachlich sagen, worüber Auskunft gewünscht wird.

a) Geschäftliche Behandlung von Anfragen

Gem. § 40 Abs.1 GOBÜ übergeben die Abgeordneten ihre Anfragen der Kanzlei der Bürgerschaft, die sie an den Senat weiterleitet und auch die Zuleitung der schriftlichen Antworten des Senats an die Abgeordneten übernimmt.

Nach § 37 Abs.4 GOBü hat der Präsident Anfragen, die Beurteilungen oder Wertungen enthalten oder die nicht knapp und sachlich formuliert sind, zurückzuweisen. Hieraus ergibt sich ein Prüfungsrecht des Präsidenten vor Weiterleitung der Anfrage an den Senat. In der Praxis kommt vor einer äußerst seltenen offiziellen Zurückweisung eine Einigung mit dem Abgeordneten über die Abänderung der beanstandeten Textstelle in seiner Anfrage zustande[145].

Die Form einer Bürgerschaftsdrucksache, in der Frage und Antwort enthalten sind, sorgt dafür, daß der Vorgang sowohl allen anderen Abgeordneten als auch der Öffentlichkeit zugänglich wird.

In der parlamentarischen Praxis ist es zum Teil üblich, daß Entwürfe von Kleinen Anfragen zunächst vom Fraktionsvorsitzenden bzw. vom zuständigen Fachsprecher gutgeheißen werden, bevor sie bei der Bürgerschaftskanzlei eingereicht werden[146]. Eine solche fraktionsinterne Vorprüfung beruht auf einem freiwilligen Verhalten des einzelnen Abgeordneten und kann dessen verfassungsmäßiges Fragerecht nicht beeinträchtigen.

Für die Berechnungen der acht- bzw. 14tägigen Frist enthält die Verfassung keine Vorschrift, so daß die allgemeinen Regeln der §§ 186 ff. BGB gelten.

b) Funktionen parlamentarischer Anfragen

Nach Auffassung des Bundesverfassungsgerichts dient das parlamentarische Fragerecht den Abgeordneten zur Beschaffung derjenigen Informationen, die für

---

145 Mündliche Auskunft des Justitiars der Bürgerschaft, *Uwe Bernzen*.

146 Vgl. § 26 Abs.3 Satzung der CDU-Fraktion vom 27.4.1992; zur entsprechenden Praxis im Bundestag vgl. *Schneider / Zeh*-Arndt, § 21 Rdnr.49.

sie zur Ausübung ihres Mandats erforderlich sind[147]. Stern sieht in der Interpellation vor allem eine "Waffe der Opposition"[148]; sie sichere die Offenlegung der Regierungspolitik und die öffentliche Aussprache über politische Fragen, gewähre Informationen, aktualisiere die Kontrolle[149], ermögliche es, die politische Alternative aufzuzeigen und gebe so die Chance zur Profilierung[150]. Die Kritik an den knappen Beantwortungsfristen und dem damit verbundenen Zeitdruck für die Verwaltung insbesondere bei Kleinen Anfragen[151] verkennt die Bedeutung der schnellen Informationsbeschaffung im politischen Alltagsgeschäft.

Ohne das von den Abgeordneten "gelegentlich strategisch eingesetzte Anfrageinstitut"[152] politikwissenschaftlich näher untersuchen zu wollen, sei an dieser Stelle nur noch die Funktion der "bestellten" Anfrage erwähnt, die von einer Regierungsfraktion hauptsächlich mit der Absicht eingebracht wird, der Regierung die Möglichkeit einer öffentlichen Rechtfertigung zu geben[153]. Mit dem Informationszweck des Fragerechts hat diese Handhabung sicher nur noch wenig gemein, ohne daß ersichtlich wäre, wie dem parlamentsrechtlich begegnet werden könnte. Bei der rechtlichen Bewertung und Einordnung des Interpellationsrechtes sollte dessen besondere politische Funktion dennoch berücksichtigt werden.

c) Antwortpflicht des Senats

Obwohl das BVerfG der Bundesregierung vom Grundgesetz die "verfassungsrechtliche Verpflichtung" auferlegt sieht, im Rahmen des parlamentarischen Interpellationsrechts den Abgeordneten auf ihre mündlichen wie

---

147 BVerfGE 57, 1, 5; vgl. auch BVerfGE 13, 123, 125; ebenso *Krahl*, S.48.

148 *Stern*, Bd.2, S.56.

149 Vgl. auch *Krahl*, S.46, der die Hauptfunktion von Kleinen Anfragen in der Verwaltungs- und diejenige von Großen Anfragen in der Regierungskontrolle sieht.

150 *Schneider / Zeh-Schulz*, § 65 Rdnr.25 f. kritisiert die in Hamburg im Vergleich mit anderen Landesparlamenten sehr hohe Zahl Großer Anfragen als schlichten Mißbrauch eines wichtigen Parlamentsrechts, erklärt diesen hohen Bedarf aber gleichzeitig mit der Notwendigkeit, in einem Stadtstaat das Instrument der Anfrage gleichzeitig auf kommunale Sachverhalte anwenden zu müssen.

151 *Freitag / Haas*, JöR n.F. 1976 (Bd.25), 27, 34.

152 *Schneider / Zeh-Steffani*, § 49 Rdnr.25.

153 *Witte-Wegmann*, S.136; *Morscher*, S.336 ff. Auf eine entsprechende Kleine Anfrage hat der Senat kürzlich eingeräumt, daß in wenigen Einzelfällen Senatoren von Bürgerschaftsabgeordneten über deren Entwürfe parlamentarischer Anfragen vorab informiert oder in die Formulierung von Fragen einbezogen wurden, Drs.14 / 1337 vom 24.3.1992.

schriftlichen Anfragen "Rede und Antwort zu stehen"[154], ist die Herleitung einer Antwortpflicht der Regierung im Bund und den meisten Ländern lebhaft umstritten[155]. Einigkeit besteht - mit den Worten Labands - nur darin, daß "das wesentliche Ziel jeder Frage ist, eine Antwort, eine Mitteilung, eine Auskunft, eine Belehrung zu erhalten"[156].

In Hamburg ist die Rechtslage insofern - ebenso wie wohl in Bremen[157] - eindeutig, als die grundsätzliche Beantwortungspflicht des Senats unmittelbar in Art.24 Abs.2 S.2 bzw. Abs.3 S.2 HV verankert ist. Unterschiedliche Kriterien für die Beantwortung Kleiner und Großer Anfragen sind der Verfassung nicht zu entnehmen und erscheinen darüber hinaus auch nicht sinnvoll.

Fraglich ist, ob und in welchem Maße die Antwortpflicht des Senats inhaltlich und in Bezug auf den Umfang im Einzelfall begrenzt wird. Nach allgemeiner Auffassung hat der Senat den Zuschnitt seiner Antwort jeweils nach pflichtgemäßem Ermessen vorzunehmen[158]. Das HVerfG hat sich in einer grundsätzlichen Entscheidung mit dem Umfang der Antwortpflicht des Senats befaßt und dabei vor allem eine Abgrenzung zum parlamentarischen Auskunftsverlangen nach Art.32 HV vorgenommen[159]. Im Grundsatz bestehe die Pflicht des Senats, Anfragen zu beantworten, wenn dies fristgerecht und mit zumutbarem Aufwand möglich sei[160]. Nicht mit Art.24 HV vereinbar sei eine Antwort, die ohne Eingehen auf die Sache inhaltsleer bleibe[161]. Die Rechte der Großen und Kleinen Anfrage seien jedoch schwächer als das Auskunftsrecht nach Art.32 HS 1; dies ergebe sich daraus, daß das Fragerecht einzelnen Abgeordneten oder kleinen Abgeordnetengruppen zustehe, während das Auskunftsverlangen in der Bürgerschaft, dem Bürgerausschuß oder einem sonstigen Bürgerschaftsausschuß jeweils von einer Mehrheit der Abgeordneten geltendgemacht werden müsse[162]. Während der Senat ein Auskunftsverlangen nach Art.32 HV nur ablehnen dürfe, wenn dem Bekanntwerden des Inhalts gesetzliche

---

154 BVerfGE 57, 1, 5.

155 Vgl. *Vogelsang*, ZRP 1988, 5 ff.; *Linck*, DÖV 1983, 957, 958; *Bodenheim*, ZParl 1980, 38, 41; *Stern*, Bd.2, S.55 alle m.w.N.

156 *Laband*, DJZ 1909, Sp.677, 678.

157 Vgl. dazu *Tögel*, S.14 ff.

158 *Schwabe*, HmbStVwR, S.51; *Bernzen / Sohnke*, Art.24 Rdnr.6.

159 HVerfG, HmbJVBl.1978, S.11 ff.

160 Ebenda S.14.

161 Ebenda unter Hinweis auf das Zitat von *Laband*, DJZ 1990, Sp.677, 678.

162 Ebenda S.15.

Vorschriften oder das Staatswohl entgegen stünden[163], dürfe er Anfragen nach Art.24 HV auch aus anderen Gründen ganz oder teilweise unbeantwortet lassen[164]. Dabei sei der Entscheidungsspielraum des Senats umso begrenzter, je mehr es sich um Tatsachenfragen handele und umso größer, je mehr die Fragen auf politische Wertungen und Willensbildungen abzielten[165]. Das Verfassungsgericht sieht es im Einzelfall als seine Aufgabe an, zu prüfen, ob die Grenzen pflichtgemäßen Ermessens überschritten sind oder der Senat sein Ermessen mißbraucht hat[166].

Die Grenzen der Antwortpflicht des Senats ergeben sich nach der Rechtsprechung des HVerfG zum einen aus gesetzlichen Vorschriften und dem Staatswohl im Sinne von Art.32 HV[167] und darüber hinaus aus anderen Gründen. Zu den gesetzlichen Vorschriften, die bei der Formulierung einer Senatsantwort zu beachten sind, zählen in diesem Zusammenhang insbesondere das allgemeine Persönlichkeitsrecht von Privatpersonen[168] und das Recht am eingerichteten und ausgeübten Gewerbebetrieb von Unternehmen, die Gegenstand einer Parlamentsanfrage sind[169]. Im Einzelfall hat der Senat vor einer Ablehnung der Beantwortung zu prüfen, ob es ihm möglich ist, die Frage gem. Art.21 HV in nicht-öffentlicher Sitzung zu beantworten[170]. Zu den weiteren Gründen für eine Verweigerung der Antwort zählt insbesondere der Schutz des senatsinternen Willensbildungs- und Entscheidungsprozesses[171], den das HVerfG unter den Begriff des Staatswohles subsumiert[172]. Vereinzelt wird verlangt, der Senat müsse in einem solchen Fall zumindest darüber Auskunft geben, in welchem Stadium der Entscheidung sich die Angelegenheit befinde[173]. Man wird dies allerdings nur dann annehmen können, wenn dadurch

---

163 Vgl. dazu HVerfG, HmbJVBl.1973, 282, 285 f.; HmbJVBl.1973, 286, 291 f; näheres dazu unter Kapitel 4 III 4.

164 HVerfG, HmbJVBl.1978, 11, 15.

165 Ebenda.

166 Ebenda.

167 So auch *Krahl*, S.44 und zustimmend dazu *Tögel*, S.16.

168 Vgl. *Morscher*, S.322 ff. u. *Vogelsang*, ZRP 1988, 5, 8.

169 Zu der Frage des Rechtsweges bei entsprechenden Klagen vgl. LG Hamburg, NJW 1989, 231 f.

170 *Bernzen / Sohnke*, Art.24 Rdnr.4.

171 *Drexelius / Weber*, Art.24 Anm.2; *Bernzen / Sohnke*, Art.24 Rdnr.5; *Vogelsang*, ZRP 1988, 5, 7.

172 HVerfG, HmbJVBl.1973, 286, 291; vgl. dazu im einzelnen unter Kapitel 4 III 4 c aa.

173 *Bernzen / Sohnke*, Art.24 Rdnr.5.

der interne Willensbildungsprozeß nicht beeinträchtigt wird, was in der Regel leicht zu begründen sein dürfte.

Darüber hinaus kommt den Beantwortungsfristen des Art.24 HV eine den Umfang der Senatsantworten regulierende Funktion zu[174]. Der Senat ist nur zur Beantwortung derjenigen Fragen verpflichtet, die sich mit vertretbarem Aufwand innerhalb der acht- bzw. 14tägigen Frist klären lassen. In der Vergangenheit ist es häufiger vorgekommen, daß fragende Abgeordnete oder Fraktionen dem Senat teilweise erhebliche Fristverlängerungen eingeräumt haben, um eine möglichst umfassende Beantwortung aller Fragen zu ermöglichen. Diese Verfahrensweise war nach zutreffender Ansicht des Senats[175] nicht mit dem Wesen des Fragerechts vereinbar, weil es - im Sinne der Rechtsprechung des HVerfG - die Grenzen zwischen dem Minderheitenrecht auf Anfrage nach Art.24 HV und dem Mehrheitsrecht auf Auskunft nach Art.32 HV unzulässig verwischt hat[176]. Die heutige Parlamentspraxis trägt diesen Grundsätzen wieder Rechnung. Die Enquete-Kommission "Parlamentsreform" schlägt vor, die Fristen zur Beantwortung von Kleinen Anfragen grundsätzlich auf zwei Wochen und von Großen Anfragen auf vier Wochen zu verdoppeln; darüber hinaus soll der Bürgerschaftspräsident bei Großen Anfragen die Frist auf Antrag der Fragesteller um bis zu zwei Wochen verkürzen oder verlängern können[177].

Schließlich ist es im Einzelfall vorstellbar, daß der Senat Anfragen nicht zu beantworten braucht, wenn sie sich als Mißbrauch des Interpellationsrechts darstellen[178]. Dies ist dann der Fall, wenn mit Hilfe einer Vielzahl von Anfragen Obstruktion betrieben und die Regierungstätigkeit beeinträchtigt werden soll. In der Praxis wird sich allerdings weder eine diesbezügliche Absicht noch gar ein drohender Erfolg nachweisbar feststellen lassen[179].

Zusammenfassend läßt sich sagen, daß für den Senat eine "Antwortpflicht mit substantiiertem Ablehnungsvorbehalt"[180] besteht, d.h. er muß grundsätzlich

---

174 Hierauf weist der Senat zutreffend hin anläßlich einer Großen Anfrage der GAL-Fraktion zum Thema Rechtsextremismus, die aus 37 Fragen und 246 (!) Unterfragen bestand, vgl. Drs.11 / 3723 vom 14.2.1985, S.19.

175 Ebenda.

176 A.A. offenbar *Tögel*, S.17 Fn.30.

177 Enquete-Kommission, S.99 ff.

178 Vgl. *Vogelsang*, ZRP 1988, 5, 8; *Sauer*, S.63 f.; vgl. auch *Laband*, DJZ 1909, Sp.677, 679.

179 In die Nähe des Obstruktionsverdachts ist im Sommer 1990 eine fraktionslose Abgeordnete geraten, die innerhalb von 60 Tagen 132 Kleine Anfragen an den Senat gerichtet hat.

180 *Bodenheim*, ZParl 1980, 38, 53.

jede Anfrage vollständig und richtig beantworten, hat aber, je nach Art der Frage, einen gewissen Ermessensspielraum hinsichtlich des Umfangs und der Art der Antwort.

2. Aktuelle Stunde

Die Aktuelle Stunde ist in der Hamburgischen Bürgerschaft erst mit der Parlamentsreform 1971 eingeführt worden und findet seitdem auch Erwähnung in Art.24 Abs.3 S.3 HV. Diese Norm soll gewährleisten, daß die mündliche Beantwortung Kleiner Anfragen und die Debatten in der Aktuellen Stunde nicht den gleichen Gegenstand bestreffen[181]. Gem. § 36a GOBü findet als erster Punkt der Tagesordnung[182] auf Antrag einer Fraktion eine Aussprache über einen bestimmt bezeichneten Gegenstand statt. Jede Fraktion kann bis zwei Tage vor der Sitzung ein Debattenthema anmelden. Die Behandlung der angemeldeten Themen erfolgt in rotierender Reihenfolge der Fraktionen. Die einzelnen Redner der Fraktionen dürfen - im Gegensatz zu den Senatsvertretern[183] - nicht länger als fünf Minuten sprechen und - jedenfalls nach dem Wortlaut von § 36a Abs.4 S.2 GOBü - ihre Reden nicht verlesen. Die Dauer der Aussprache soll 75 Minuten nicht überschreiten, wobei die von Senatsvertretern in Anspruch genommene Redezeit unberücksichtigt bleibt.

Das Instrument der Aktuellen Stunde bietet insbesondere den Oppositionsfraktionen[184] die Möglichkeit, aktuelle politische Themen schnell auf die Tagesordnung der Bürgerschaft zu setzen und sie auch in besonders öffentlichkeitswirksamer Form zu Beginn der Sitzung[185] zu debattieren. Ähnlich wie bei den Debatten über Große Anfragen besteht auch bei der Auswahl von Themen für die Aktuelle Stunde seitens der Regierungsfraktionen die Gefahr des Mißbrauchs dieses Kontrollinstruments durch die Schaffung einer Selbstdarstellungsbühne "auf Bestellung" des Senats. Darüber hinaus birgt der Umstand, daß in Aktuellen Stunden keine Sachanträge zur Debatte stehen dürfen[186], die

---

181 *Drexelius / Weber*, Art.24 Anm.3.

182 Nur dringliche Senatsanträge sind gem. Art.23 Abs.4 HV vor der Aktuellen Stunde zu behandeln; vgl. *Bernzen / Sohnke*, Art.23 Rdnr.10.

183 Vgl. Art.23 Abs.2 S.1 HV. Dieses Recht findet seine Schranken im Mißbrauchsverbot, d.h. es darf nicht zur Behinderung der Parlamentsarbeit führen, vgl. BVerfGE 10, 4, 18.

184 Vgl. die Untersuchung für den Bundestag bei *Schneider / Zeh-Kissler*, § 36 Rdnr.52 ff.

185 D.h. zwischen 16.00 und 17.00 Uhr und damit vor dem Redaktionsschluß der Tageszeitungen.

186 § 36a Abs.5 GOBü.

Gefahr, daß häufig Themen behandelt werden, die nur am Rande den Kompetenzbereich des hamburgischen (Kommunal- und) Landesparlaments berühren.

Die Enquete-Kommission "Parlamentsreform" empfiehlt neben der Aktuellen Stunde eine mündliche Fragestunde im Plenum und eine kurze Fragezeit am Beginn von Ausschußsitzungen einzuführen[187].

3. Zitierungsrecht

Gem. Art.23 Abs.1 S.3 HV ist der Senat auf Ersuchen der Bürgerschaft, ihres Vorstandes oder ihrer Ausschüsse zur Entsendung von Vertretern verpflichtet. Dieses sogenannte Zitierungsrecht entspricht der Regelung in Art.43 Abs.1 GG[188] und ähnlichen Vorschriften[189] in den anderen Landesverfassungen[190].

Die vom Senat entsandten Vertreter sind gleichzeitig verpflichtet, den Abgeordneten Rede und Antwort zu stehen, da anderenfalls das Herbeirufungsrecht der Bürgerschaft wertlos wäre[191]. Das Zitierrungsrecht stellt eine Konkretisierung des Art.32 HV dar, aus welchem sich gleichzeitig die Grenzen der Auskunftserteilung durch den Senat ergeben[192].

Das Herbeirufungsverlangen ist nicht als Minderheitenrecht ausgestaltet, sondern muß durch einfachen Mehrheitsbeschluß geäußert werden[193]. Als einzige Landesverfassung sieht die schleswig-holsteinische die Anwesen-

---

187 Enquete-Kommission, S.101 ff.

188 Vgl. auch § 42 GOBT.

189 Vgl. Art.34 Abs.1 BaWüVerf; Art.24 Abs.1 BayVerf; Art.34 Abs.1 BlnVerf; Art.98 Abs.2 BremVerf; Art.91 S.1 HessVerf; Art.23 Abs.1 NdsVerf; Art.45 Abs.2 NRWVerf; Art.89 Abs.1 RhPfVerf; Art.76 Abs.1 SaarlVerf; Art.21 Abs.1 SHVerf; Art.66 Abs.1 BrandVerf; Art.49 Abs.1 SächsVerf; Art.38 Abs.1 MVVerf; Art.52 Abs.1 SaAnVerf.

190 Der zusätzlichen Erwähnung in den meisten Geschäftsordnungen kommt darüber hinaus kein selbständiger Regelungsgehalt, sondern nur deklaratorischer Charakter zu.

191 *Drexelius / Weber*, Art.23 Anm.3; *Bernzen / Sohnke*, Art.23 Rdnr.5; *Tögel*, S.17; vgl. Art.76 Abs.1 SaarVerf, die eine Pflicht zur Auskunftserteilung enthält; vgl. auch MDHS-*Maunz*, Art.43 Rdnr.8; Stern Bd.2, S.52; *Schneider / Zeh-Steffani*, § 49 Rdnr.24; Enquete-Kommission, S.98; a.A. für den Bundestag *Achterberg*, S.463, der eine rechtliche Verpflichtung der Regierungsvertreter zur Beantwortung von Fragen verneint und einen möglichen Zweck der Anwesenheit bereits darin sieht, daß sie allein zum Zweck ihrer Information als Zuhörer an den Ausschußsitzungen teilnehmen.

192 *Drexelius / Weber*, Art.23 Anm.3; *Bernzen / Sohnke*, Art.23 Rdnr.5; *Tögel*, S.18; vgl. auch unter Kapitel 4 III 4.

193 Teilweise sehen die Geschätsordnungen der anderen Landtage ausdrücklich vor, daß eine Minderheit den Antrag auf Zitierung stellen kann; vgl. dazu die Übersicht bei *Achterberg*, S.464.

heitspflicht jedes Mitglieds der Landesregierung schon auf Verlangen eines Viertels der Ausschußmitglieder vor[194].

Eine hansestädtische Besonderheit[195] besteht beim Zitierungsrecht darin, daß die Bürgerschaft nach Art.23 Abs.1 S.3 HV nur die Anwesenheit eines "Vertreters" des Senats und nicht eines bestimmten Regierungsmitglieds verlangen kann. Die Bürgerschaft kann um die Entsendung eines bestimmten Vertreters ersuchen, der Senat braucht dieser Forderung aber nicht zu entsprechen[196]. Der in die Ausschüsse entsandte Vertreter braucht weder Senator noch Staatsrat zu sein[197]. Die Auffassung, daß dies unzulässig sei, weil nur Mitglieder des Senats Adressaten der parlamentarischen Verantwortlichkeit seien[198], verkennt, daß diese nicht gegenüber jedem Ausschuß sondern lediglich gegenüber dem Parlamentsplenum besteht.

Der Grund für diese vergleichsweise schwächere Ausgestaltung des Zitierungsrechts ist der Vorrang des Kollegialitätsprinzips aus Art.33 Abs.1 HV. Als Folge des Umstandes, daß der Senat als Kollegialorgan nach außen nur geschlossen auftritt, hat er in jedem Einzelfall das Recht, selbst zu entscheiden, wer ihn jeweils gegenüber der Bürgerschaft vertritt[199]. In der Praxis entspricht der Senat regelmäßig dem Wunsch des Parlaments, entweder den politisch verantwortlichen Senator bzw. Staatsrat oder einen im Detail sachkundigen Beamten zu entsenden. Die Enquete-Kommission "Parlamentsreform" empfiehlt die Einführung der Verpflichtung des Senats, auf Ersuchen einer Mehrheit der Bürgerschaft oder eines Ausschusses ein Mitglied zu entsenden[200].

4. Auskunfts- und Aktenvorlageverlangen

Nach Art.32 HV hat der Senat der Bürgerschaft und ihren Ausschüssen auf Verlangen Auskünfte zu erteilen sowie auf Verlangen von jeweils einem Viertel

---

194 Art.21 Abs.1 SHVerf.

195 Vgl. die gleichlautende Regelung in Art.98 Abs.2 BremVerf.

196 *Bernzen / Sohnke*, Art.23 Rdnr.3.

197 *Krahl*, S.29 f.; *Tögel*, S.18.

198 So *Preuß*, HdbBremVerf, S.326 zu der entsprechenden Regelung in der BremVerf.

199 *Tögel*, S.19.

200 Enquete-Kommission, S.98.

der Mitglieder Akten vorzulegen[201]. Dem Bekanntwerden der erfragten Inhalte dürfen gesetzliche Vorschriften oder das Staatswohl nicht entgegenstehen. Diese Norm hat im Parlamentsrecht des Bundes und der übrigen Länder[202] bisher lediglich in Schleswig-Holstein und Brandenburg eine Entsprechung gefunden[203].

Durch die Einführung der Inkompatibilität von Bürgerschafts- und Deputiertenmandat mit der Parlamentsreform des Jahres 1971 wurde insbesondere den Abgeordneten der Opposition eine wichtige Informationsquelle abgeschnitten[204]. Mit der Schaffung des Art.32 HV sollte dafür ein Ausgleich geschaffen werden[205].

Die Formulierung von § 80 GOBü[206] wiederholt den Wortlaut des Art.32 HV in der Fassung von vor 1971 und läßt sowohl den Staatswohl-Vorbehalt als auch das Minderheiten-Quorum für das Aktenvorlagebegehren unerwähnt. Wegen der Höherrangigkeit der Verfassungsnorm ist dieses "Redaktionsversehen" rechtlich unschädlich.

Adressat beider Ansprüche ist aufgrund des Kollegialitätsprinzips der Gesamtsenat[207].

a) Auskunftsanspruch

Das Recht, vom Senat Auskunft verlangen zu können, besteht selbständig neben der Möglichkeit, Große und Kleine Anfragen gemäß Art.24 HV stellen

---

201 Die Enquete-Kommission "Parlamentsreform", S. 95 ff. empfiehlt die Verringerung des Quorums auf ein Fünftel und will darüber hinaus den Fraktionen unabhängig von ihrer Stärke im Plenum ein entsprechendes Recht einräumen.

202 Von keinem vergleichbaren Gewicht, weil ohne Bindungswirkung für die Regierung, ist § 36 der Geschäftsordnung des baden-württembergischen Landtages: "Der Präsident ersucht die Regierung um die Auskünfte und die Akten, die der Landtag oder ein Ausschuß zur Erledigung seiner Aufgaben für erforderlich hält."

203 Nach Art.23 Abs.2 SHVerf hat die Landesregierung dem Landtag und seinen Ausschüssen auf Verlangen eines Viertels der jeweiligen Mitglieder "unverzüglich und vollständig" Akten vorzulegen. Gem. Art.56 Abs.3 S.4 BrandVerf kann dies jeder Abgeordnete verlangen.

204 Zur Bedeutung der Deputationen vgl. unter Kapitel 6 II 3.

205 Vor 1971 bedurfte es zur Geltendmachung der Rechte des Art.32 HV einer Mehrheitsentscheidung im antragstellenden Gremium; vgl. *Schneider*, Opposition, S.631 f.; *Hoffmann*, S.9; *Siegloch*, S.42.

206 § 80 S.1 GOBü: "Soweit nicht gesetzliche Vorschriften entgegenstehen, hat der Senat ... auf Verlangen Auskunft zu erteilen und Akten vorzulegen."

207 *Haas*, FS f.Reimers, S.332.

zu können[208], und bedarf eines mehrheitlichen Beschlusses[209] im entsprechenden Gremium[210]. Der Senat kann die Auskünfte mündlich oder schriftlich erteilen[211]. In der Regel antwortet der Senat durch die Vorlage eines schriftlichen Senatsberichts[212].

Die eigenständige Bedeutung des Auskunftsverlangens gegenüber den Fragerechten nach Art.24 HV liegt hauptsächlich darin, daß der Inhalt der Beantwortung nicht im Ermessen des Senats steht, sondern nur durch die in Art.32 HV abschließend genannten Gründe beschränkt wird[213]. Darüber hinaus enthält Art.32 HV keine Fristvorgabe, innerhalb der die Antwort vorliegen muß; aus diesem Grunde kann der Senat auch den Umfang seiner Auskunftserteilung nicht - wie bei Kleinen und Großen Anfragen üblich[214] - mit dem Hinweis beschränken, er sei durch die Verfassung zu einer schnellen Beantwortung gezwungen.

b) Aktenvorlagepflicht

Der Begriff der Akten ist in der Verfassung nicht definiert, aber im Zweifel - bezogen auf Karteien, Datenträger oder Pläne - weit auszulegen[215]. Auf seine natürlichen Grenzen stößt das Aktenvorlagerecht der Bürgerschaft unzweifelhaft dort, wo der Senat selbst kein Recht auf Aktenvorlage besitzt. Dies gilt sicher für die Akten der hamburgischen Landesgerichte[216]; hier würde eine Aktenvorlagepflicht zu unzulässigen Kontrolleingriffen des Parlaments in die Unabhängigkeit der dritten Gewalt bedeuten[217]. Fraglich ist, wie es um die Akten der städtischen Körperschaften und Anstalten sowie die Akten von privatrechtlichen Gesellschaften und Vereinigungen bestellt ist, an denen die Stadt als Gesellschafter oder Mitglied beteiligt ist. Grundsätzlich bezieht sich Art.32 HV auch auf diese Akten. Die Wirksamkeit von Kontrollrechten der

208 Näheres dazu unter Kapitel 4 III 1.

209 Gem. Art.19 HV.

210 *Bernzen / Sohnke*, Art.32 Rdnr.2.

211 Ebenda.

212 *Krahl*, S.73.

213 Vgl. *Bernzen / Sohnke*, Art.32 Rdnr.1; *Tögel* S.30.

214 Vgl. unter Kapitel 4 III 1 c.

215 *Haas*, FS f.Reimers, S.333 f.

216 A.A. offenbar *Haas*, ebenda, S.334.

217 Anders ist der Fall zu beurteilen, wenn die Justiz im Wege der Amtshilfe die Arbeit von parlamentarischen Untersuchungsausschüssen unterstützt; vgl. dazu unter Kapitel 4 III 5.

Bürgerschaft kann nicht davon abhängen, ob der Senat sich entschlossen hat, eine staatliche Aufgabe in öffentlicher oder privater Rechtsform wahrzunehmen[218]. Besondere Bedeutung gewinnen allerdings in diesem Zusammenhang die gesellschaftsrechtlichen Vorschriften zum Schutz von Betriebsgeheimnissen als Grenzen des bürgerschaftlichen Auskunftsanspruches.

Das Aktenvorlageverlangen bedarf der Unterstützung von mindestens einem Viertel der Mitglieder des jeweiligen Gremiums und stellt ein eigenständiges Informationsrecht dar, welches nicht etwa gegenüber dem Auskunftsverlangen oder dem allgemeinen Fragerecht subsidiär ist[219].

Das Aktenvorlagerecht bildet seinem Wortlaut nach ein dem parlamentarischen Untersuchungsverfahren vergleichbares, scharfes Kontrollinstrument[220]. In der Parlamentspraxis kommt der Senat dem Ersuchen allerdings immer häufiger erst nach dem Sichten der Akten und der Entnahme bzw. Schwärzung einzelner Aktenbestandteile nach[221]. Schließlich hat das HVerfG dem Aktenvorlageverlangen in zwei Entscheidungen, denen Streitigkeiten zwischen der Oppositionsfraktion und dem Senat zugrunde lagen, über den Wortlaut des Art.32 HV hinausgehende Grenzen gesetzt.

c) Grenzen des Auskunfts- und Aktenvorlageverlangens

Als "gesetzliche Vorschriften", die dem Bekanntwerden[222] des Inhalts der Auskünfte und Akten entgegenstehen könnten, kommen alle Gesetze im formellen Sinne[223] in Betracht, die den Schutz der Persönlichkeit des Einzelnen[224] oder der Geschäftsgeheimnisse von Unternehmen[225] bezwecken[226]. Haas weist zutreffend darauf hin, daß hinsichtlich jeder Einzelnorm geprüft werden müsse, ob der Schutzzweck auch die Weitergabe an andere Staatsorgane

---

218 A.A. ohne Begründung *Bernzen / Sohnke*, Art.32 Rdnr.4.

219 HVerfG, HmbJVBl.1973, 282, 285; *Bernzen / Sohnke*, Art.32 Rdnr.5; *Schneider*, Opposition, S.633; *Haas*, FS f.Reimers, S.335; *Bogs*, Der Staat 1974, 209, 210.

220 Dazu unkritisch *Tögel*, S.32.

221 So die Kritik des Oppositionsführers *Kruse* in der Debatte am 26.6.1991, Plenarprotokoll 14 / 2, S.31 B; vgl. auch *Haas*, FS f.Reimers, S.326.

222 Zur Definition des Begriffs *Meyer-Bohl*, S.215.

223 *Bernzen / Sohnke*, Art.32 Rdnr.10.

224 Vgl. z.B. § 12 Abs.1 BStatG. Art.23 Abs.3 SHVerf nennt den Datenschutz ausdrücklich als Grenze der Aktenvorlage.

225 Vgl. z.B. § 139b Abs.1 S.3 Gewerbeordnung.

226 *Krahl*, S.74 ff; weitere Beispiele bei *Meyer-Bohl*, S.242 ff.

oder lediglich deren Offenlegung gegenüber der Öffentlichkeit verhindern wolle[227]. Bei der Abwägung dieser Fragen im Einzelfall darf allerdings nicht verkannt werden, daß die Mitteilung sensibler Daten an eine größere Zahl von Abgeordneten - ob mit oder ohne Geheimhaltungsverpflichtung - für den betroffenen Bürger oder das betroffene Unternehmen immer die Gefahr des öffentlichen Bekanntwerdens mit sich bringt[228].

Die gesellschaftsrechlichen Vorschriften zum Schutz von Betriebsgeheimnissen finden grundsätzlich auch auf Unternehmen Anwendung, deren Anteile vollständig oder größtenteils im Besitz der Stadt Hamburg sind. Nach der Rechtsprechung des BVerfG ist das Staatswohl im parlamentarischen Regierungssystem des Grundgesetzes allerdings nicht der Regierung allein, sondern dem Parlament und der Regierung gemeinsam anvertraut[229]. Dieser Grundsatz muß bei der Anwendung und Auslegung von Geheimhaltungspflichten[230] in Bezug auf staatseigene Unternehmen Berücksichtigung finden.

aa) Begriff des Staatswohls

Der Begriff des "Staatswohls", dem das Bekanntwerden des Inhalts von Auskünften und Akten nicht entgegenstehen darf, war bereits vielfältig Gegenstand der Erörterung im Schrifttum[231] und der Auslegung durch die Rechtsprechung[232].

Dem engeren Wortsinne nach sind Gründe des Staatswohls solche, deren Bekanntwerden dem Wohle des Bundes oder eines deutschen Landes Nachteile bereiten oder die Erfüllung öffentlicher Aufgaben ernstlich gefährden oder erheblich erschweren würden[233]. Als Beispiele sind etwa Angelegenheiten der inneren und äußeren Staatssicherheit, schwebende Vertragsangelegenheiten des

---

227 *Haas*, FS f.Reimers, S.337 ff.

228 Vgl. BVerfGE 67, 100, 136, wo darauf hingewiesen wird, daß die Verletzung von Dienstgeheimnissen bei allen drei Gewalten vorkommt.

229 BVerfGE 67, 100, 136.

230 Vgl. § 93 Abs.1 AktG; § 85 GmbHG.

231 Insbesondere *Schneider*, Opposition, S.628 ff.; *Haas*, FS f.Reimers, S.321 ff.; *Bogs*, Der Staat 1974, 209 ff; *Meyer-Bohl*, S.248 ff.

232 HVerfG, HmbJVBl.1973, 282 ff.; 286 ff.

233 *Bernzen / Sohnke*, Art.32 Rdnr.11 unter Hinweis auf die Eidesformel für Senatoren in Art.38 HV.

Senats oder Vorbereitungshandlungen im Bereich der Bodenordnung und Stadtentwicklungsplanung vorstellbar[234].

Das HVerfG hat unter den Begriff des Staatswohls darüber hinaus die Grundsätze der Gewaltenteilung und der Funktionsfähigkeit des Senats als Verfassungsorgan subsumiert. Dem Senat wird ein interner Bereich zur eigenen Beratung und Entscheidungsfindung zugesprochen, der auch gegenüber dem Auskunftsanspruch der Bürgerschaft abgeschlossen sei[235]. Die Abgrenzung dieses Bereichs sei ins pflichtgemäße Ermessen des Senats gestellt, welches allerdings in vollem Umfang der verfassungsgerichtlichen Nachprüfung unterliege[236].

bb) Kritik an der Rechtsprechung des HVerfG

Die Ergebnisse der Rechtsprechung sind in der Literatur zwar überwiegend auf Zustimmung gestoßen[237]. Schneider kritisiert an der Entscheidung aber, daß richtigerweise die Gesamtordnung des parlamentarischen Regierungssystems und nicht die Gewaltenteilung den staatsrechtlichen Begründungsansatz hätten bilden müssen[238]. Auch im Ergebnis bestünden gegen die beiden Urteile Bedenken. Das erste Urteil zur Vorlagepflicht von Finanzplanungsunterlagen[239] ermögliche mit der Freigabe der Ressortanmeldungen gerade jene politischen Einblicke in den internen Entscheidungsablauf innerhalb des Senats, die es grundsätzlich verhindern wolle[240]. Das zweite Urteil über die Vorlage von Akten aus einem Gesetzgebungsverfahren[241] schränke mit der Verneinung eines solchen Anpruchs das Anwendungsfeld des Art.32 HV entgegen den Intentionen des Verfassungsgebers in kaum noch vertretbarer Weise ein[242].

---

234 Vgl. *Bogs*, Der Staat 1974, 209, 224.

235 HVerfG, HmbJVBl.1973, 282, 285; 286, 291.

236 HVerfG, HmbJVBl.1973, 282, 285; zustimmend *Bernzen* / Sohnke, Art.32 Rdnr.12.

237 Vgl. neben den oben genannten *Gündisch*, ZParl 1975, 38 ff.

238 *Schneider*, Opposition, S.636.

239 Dabei ging es den Oppositionsabgeordneten im Haushaltsausschuß um die Vorlage der Anmeldungen der Fachbehörden an den Senat zur Aufstellung der mittelfristigen Finanzplanung.

240 *Schneider*, Opposition, S.636.

241 Dabei ging es den Oppositionsabgeordneten im Schulausschuß um die Vorlage von Akten einer Arbeitsgruppe der Schulbehörde zur Beurteilung eines Fraktionsantrages betreffend das Schulverfassungsgesetz.

242 *Schneider*, Opposition, S.636.

cc) Stellungnahme

Dem HVerfG ist darin zuzustimmen, daß die Vorschrift des Art.32 HV den Grundsatz der Gewaltenteilung berührt[243]. Ob man diese unstreitig bestehende Problematik unter den Begriff des Staatswohls subsumiert, oder die Gesamtordnung des parlamentarischen Regierungssystems als zusätzliche, ungeschriebene Begrenzung des Aktenvorlageersuchens ansieht, ist lediglich ein Streit um die Bezeichnung und berührt keine Inhalte. Es stellt sich hingegen die Frage, in welchem Umfang das Parlament insgesamt und insbesondere die Opposition an Planungsvorgängen innerhalb der Exekutive beteiligt werden können. Grundsätzlich gehört es zur Gewaltenteilung, daß die Regierung ihre Entscheidungen im Rahmen der Gesetze - insbesondere des Haushaltsplans - eigenverantwortlich vorbereitet und erst deren Ergebnisse im einzelnen vor dem Parlament zu verantworten hat. Nur im Ausnahmefall kann das Parlament, z.B. durch die stufenweise Entsperrung von Haushaltsmitteln[244], auch vorbereitendes Regierungshandeln überwachen. Diesen Grundsätzen entspricht auch die Praxis der Arbeit von parlamentarischen Untersuchungsausschüssen, die grundsätzlich nur abgeschlossene Vorgänge aus der Vergangenheit zu untersuchen haben[245]. Die unbeschränkte Möglichkeit der Parlamentsminderheit, jederzeit sämliches Regierungs- und Verwaltungshandeln durch Einsichtnahme in die Akten begleiten zu können[246], würde die Opposition geradezu einladen, das Aktenvorlagerecht als ständiges Mittel des politischen Kampfes zu nutzen und damit letztlich zu mißbrauchen. Die Lösung des HVerfG, jeweils im Einzelfall zu prüfen, ob der interne Regierungsbereich betroffen und gleichzeitig schutzwürdig ist, ist vor dem Hintergrund sowohl des Wortlauts wie der Entstehungsgeschichte des Art.32 HV geboten. Es verwundert lediglich, daß es bisher nicht zu einer sehr viel größeren Zahl von Streitigkeiten vor dem Verfassungsgericht gekommen ist. Die beiden dargestellten Entscheidungen räumen aufgrund ihrer von Schneider zutreffend beschriebenen Widersprüchlichkeit jedem potentiellen Kläger die Chance des Obsiegens ein.

Zusammenfassend läßt sich feststellen, daß Art.32 HV allein aufgrund seiner Formulierung den Eindruck erweckt, als sei für eine qualifizierte Minderheit in den Gremien der Bürgerschaft - abgesehen von ganz besonderen Ausnahmesituationen - jederzeit das Recht auf Einsichtnahme in sämtliche laufende und

---

[243] So auch BVerfGE 67, 100, 139 in Bezug auf Art.44 Abs.1 GG.

[244] Vgl. dazu näheres unter Kapitel 5 IV.

[245] BVerfGE 67, 100, 139.

[246] So offenbar die Auffassung von *Rohn*, NJW 1990, 2782, 2785 zu Art.23 Abs.2 SHVerf.

abgeschlossene Akten des Senats - und damit der gesamten hamburgischen Verwaltung - gewährleistet. In der Praxis wäre eine solche Auslegung allerdings mit den Grundsätzen der Gewaltenteilung in der parlamentarischen Demokratie unvereinbar.

dd) Weitere Möglichkeiten der Vorlageverweigerung

Haas führt neben den beiden in Art.32 HV angeführten Verweigerungsgründen noch das Verbot des Rechtsmißbrauchs und die Gefährdung der Zusammenarbeit zwischen den Bundesländern oder zwischen Bund und Land an[247]. Vor dem Hintergrund der obigen Ausführungen zum Inhalt des Staatswohls bringen diese Differenzierungen keinen erkennbar weitergehenden Gewinn.

d) Auskunftsanpruch nach dem HambDSG

Nach § 23 Abs.2 S.1 des Hamburgischen Datenschutzgesetzes[248] (HmbDSG) hat der Datenschutzbeauftragte neben der Erstattung seines jährlichen Tätigkeitsberichts auf Verlangen von einem Viertel der Bürgerschaft Gutachten zu erstellen und Berichte zu erstatten. Diese Regelung wurde 1981 nach den Erfordernissen der Verfassungsdurchbrechung[249] mit der ersten Fassung des HmbDSG[250] beschlossen. Damit wurde der in Art.32 HV abschließend geregelte Katalog von Auskunftsrechten des Parlaments gegenüber der Exekutive erweitert und der Bürgerschaft ein weiteres Kontrollmittel gegenüber der Verwaltung an die Hand gegeben, welches zudem am Senat als Verwaltungsspitze vorbei eingesetzt werden kann[251].

Auch dieses Beispiel der hamburgischen Praxis verfassungsdurchbrechender Gesetze zeigt, daß der Bürgerschaftsabgeordnete - einmal ganz abgesehen vom interessierten Staatsbürger - eine Vielzahl von Gesetzen studieren muß, um den vollen Umfang seiner verfassungsmäßigen Rechte und Pflichten überhaupt zu kennen.

---

247 *Haas*, FS f.Reimers, S.342.

248 Vom 5.7.1990, GVBl. S.133, 165, 226.

249 Vgl. dazu unter Kapitel 3 III.

250 Vom 31.3.1981 (GVBl. S.71), hier die §§ 18 Abs.4 S.2 u. 20 Abs.2 S.2.

251 Diese Möglichkeit besteht bei der Beratung der Bürgerschaft durch den Rechnungshof gem. § 88 Abs.2 S.2 LHO nicht, weil nur eine schriftliche Unterrichtung vorgesehen ist, die gleichzeitig dem Senat zugänglich gemacht wird.

5. Parlamentarische Untersuchungsausschüsse

Als eines der wichtigsten Instrumente parlamentarischer Informationsbeschaffung hat auch die Hamburgische Bürgerschaft gemäß Art.25 HV das Recht und auf Antrag eines Viertels der Abgeordneten die Pflicht, Untersuchungsauschüsse einzusetzen[252]. Nach § 74 Abs.1 S.2 GOBü muß ein solcher Antrag das Beweisthema bezeichnen.

An dieser Stelle sollen nicht die aktuellen Probleme des parlamentarischen Untersuchungsrechts im allgmeinen - wie Minderheitenschutz, Akteneinsicht[253] oder Rechtstellung von Betroffenen[254] etc. - dargestellt, sondern lediglich die rechtlichen Besonderheiten in der hamburgischen Praxis von Untersuchungsausschüssen erörtert werden.

Die Hamburgische Bürgerschaft hat seit 1946 im Durchschnitt alle 1 1/2 Jahre einen Untersuchungsausschuß eingesetzt[255]. Ein Grund für diese hohe Zahl ist sicher darin zu sehen, daß ein Parlament, welches die Funktion eines Landtags mit der eines Gemeinderates vereinigt, häufig die Möglichkeit nutzt, auch kommunalpolitische Mißstände mittels eines parlamentarischen Untersuchungsausschusses aufzudecken[256].

a) Verfahrensregelung

Im Unterschied zu Art.44 GG und den entsprechenden Regelungen anderer Landesverfassungen[257], nach denen für die Beweiserhebung die sinngemäße

---

252 Zur Verfassungsgeschichte des Untersuchungsrechts in Hamburg *Meyer-Bohl*, S.34 ff.

253 Vgl. dazu unter Kapitel 4 III 4 ; zur Vorlage von Telefonüberwachungsunterlagen für den Untersuchungsausschuß "Hafenstraße" vgl. HVerfG, NJW 1989, 1081 ff.

254 Vgl. dazu *Richter*, S.96 ff und *Buchholz*, S.59 ff; zum Rechtsschutz gegen Abschlußberichte bei möglicher Persönlichkeitsrechtsverletzung vgl. VG Hamburg, DVBl. 1986, 1017 ff. sowie OVG Hamburg, NVwZ 1987, 610 ff. Über den Hamburger "Fall Orgaß" berichtet sehr ausführlich *Steffani*, ZParl 1989, 54 ff. und 363 ff.

255 Vgl. die Zusammenstellung bei *Simons*, S.242 ff und *Meyer-Bohl*, S.286 ff.

256 So etwa die beiden 1985 eingesetzten Ausschüsse "Bernbeck" zu Vorgängen im Allgemeinen Krankenhaus Barmbek und "Stadtreinigung"; *Meyer-Bohl*, S.186; vgl. auch die Beispiele bei *Pumm*, Geschichte der Hamburgischen Bürgerschaft, S.196 ff.; kritisch zu diesem Umstand *Schneider / Zeh-Schulz*, § 65 Rdnr.24; zur Abgrenzung von Angelegenheiten der kommunalen Selbstverwaltung und Bereichen der Kommunalaufsicht im Zusammenhang mit dem Untersuchungsrecht der Bremischen Bürgerschaft vgl. BremStGHE 3, 75, 84 f, 87 ff, 89.

257 Vgl. im einzelnen Art.35 BaWüVerf; Art.25 BayVerf; Art.33 BlnVerf; Art.105 Abs.4 BremVerf; Art.92 HessVerf; Art.27 Abs.6 NdsVerf; Art.41 NRWVerf; Art.91 RhPfVerf; Art.79 SaarVerf; Art.18 SHVerf; Art.54 SächsVerf; Art.72 BrandVerf; Art.34 Abs.5 MVVerf.

Anwendung der "Vorschriften für den Strafprozeß" vorgeschrieben ist, enthält Art.25 Abs.2 S.1 HV lediglich den Verweis auf die StPO[258].

Damit entfällt die Anwendung des GVG und insbesondere dessen Vorschriften über die Berichterstattung von den Ausschußsitzungen[259]. Da auch die Geschäftsordnung dazu keinerlei Regelungen trifft, muß jeder Untersuchungsausschuß der Bürgerschaft seinen Umgang mit den Medien selbst regeln. In der Vergangenheit haben einzelne Ausschüsse es zugelassen, daß deren gesamte Beweisaufnahme von Funk und Fernsehen mitgeschnitten wurde[260]. Einem Verfahren, das demjenigen einer gerichtlichen Hauptverhandlung ähnlich ist, ist eine solche Praxis naturgemäß nicht zuträglich. Um künftig Zweifel am Verfahren nicht mehr aufkommen zu lassen, wäre es wünschenswert, eine klarstellende Regelung auch über die sinngemäße Anwendung der GVG-Vorschriften in die Verfassung bzw. eine entsprechende Vorschrift in ein künftiges Untersuchungsausschußgesetz aufzunehmen.

Ihrem internen Verfahren haben die Untersuchungsausschüsse in Hamburg bisher regelmäßig entweder die sogenannten IPA-Regeln[261] oder den Mustergesetzentwurf der Landtagspräsidenten aus dem Jahre 1972[262] zugrunde gelegt.

b) Vorsitz

Zur politisch wichtigen, weil mit mit der Leitung des Arbeitsstabes und einer gewissen Öffentlichkeitswirkung verbundenen Frage des Vorsitzes im Untersuchungsausschuß enthält § 74 Abs.2 GOBü eine Negativ-Regelung: Der Vorsitzende darf nicht der Gruppe der Antragsteller angehören. Daneben findet die allgemeine Regelung des § 10 Abs.1 S.1 GOBü, nach der sich der Vorsitz in den Ausschüssen nach dem Stärkeverhältnis der Fraktionen richtet, auf Untersuchungsausschüsse keine Anwendung[263]. Diese Regelung bringt es in der Praxis mit sich, daß bei der Antragstellung durch die Opposition regelmäßig

---

258 *Meyer-Bohl*, S.211 hält diese Verweisung für unvereinbar mit dem Demokratieprinzip.

259 Vgl. §§ 169 ff. GVG.

260 Persönliche Auskunft des Justitiars der Hamburgischen Bürgerschaft, *Uwe Bernzen*.

261 Entwurf eines Gesetzes über Einsetzung und Verfahren von Untersuchungsausschüssen des Bundestages (einer interparlamentarischen Arbeitsgemeinschaft), Deutscher Bundestag, Drs. V / 4209 vom 14.5.1969.

262 Abgedruckt bei *Damkowski*, S.272 ff.; vgl. dazu den Abschlußbericht der Kommission der Landtagsdirektoren zum Recht der Untersuchungsausschüsse, ZParl 1991, 406 ff.

263 *Hoog*, ZParl 1993, 233, 238, der den Streit um den Vorsitz im sog. SAGA-Ausschuß im September 1992 darstellt.

ein Mitglied der Regierungsfraktion den Vorsitz führt[264]. In den Fällen der über alle Fraktionsgrenzen hinweg anerkannten Notwendigkeit eines parlamentarischen Untersuchungsverfahrens bewirkt diese Vorschrift, daß jede Fraktion mit der Einbringung eines eigenen Antrages zögert, um sich nicht von vornherein der Möglichkeit zu begeben, den Vorsitzenden stellen zu dürfen[265]. In diesem Punkt empfiehlt sich eine Änderung des Verfahrens derart, daß der Vorsitz in Untersuchungsausschüssen - unabhängig von der Antragstellung - den Fraktionen abwechselnd in der Reihenfolge ihrer Stärke zufällt.

c) Arbeitsstab

Eine bundesweit einmalige Regelung[266] enthält Art.25 Abs.4 S.2 u.3 HV, wonach der Senat verpflichtet ist, den Untersuchungsausschüssen die zu ihrer Unterstützung erforderlichen Beamten, die von den Ausschüssen darüber hinaus auch selbst ausgewählt werden können, zur Verfügung zu stellen.

Jeder Untersuchungsausschuß kann sich in Abstimmung mit dem Senat demnach einen sogenannten Arbeitsstab aus entsprechenden Fachleuten der Behörden zusammenstellen[267], die während ihrer Abordnung Aufgaben des Parlaments wahrnehmen und ausschließlich gegenüber dem Ausschuß weisungsgebunden sind[268]; sie leisten keine Amtshilfe gem. Art.25 Abs.4 S.1 HV[269]. Nach dem Sinn und Zweck der Regelung können nicht nur Beamte, sondern gleichermaßen auch Angestellte angefordert werden[270].

Bei der Auswahl der Mitarbeiter des Arbeitsstabes haben die Fraktionen gemäß ihrem Stärkeverhälnis ein Vorschlagsrecht; der Leiter des Arbeitsstabes wird nach Möglichkeit im Einvernehmen aller Fraktionen bestellt[271]; im Zweifel setzt sich die stärkste Fraktion allerdings mit ihrem Vorschlag durch. Trotz des parteipolitisch beeinflußten Auswahlverfahrens haben die Mitarbeiter

---

264 *Damkowski*, S.51.

265 Persönliche Auskunft des Justitiars der Hamburgischen Bürgerschaft, *Uwe Bernzen*.

266 In Niedersachsen wird regelmäßig der bei der Landtagsverwaltung bestehende unabhängige Gesetzgebungs- und Beratungsdienst mit den Aufgaben einer Geschäftsstelle für den Ausschuß betraut.

267 *Damkowski*, S.66; *Tögel*, S.26; *Plöhn*, S.375 ff mit Beispielen für deren Zusammensetzung.

268 Die richterliche Unabhängigkeit von entsandten Richtern ruht für die Zeit der Abordnung.

269 *Drexelius / Weber*, Art.25 Anm.12; *Pumm*, Geschichte der Hamburgischen Bürgerschaft, S.195.

270 *Bernzen / Sohnke*, Art.25 Rdnr.11.

271 *Damkowski*, S.67.

des Arbeitsstabes mit dem gesamten Ausschuß vertrauensvoll zusammenzuarbeiten. Dies ist in der Praxis insbesondere dann nicht einfach, wenn die Opposition betrebt ist, einen Regierungsskandal aufzudecken. Insgesamt hat sich das Instrument des Arbeitsstabes allerdings für die Feierabendparlamentarier der Bürgerschaft als unverzichtbare Hilfestellung bei der Anfertigung von Gutachten, der Auswertung von Akten und der Vorbereitung von Beweisaufnahmen erwiesen[272].

Wissenschaftliche Mitarbeiter der Fraktionen sind zwar nicht Angehörige des Arbeitsstabes, haben aber - im Gegensatz zur Praxis der Fachausschüsse - auch zu nicht-öffentlichen Sitzungen von Untersuchungsausschüssen Zutritt.

d) Verschwiegenheitsentbindung

Senatoren bedürfen für eine Aussage vor einem bürgerschaftlichen Untersuchungsausschuß - auch nach Beendigung ihres Amtsverhältnisses - einer Aussagegenehmigung des Senats[273].

Art.25 Abs.5 HV bestimmt, daß öffentlich Bedienstete, die vor einem Untersuchungsausschuß vernommen werden, diesem gegenüber von ihrer dienstlichen Verschwiegenheitspflicht entbunden sind. Diese Vorschrift erweckt den Eindruck, als bedürften Angehörige des öffentlichen Dienstes in Hamburg zur Aussage vor einem Untersuchungsausschuß generell keiner gesonderten Aussagegenehmigung ihres Dienstherrn.

Die Vereinbarkeit dieser Regelung mit dem Bundesbeamtenrecht wird aus guten Gründen bezweifelt: Gem. § 39 Abs.2 S.1 BRRG[274] darf ein Beamter über Angelegenheiten, die ihm bei seiner amtlichen Tätigkeit bekanntgeworden sind, ohne Genehmigung weder vor Gericht noch außergerichtlich aussagen oder Erklärungen abgeben. Da diese Vorschrift auch in Hamburg Geltung habe, sei Art.25 V HV insoweit bundesrechtswidrig und damit gem. Art.31 GG nichtig[275]. Dagegen wird eingewandt, der hamburgische Landesverfassungsgeber habe in Art.25 Abs.5 HV im Verhältnis zu den anderslautenden Vorschriften im BRRG und im HmbBG einen speziellen Ausnahmesachverhalt gere-

[272] So z.B. die Erkenntnis des Untersuchungsausschusses "Senatsgesetz", Bericht vom 25.5.1992, Drs.14 / 2000, S.5; vgl. auch *Tögel*, S.27.

[273] § 9 Abs.2 SenG.

[274] Entsprechend § 65 Abs.2 S.1 HmbBG.

[275] *Bernzen / Sohnke*, Art.25 Rdnr.13.

gelt[276]. Es sei zwar zutreffend, daß Art.31 GG auch auf das Verhältnis zwischen einfachem Bundesrecht und Landesverfassungsrecht anwendbar ist[277]; allerdings habe das BVerfG den Ländern - in den Grenzen des Art.28 GG - das Recht zugestanden, in ihre Verfassungen Fundamentalnormen aufzunehmen, die mit denen der Bundesverfassung nicht übereinstimmten[278].

Die zitierte Rechtsprechung des BVerfG findet auf die vorliegende Problemstellung keine Anwendung. In dem damals zu beurteilenden Sachverhalt stimmten Fundamentalnormen des Bundes- und des Landesverfassungsrechts zwar nicht miteinander überein, konnten aber "unabhängig voneinander in je verschiedenen Bereichen Geltung beanspruchen"[279]; d.h. es gab keine Normenkollision, welche die Rechtsfolge des Art.31 GG hätte auslösen können[280].

Die Regelung in Art.25 HV stimmt im Bezug auf Beamte nicht nur mit §§ 39 Abs.2 S.1 BRRG nicht überein, sondern steht vielmehr im Widerspruch zu dieser Vorschrift. Die beiden Normen können auch nicht etwa unabhängig voneinander in verschiedenen Bereichen Geltung beanspruchen. Zwar stellt Art.25 HV fraglos eine Sonderregelung für Aussagen vor parlamentarischen Untersuchungsausschüssen dar, allerdings ergibt ein Umkehrschluß aus § 39 Abs.3 S.2 BRRG[281], daß sich die Vorgaben dieses Gesetzes über die beamtenrechtliche Verschwiegenheitspflicht auch auf einen solchen Fall beziehen.

In Bezug auf Beamte ist die Regelung des Art.25 HV gemäß Art.31 GG nichtig; hinsichtlich aller anderen öffentlich Bediensteten hat die Norm weiterhin Gültigkeit. In der Praxis parlamentarischer Untersuchungsausschüsse wird - schon aus Gründen der Fürsorgepflicht gegenüber Zeugen und Sachverständigen - von jedem Angehörigen des öffentlichen Dienstes eine Aussagegenehmigung des Dienstherrn erwartet[282].

---

276 *Krahl*, S.199; *Drexelius / Weber*, Art.25 Anm.5; *Tögel*, S.28.

277 MDHS-*Maunz*, Art.31 Rdnr.4.

278 *Krahl*, S.199 unter Hinweis auf BVerfGE 36, 342, 361.

279 BVerfGE 36, 342, 362.

280 Vgl. MDHS-*Maunz*, Art.31 Rdnr.13 f.; *v. Münch-Gubelt*, Art.31 Rdnr.19 ff.

281 "Durch Gesetz kann bestimmt werden, daß die Verweigerung der Genehmigung zur Aussage vor Untersuchungsausschüssen des Bundestages oder der Volksvertretung eines Landes einer Nachprüfung unterzogen werden kann."

282 Mündliche Auskunft des Justitiars der Bürgerschaft, *Uwe Bernzen*.

e) Zutrittsrecht des Senats

Nach Art.23 Abs.1 S.1 HV haben die Senatoren grundsätzlich zu allen Verhandlungen der Bürgerschaft und ihrer Ausschüsse Zutritt. Gem. Art.23 Abs.1 S.2 HV gilt dieses Recht nicht für Untersuchungsausschüsse - gleichgültig, ob dessen Sitzungen öffentlich sind oder nicht, und unabhängig davon, welche Senatoren als potentielle Zeugen[283] vor dem Ausschuß in Betracht kommen[284].

Diese Vorschrift ist bislang in den meisten Ländern ohne Beispiel[285] und entspricht auch nicht der herrschenden Auslegung von Art.43 Abs.2 GG[286]. Die Regelung gewährleistet zumindest formal, daß der Fortgang des bürgerschaftlichen Ermittlungsverfahrens - insbesondere während ausschußinterner Sitzungen - nicht direkt unter den Augen der in aller Regel zuvörderst betroffenen Exekutive vor sich geht.

f) Empfehlungen der Enquete-Kommission

Die Enquete-Kommission "Parlamentsreform" empfiehlt eine Verringerung des zur Einsetzung von Untersuchungsausschüssen notwendigen Quorums auf 1/5 der Mitglieder der Bürgerschaft; ebenso soll das Quorum für Beweisanträge abgesenkt werden[287]. Einschränkungen, Änderungen oder wesentliche Erweiterungen des Untersuchungsthemas sollen nicht gegen den Willen der antragstellenden Minderheit zulässig sein[288]. Jede Fraktion soll mindenstens durch einen ihrer Abgeordneten im Untersuchungsausschuß vertreten sein; aus der Mitte der Antragsteller wird ein Vertreter ohne Anrechnung auf die den Fraktionen zustehenden Mitglieder mit beratender Stimme in den Ausschuß

---

283 Vgl. § 58 Abs.1 StPO.

284 Der Untersuchungsausschuß "Versagen im Hamburger Strafvollzug" hat Justizsenator Curilla im November 1990 dafür gerügt, daß er von einer Mitarbeiterin Vermerke über den Verlauf der öffentlichen Beweisaufnahmen anfertigen ließ; vgl. FAZ vom 24.11. 1990, S.4.

285 Wie in Hamburg: Art.23 Abs.3 NdsVerf, Art.33 Abs.4 BlnVerf, Art.45 Abs.3 NRWVerf und Art.52 Abs.3 SaAnVerf; Art.21 Abs.2 S.2 SHVerf und Art.38 Abs.2 MVVerf verwehren der Landesregierung lediglich den Zugang zu nichtöffentlichen Sitzungen der Untersuchungsausschüsse; nach Art.34 Abs.2 S.3 BaWüVerf und Art.49 Abs.3 SächsVerf kann zu dieser Frage eine gesetzliche Regelung getroffen werden.

286 Danach soll die Regelung, daß Regierungsvertreter zu "allen" Sitzungen des Bundestages und seiner Ausschüsse Zutritt haben, auch für Untersuchungsausschüsse gelten; MDHS-*Maunz*, Art.43 Rdnr.18; *H.-W. Meier*, S.163 ff; a.A. *Kipke*, S.68 ff.

287 Enquete-Kommission, S.119 ff.

288 Ebenda.

entsandt[289]. Die Kommission schlägt die Streichung des § 74 Abs.3 GOBü vor und will den Vorsitz - innerhalb einer Wahlperiode - zwischen den Fraktionen nach deren Stärkeverhältnis wechseln lassen[290].

6. Enquete-Kommissionen

Seit 1970 gibt § 79a GOBü der Bürgerschaft das Recht, zur Vorbereitung von Entscheidungen über umfangreiche und bedeutsame Sachkomplexe eine Enquete-Kommission einzusetzen. Diese Norm entspricht in ihren ersten drei Absätzen dem Wortlaut von § 56 GOBT.

Bei seiner Übernahme vom englischen ins deutsche Verfassungsrecht der Weimarer Zeit beschrieb der Begriff der parlamentarischen Enquete das Recht auf Einsetzung von parlamentarischen Untersuchungsausschüssen[291]. Heute bringt nach allgemeiner Auffassung schon die Bezeichnung "Kommission" zum Ausdruck, daß es sich dabei um ein besonderes parlamentarisches Institut handelt, welches neben den gewöhnlichen Parlamentsausschüssen und der besonderen Form der Skandal-Enquete[292], nämlich den parlamentarischen Untersuchungsausschüssen, besteht[293]. Die Einrichtung von Enquete-Kommissionen ist in allen Landesparlamenten möglich; entweder ist dazu eine Regelung in deren Geschäftsordnungen, in einem speziellen Gesetz[294] oder gar in der Verfassung[295] vorgesehen. Selbst wo sich keinerlei ausdrückliche Normierung findet[296], ist heute von einem gewohnheitsrechtlichen Instrument des Parlamentsrechts auszugehen[297].

Nach § 79a Abs.1 Satz 2 GOBü ist die Bürgerschaft auf Antrag eines Viertels Ihrer Mitglieder zur Einsetzung einer Enquete-Kommission verpflichtet. Die Ausgestaltung des Enquete-Rechts als Minderheitenrecht ist im Vergleich zu

---

289 Ebenda, S.120.

290 Ebenda.

291 *Drexelius / Weber*, Art.25 Anm.1; *Kretschmer*, DVBl. 1986, 923, 924.

292 Zu diesem Begriff vgl. MDHS-*Maunz*, Art.44 Rdnr.4.

293 Vgl. *Hampel*, DÖV 1991, 670, 673.

294 So in Berlin.

295 So Art.77 Abs.2 SaarVerf, Art.73 BrandVerf und Art.55 SaAnVerf.

296 So in Baden-Württemberg, NRW und Hessen.

297 Vgl. *Hampel*, DÖV 1991, 670, 674.

den Regelungen anderer Bundesländer keine Selbstverständlichkeit[298] und hebt die Bedeutung dieses Instruments in Hamburg besonders hervor. Dabei darf freilich nicht übersehen werden, daß die (einfache) Parlamentsmehrheit die konkrete Ausgestaltung des Enquete-Rechts jederzeit durch eine Änderung der Geschäftsordnung[299] abwandeln und damit auch das Minderheitenquorum beseitigen könnte. Aus diesem Grunde empfiehlt sich zur Absicherung des Minderheitenrechts die Aufnahme einer entsprechenden Vorschrift in die Hamburgische Verfassung.

Die Entscheidung darüber, welche Sachverhalte so "umfangreich und bedeutsam" sind, daß sie einer Aufarbeitung durch eine Enquete-Kommission bedürfen, ist rein politischer Natur[300].

Gemäß § 79a Abs.3 GOBü entsendet jede Fraktion einen Vertreter in die Kommission; die Bürgerschaft kann allerdings eine höhere Zahl beschließen.

Enquete-Kommissionen stellen das einzige parlamentarische Gremium dar, welches auch Nicht-Parlamentarier zu Mitgliedern hat[301]. Deren Anzahl soll[302] neun nicht überschreiten; sie werden gem. § 79a Abs.2 Satz 1 GOBü im Einvernehmen der Fraktionen benannt. Einvernehmen bedeutet im Gegensatz zu Benehmen, welches nur eine Konsultationspflicht beinhaltet, Einigungs"zwang"[303]. Sollte diese Einigung nicht herzustellen sein, erfolgt die Benennung durch die Fraktionen im Verhältnis ihrer Stärke. Der Bürgerschaftspräsident nimmt die Berufung der Nicht-Parlamentarier vor.

Vereinzelt wird verlangt, daß alle sachverständigen Kommissionsmitglieder die deutsche Staatsangehörigkeit besitzen müßten, da sie hoheitliche Aufgaben wahrnähmen[304]. Die Aufgabe von Enquete-Kommissionen ist es, Tatsachen zu

---

298 Minderheitenenqueten sind neben der Regelung in der GOBT nur noch in Berlin, Schleswig-Holstein und im Saarland (hier genügt sogar ein Fünftel der Abgeordneten) vorgesehen; vgl. zu den Einzelheiten *Hampel*, DÖV 1991, 670, 677 ff.

299 Gem. § 92 GOBü.

300 *Ritzel / Bücker*, § 56 Anm.1a.

301 *Bernzen / Sohnke*, Art.25 Rdnr.17. Diese sind nicht automatisch den Regelungen der GOBü unterworfen, sondern müssen deren Rechte und Pflichten erst gesondert anerkennen.

302 § 79a Abs.2 Satz 3 GOBü; die Fraktionen können eine höhere Mitgliederzahl vereinbaren, dazu bedarf es keines Beschlusses, vgl. zur entsprechenden Regelung in der GOBT *Trossmann*, § 74a Rdnr.9.

303 *Ritzel / Bücker*, § 56 Anm. II.2.

304 *Ritzel / Bücker*, § 56 Anm. II.3. Die Berufung eines niederländischen Staatsbürgers in die Enquete-Kommission "Vorsorge zum Schutz der Erdatmosphäre" des Bundestages erfolgte ausdrücklich ohne Präjudiz für künftige Fälle; persönliche Auskunft des Leiters des Kommissionssekretariats, *Bodo Bahr*.

ermitteln, Analysen zu erstellen und mit sachverständiger Unterstützung die politische und gesetzgeberische Arbeit vorzubereiten[305]. Enquete-Kommissionen treffen weder eigene Entscheidungen mit hoheitlicher Außenwirkung, noch bereiten sie konkrete Beschlußempfehlungen für das Parlamentsplenum vor. Für die genannte Auffassung sind daher keine verfassungsrechtlichen Gründe erkennbar. Im Hinblick auf die zunehmende Internationalisierung von Zukunftsthemen ist es darüber hinaus auch verfassungspolitisch wenig zweckmäßig, die Auswahl von Sachverständigen für Enquete-Kommissionen von deren Staatsangehörigkeit abhängig zu machen.

Die Bildung einer Enquete-Kommission gemeinsam mit anderen Landesparlamenten[306] scheitert daran, daß diese als Unterorgane der Bürgerschaft nicht zugleich ein Organ eines anderen Parlaments sein kann. Keine Bedenken bestehen allerdings gegen die Berufung von Abgeordneten anderer Landtage als Sachverständige in eine Enquete-Kommission der Hamburgischen Bürgerschaft.

Im einzelnen bislang ungeklärt ist die Frage, welche Auskunfts-, Aktenvorlage- oder Zitierrechte einer Enquete-Kommisssion gegenüber der Regierung zustehen[307]. Gemäß § 79a GOBü gelten für Enquete-Kommissionen die Vorschriften über bürgerschaftliche Ausschüsse sinngemäß. § 80 Satz 1 GOBü wiederholt zwar für die von der Bürgerschaft eingesetzten Ausschüsse die in Art.32 HV normierten Auskunftsrechte, da das Institut der Enquete-Kommission aber in der Verfassung keinerlei Erwähnung findet und die Bürgerschaft durch eine bloße Geschäftsordnungsvorschrift den Senat nicht rechtswirksam verpflichten kann[308], stehen einer Enquete-Kommission keinerlei festgeschriebene Auskunftsrechte gegenüber dem Senat zu[309]. In Bezug auf das Zitier- und Zutrittsrecht nach Art.43 GG wird zutreffend darauf hingewiesen, daß das Recht zur gegenseitigen Information von Bundestag und Bundesregierung bei Anerkennung eines Bereichs der internen Willensbildung dem Grunde nach umfassend angelegt sei[310]. Verfassungspolitisch sind Auskunfts- und Aktenvorlagerechte für eine Enquete-Kommission sicher ebenso sinnvoll und notwendig wie für alle Fachausschüsse der Bürgerschaft. In aller Regel wird die

---

305 *Stern*, Bd. 2, S.61; vgl. auch *Trossmann*, § 74a Rdnr.3.

306 Vgl. den Antrag zur Einsetzung der Enquete-Kommission "Unterelbe" gemeinsam mit den Landtagen Niedersachens und Schleswig-Holsteins, Drs.10 / 181 vom 18.8.1982.

307 Vgl. *Kretschmer*, DVBl.1986, 923, 927 f.; *Hampel*, DÖV 1991, 670, 676.

308 *Achterberg*, S.161.

309 Vgl. für den Bundestag *Trossmann*, § 74a Rdnr.15.

310 *Kretschmer*, DVBl.1986, 923, 928.

Regierung auch ein eigenes Interesse an der vertrauensvollen Zusammenarbeit mit der Enquete-Kommission haben; ausschließlich eine konkrete Verfassungsnorm könnte allerdings entsprechende Rechtspflichten der Exekutive wirksam begründen.

Der Vorsitzende der Enquete-Kommission wird von allen ihren Mitgliedern - mangels abweichender Regelungen - mit Mehrheit gewählt. Sowohl ein Abgeordneter als auch ein sachverständiges Kommissionsmitglied können zum Vorsitzenden gewählt werden. In der Parlamentspraxis sind bisher ausschließlich Parlamentarier Vorsitzende von Enquete-Kommissionen gewesen. Dies erscheint in der Regel deswegen sachgerecht, weil sich der Abgeordnete nach innen mit den anzuwendenden parlamentarischen Regeln routinierter auskennt und nach außen die Arbeitsergebnisse der Kommission dem Plenum gegenüber mit größter Akzeptanz vortragen kann[311].

Die Gestellung eines Arbeitsstabes durch den Senat, wie sie Art.25 Abs.4 HV für Untersuchungsausschüsse vorsieht, kommt für Enquete-Kommissionen nicht in Betracht. Eine analoge Anwendung dieser Vorschrift scheidet sowohl aufgrund des eindeutigen Wortlauts als auch wegen ihres Ausnahmecharakters aus[312].

Die Sitzungen der Enquete-Kommission sind grundsätzlich - wie die Sitzungen der Fachausschüsse - nicht öffentlich[313]. Die Kommission kann jedoch mit Mehrheit beschließen, daß die Öffentlichkeit zugelassen wird[314].

Die Enquete-Kommission "Parlamentsreform" empfiehlt die Verankerung des Instrumentariums in der Verfassung; dabei soll das zur Einsetzung von Enquete-Kommissionen notwendige Quorum - ebenso wie für Untersuchungsausschüsse - auf 1/5 der Mitglieder der Bürgerschaft herabgesetzt werden und eine Einschränkung oder wesentliche Änderung des Auftrages gegen den Willen der antragstellenden Minderheit unzulässig sein[315]. Jede Fraktion soll mindestens

---

311 Erstmals bei der im Januar 1992 eingesetzten Enquete-Kommission "Parlamentsreform" wurde aus Gründen der "Belastung" aller Abgeordneten durch die vorhergehende Diätendiskussion ein sachverständiger Hochschulprofessor zum Vorsitzenden gewählt.

312 Die Enquete-Kommission "Unterelbe" hat eine Privatfirma mit dem Betrieb einer Geschäftsstelle, der Sitzungsvorbereitung sowie der fachlichen Unterstützung betraut (persönliche Auskunft des Justitiars der Bürgerschaft, *Uwe Bernzen*). Die Enquete-Kommission "Parlamentsreform" hatte einen fünfköpfigen Arbeitsstab entsprechend Art.25 Abs.4 HV gebildet, vgl. Bericht, S.12.

313 § 64 Abs.4 i.V. m. § 79a Abs.4 GOBü.

314 Die Enquete-Kommission "Parlamentsreform" hielt ihre Sitzungen grundsätzlich öffentlich ab.

315 Enquete-Kommission, S.123 f.

einen Sitz erhalten, Nichtparlamentarier sollen im Regelfall die Mehrheit bilden und das jederzeitige Zutrittsrecht des Senats soll für Enquete-Kommissionen keine Geltung haben[316].

7. Eingabenausschuß

Art.17 GG gewährleistet jedermann[317] das Recht, sich einzeln oder in Gemeinschaft mit anderen schriftlich mit Bitten oder Beschwerden[318] auch an die Volksvertretungen zu wenden. Nach allgemeiner Ansicht besteht dieses Grundrecht auf Petition auch gegenüber jedem Landesparlament[319].

Seit der Verfassungsreform von 1971 wird der von der Bürgerschaft zu bestellende Eingabenausschuß gemäß Art.25a Abs.2 Satz 1 HV auf einer eigenen landesverfassungsrechtlichen Grundlage[320] als "parlamentarisches Kontrollorgan"[321] tätig; seine Einsetzug ist damit der Geschäftsordnungsautonomie der Bürgerschaft entzogen. Seit 1977 regelt das Gesetz über den Eingabenausschuß (GEA)[322] gemeinsam mit den §§ 84 ff. GOBü die Einzelheiten der hamburgischen Petitionspraxis.

Das GEA sieht zahlreiche Rechte zur Selbstinformation vor, mit deren Hilfe der Ausschuß eine wirksame Kontrolltätigkeit entfalten kann[323]. Nach § 5 GEA hat der Senat dem Eingabenausschuß auf Verlangen - in der Regel innerhalb einer Frist von drei Wochen - Auskünfte zu erteilen, unter den Voraussetzungen des Art.32 HV[324] Akten vorzulegen, zu den Sitzungen des Ausschusses Vertreter zu entsenden sowie jederzeit Zutritt zu seinen Einrichtungen zu gestatten.

---

316 Ebenda.

317 Vgl. *v. Münch-Rauball*, Art.17 Rdnr.3 ff. m.w.N.; *Thiele*, S.169.

318 Vgl. *v. Münch-Rauball*, Art.17 Rdnr.10 ff. m.w.N.

319 MDHS-*Dürig*, Art.17 Rdnr.58; *v. Münch-Rauball*, Art.17 Rdnr.12.

320 Ebenso Art.35a BaWüVerf; Art.32 BlnVerf; Art.41a NRWVerf; Art.90a RhPfVerf; Art.78 SaarVerf; Art.19 SHVerf; Art.71 BrandVerf; Art.53 SächsVerf; Art.35 MVVerf; Art.26 NdsVerf; Art.61 SaAnVerf.

321 Diese Formulierung wurde für den Petitionsausschuß des Bundestages bewußt nicht gewählt, um die Kontrolltätigkeit der Fachausschüsse nicht als geringwertiger erscheinen zu lassen; *Trossmann*, § 112 Rdnr.14.2.; vgl. auch *Friesenhahn*, FS f.Huber, S.370.

322 Vom 18.4.1977, GVBl. S.91, zuletzt geändert durch Gesetz vom 5.6.1984, GVBl. S.103.

323 Lediglich in Art.19 Abs.2 SHVerf u. Art.71 Abs.2 S.2 BrandVerf sind die Rechte gegenüber der Exekutive verfassungsrechtlich verankert.

324 Vgl. unter Kapitel 2 VIII 4.

Darüber hinaus ist der Eingabenausschuß nach § 6 GEA berechtigt, Zeugen und Sachverständige, die auch Angehörige der Verwaltung sein können[325], sowie - mit deren Einverständnis - die Petenten selbst anzuhören. Bei der Vernehmung von Zeugen und Sachverständigen ist der Ausschuß allerdings auf deren freiwillige Mitwirkung angewiesen; Zwangsmittel stehen ihm - anders als Untersuchungsausschüssen - nicht zur Verfügung[326]. Ebensowenig dürfen Auskunftspersonen vereidigt werden[327]. Gemäß § 8 GEA sind alle hamburgischen Gerichte, Verwaltungsbehörden und juristischen Personen des öffentlichen Rechts dem Eingabenausschuß zur Leistung von Amtshilfe verpflichtet.

Der Eingabenausschuß hat weder die Aufgabe noch die Rechte eines permanent tagenden Untersuchungsausschusses[328] und insbesondere nicht dessen Zwangsmittel zur Beweiserhebung[329]. Die Enquete-Kommission "Parlamentsreform" sieht für den Eingabenausschuß nur begrenzte Handlungsmöglichkeiten und empfiehlt zu seiner Entlastung und Ergänzung die Wahl eines Bürgerbeauftragten durch das Parlament[330].

a) Zurückweisungsrecht nach § 84 Abs.2 GOBü

§ 84 Abs.2 GOBü sieht die Möglichkeit der Zurückweisung von Eingaben durch den Bürgerschaftspräsidenten vor, wenn diese gleichzeitig dem Senat, den Behörden oder der Presse zugesandt werden. Diese Regelung verstößt zum einen gegen § 1 Abs.2 GEA, wonach das Recht, sich an andere staatliche Stellen zu wenden, unberührt bleibt und ist darüber hinaus auch mit dem Grundrecht auf Petition aus Art.17 GG unvereinbar.

Nach Art.17 GG sind neben den Volkvertretungen auch alle anderen "zuständigen Stellen" zur Entgegennahme von Petitionen verpflichtet. Der weite Kreis der Petitionsadressaten umfaßt damit sämtliche Organe des Bundes und der Länder, gleichgültig welcher Gewalt sie angehören und welche Art von

---

325 § 5 Abs.3 GEA.

326 *Tögel*, S.23 Fn.53; ein Recht zur Zeugenvernehmung enthält Art.61 Abs.3 SaAnVerf.

327 Vgl. *Trossmann*, § 112 Rdnr.12.4.

328 Zu den diesbezüglichen gesetzgeberischen Absichten der Opposition in der Bürgerschaft vgl. *R.Lange*, ZParl 1975, 188, 189f.

329 *Drexelius / Weber*, Art.25a Anm.3; *Bernzen / Sohnke*, Art.25a Rdnr.7; *Tögel*, S.23.

330 Enquete-Kommission, S.211 ff.

Verwaltung sie ausüben[331]. Gemäß Art.33 Abs.1 HV führt und beaufsichtigt der Senat die Verwaltung[332]; er ist damit unzweifelhaft auch selbst zur Entgegennahme von Petitionen berechtigt und verpflichtet. Es ist kein Rechtsssatz ersichtlich, nach dem es unzulässig wäre, eine Eingabe gleichzeitig an mehrere - jedenfalls für die Entgegennahme - zuständige Stellen zu richten. Die Bürgerschaft ist daher nicht berechtigt, eine Eingabe nur deswegen zurückzuweisen, weil sie gleichzeitig dem Senat oder einer seiner Behörden zugesandt wird.

Presseorgane sind keine für die Entgegennahme von Petionen zuständige Stelle. Trotzdem befreit die gleichzeitige Information der Presse über eine eingereichte Petition die Bürgerschaft nicht von der ordnungsgemäßen Bearbeitung einer auch an sie gerichteten Eingabe. Die Publizität, die das parlamentarische Petitionsverfahren zu schaffen vermag, kann die Rationalität von politischen Prozessen stärken und damit einen wichtigen Beitrag zur Stärkung parlamentarischer Kontrollrechte leisten[333].

Sinn und Zweck der Regelung in § 84 Abs.2 GOBü soll es sein, querulatorische Beschwerdeschreiben allgemeinen Inhalts, die ohne erkennbaren Zuständigkeitsbezug an diverse staatliche Stellen und zugleich an die Presse versandt werden, nicht bearbeiten zu müssen[334]. Dieses Ziel kann allerdings nicht dadurch erreicht werden, daß man eine an sich zulässige Eingabe aus unzulässigen formalen Gründen zurückweist. Vielmehr muß in einem solchen Fall geprüft werden, ob es sich bei dem Vorbringen überhaupt um eine "Bitte oder Beschwerde" im Sinne von Art.17 GG oder um eine bloße Meinungsäußerung oder Belehrung handelt, die gar nicht als Petition angesehen werden kann[335]. Sollte letzteres der Fall sein, könnte der Eingabenausschuß[336] - nicht der Bürgerschaftspräsident - die Petition als unzulässig zurückweisen.

§ 84 Abs.2 GOBü enthält eine verfassungswidrige Regelung und ist deswegen nichtig.

---

331 MDHS-*Dürig*, Art.17 Rdnr.54; *v. Münch-Rauball*, Art.17 Rdnr.12; BK-*Dagtoglou*, Art.17 Rdnr.104.

332 Vgl. auch BVerfGE 2, 225, 229.

333 Vgl. BK-*Würtenberger*, Art.45c Rdnr.7.

334 Persönliche Auskunft des Justitiars der Bürgerschaft, *Uwe Bernzen*.

335 MDHS-*Dürig*, Art.17 Rdnr.15; BK-*Dagtoglou*, Art.17 Rdnr.18; *v. Münch-Rauball*, Art.17 Rdnr.10.

336 Vgl. zu Art.45c GG *Schneider / Zeh-Vitzthum / März*, § 45 Rdnr.8; BK-*Würtenberger*, Art.45c Rdnr.16.

b) Behandlung von Eingaben

Das Verfahren zur Behandlung von Eingaben ist gemäß § 10 GEA weitgehend in den §§ 84 ff. GOBü geregelt. Eingehende Petitionen werden von der Geschäftsstelle des Eingabenausschusses erfaßt und von dort zunächst der betroffenen Verwaltungsbehörde zur Stellungnahme übersandt. Nach deren Eintreffen findet eine Beratung im Ausschuß statt, wobei über jede Eingabe jeweils ein Abgeordneter Bericht erstattet.

Über die Ergebnisse seiner Beratungen berichtet der Ausschuß der Bürgerschaft stets schriftlich[337]. Nach § 85 Abs.2 GOBü beantragt der Eingabenausschuß beim Plenum, entweder die Eingabe dem Senat "zur Berücksichtigung", "zur Erwägung" oder "als Stoff für künftige Prüfung" zu überweisen (1991: 13,5 % aller 1016 Eingaben[338]), sie für "erledigt" (18,5 %) oder "nicht abhilfefähig" (66,8 %) zu erklären oder über sie "zur Tagesordnung" überzugehen (1,2 %). Die Bürgerschaft folgt in der Regel dem Petitum des Eingabenausschusses ohne Aussprache. Eine Besprechung im Plenum findet nur auf Verlangen von mindestens zehn anwesenden Abgeordneten statt[339]. Der thematische Schwerpunkt von Eingaben an die Hamburgische Bürgerschaft liegt seit einigen Jahren eindeutig bei Ausländerangelegenheiten[340] - insbesondere in deren letztem Stadium unmittelbar vor der Abschiebung -, die fast ausnahmslos für "nicht abhilfefähig" erklärt werden[341].

Damit sich vor einer Entscheidung der Bürgerschaft die Angelegenheit eines Petenten nicht unwiderruflich - z.B. durch Abschiebung - erledigen kann, besteht zwischen dem Eingabenausschuß und dem Senat die inoffizielle Übereinkunft, daß der Ausübung des Petitionsrechts in allen Verwaltungsrechtssachen eine aufschiebende bzw. vollzugshemmende Wirkung zukommt[342]. In Ausländerangelegenheiten soll diese Verfahrensweise künftig nur noch insoweit gelten, als daß vor einer Abschiebung des Petenten nicht mehr die Beschlußfassung durch das gesamte Parlament, sondern nur noch die - möglichst innerhalb einer Woche herbeizuführende - Empfehlung des Eingaben-

---

337 Z.B. Drucksache 14 / 944 vom 14.1.1992.

338 Jahresstatistik 1991, Drucksache 14 / 944 vom 14.1.1992, S.6.

339 § 86 GOBü.

340 1991: 43,2, gefolgt von Angelegenheiten des öffentlichen Dienstes (9,4 %) und aus dem Bereich des Strafvollzugs (6,5 %); vgl. Drucksache 14 / 944, S.6.

341 Nach allgemeiner Auffassung haben auch Ausländer das Petitionsrecht: OVG Münster, NJW 1979, 281; MDHS-*Dürig*, Art.17 Rdnr.10; BK-Dagtoglou, Art.17 Rdnr.48; *Achterberg*, S.454.

342 Mündliche Auskunft des Justitiars der Bürgerschaft, *Uwe Bernzen*.

ausschusses abzuwarten ist, vorausgesetzt, dieses Petitum wird einstimmig oder mit überwiegender Mehrheit beschlossen[343]. Die Gefahr eines Eingriffs in die Unabhängigkeit der Justiz und der unzulässigen Kontrolle der Dritten Gewalt durch die Legislative ist mit dieser Verfahrensweise nicht verbunden, weil die Untersuchungen des Eingabenausschusses lediglich das Verhalten behördlicher Prozeßvertreter in laufenden Verfahren bzw. die Art und Weise der Vollstreckung von Gerichtsentscheidungen, die für den Staat günstig sind, zum Gegenstand haben[344].

Anders als im Grundsatz alle parlamentarischen Vorlagen, Anträge und Anfragen unterliegen Petitionen nach ganz h.M. nicht der Diskontinuität des Parlamentsbetriebs[345], da dies eine Verkürzung des Grundrechts auf Petition bedeuten würde[346]. Nicht erledigte Eingaben können in der folgenden Legislaturperiode weiterbehandelt werden, ohne erneut eingebracht werden zu müssen. Zur Begründung wird darauf verwiesen, daß Petitionsadressat nicht "ein" Parlament in seiner jeweiligen Zusammensetzung, sondern "das" Parlament als Institution sei[347].

Nach § 87 GOBü werden die Petenten von der Bürgerschaftskanzlei über die Art der Erledigung ihrer Eingabe unterrichtet. Der Senat ist gemäß § 9 GEA verpflichtet, der Bürgerschaft darüber zu berichten, was er auf Grund solcher Eingaben veranlaßt hat, die ihm mit einer Empfehlung oder zur Erwägung überwiesen wurden.

c) Behandlung von Petitionen gegen Privatunternehmen

Um der Exekutive keine "Flucht" ins parlamentarisch unkontrollierte Privatrecht zu ermöglichen, hat der Eingabenausschuß der Bürgerschaft die politische Entscheidung getroffen, sich auch mit solchen Petitionen zu beschäftigen, die das Verhalten juristischer Personen des Privatsrechts betreffen, die sich zu 100 % in städtischem Eigentum befinden[348].

---

343 Drs. 14 / 944, S.3.

344 Vgl. *Trossmann*, § 112 Rdnr.8.4.

345 MDHS-*Dürig*, Art.17 Rdnr.59; BK-*Dagtoglou*, Art.17 Rdnr.117ff.

346 *Achterberg*, S.460.

347 MDHS-*Dürig*, Art.17 Rdnr.59.

348 Die Mehrzahl der 21 Wohnungsangelegenheiten im Jahresbericht 1991 (Drs.14 / 944) betreffen die städtische Wohnungsgesellschaft SAGA.

Eine Rechtsgrundlage für diese Praxis ist weder in Art.17 GG noch im GEA ersichtlich. Art.17 GG eröffnet den mit einer Petition befaßten Parlamentariern den "verbandskompetentiellen Bereich"[349] der Landesverwaltung. Von dieser Definition ist das privatrechtliche Engagement des Staates nicht erfaßt[350]. Dieses Ergebnis wird auch dadurch bestätigt, daß das GEA dem Eingabenausschuß Zutritt nur zu den Einrichtungen des Senats gewährt und lediglich juristische Personen des öffentlichen Rechts zur Amtshilfe verpflichtet. Angesichts dieses eindeutigen Wortlauts kommt eine erweiternde Gesetzesauslegung nicht in Betracht; eine Analogie scheitert am Ausnahmecharakter des Gesetzes[351].

349 *Schneider / Zeh-Vitzthum / März*, § 45 Rdnr.18.

350 MDHS-*Dürig*, Art.45c Rdnr.29.

351 Vgl. für die entsprechende Rechtslage nach Art.45c GG v. *Mangoldt / Klein*, Art.45c Rdnr.75; *Beck / Klang*, ZParl. 1986, 49, 58 f.; *Vitzthum*, Petitionsrecht, S.78 f.

5. Kapitel

Haushaltsrechte

Die politisch bedeutsamste Aufgabe der Bürgerschaft ist neben der Wahl des Senats die Wahrnehmung des Budgetrechts, gem. Art.66 ff. HV. Dazu gehört insbesondere die jährliche Prüfung, Änderung und Genehmigung des vom Senat aufgestellten Haushaltsentwurfes sowie die Prüfung der Haushaltsrechnung.

Aufgrund des Art.4 Abs.1 HV, demzufolge staatliche und gemeindliche Tätigkeiten in Hamburg nicht getrennt werden, wird gem. Art.66 HV für alle Einnahmen und Ausgaben der Stadt in jedem Rechnungsjahr ein einheitlicher Haushaltsplan aufgestellt[1]. Der Senat legt den Haushaltsplanentwurf der Bürgerschaft vor, die ihn durch Beschluß feststellt.

I. Verfassungsrechtliches Verbot des Doppelhaushalts

Gem. § 12 Abs.1 LHO ist es möglich, den Haushaltsplan für zwei Haushaltsjahre - nach Jahren getrennt - durch einen Beschluß aufzustellen, wenn die Bürgerschaft dazu gem. § 12 Abs.4 LHO ihre Einwilligung gibt[2]. Diese Regelung steht im Gegensatz zum Wortlaut des Art.66 Abs.2 HV, wonach der Haushalt für "je" ein Rechnungsjahr vorgelegt und festgestellt werden muß.

Die Formulierung des § 12 Abs.1 LHO wurde bei der Vereinheitlichung des Haushaltsrechts der Länder zum 1.1.1972 aus § 9 Abs.1 HGrG[3] übernommen, ohne gleichzeitig die anderslautende Vorschrift der Hamburgischen Verfassung zu ändern. Ein entsprechender Senatsantrag[4] fand keine verfassungsändernde Mehrheit, weil die Opposition in der Möglichkeit eines Doppelhaushalts eine Beeinträchtigung ihrer parlamentarischen Minderheitenrechte sahen[5]. Konsequenterweise beschloß der Haushaltsausschuß nach Ablehnung der Ver-

---

1 *Ipsen*, HVerf, S.461.

2 Zustimmend *Drexelius / Weber*, Art.66 Anm.1 u. *Bernzen / Sohnke*, Art.66 Rdnr.5.

3 Die Bundesregierung hat von der Möglichkeit der Einbringung eines Doppelhaushalts bisher keinen Gebrauch gemacht, während in Bayern und Rheinland-Pfalz regelmäßig Haushaltspläne für zwei Jahre aufgestellt werden, vgl. *Heuer-Dommach*, § 1 BHO Rdnr.7.

4 Drs. VII / 981 vom 23.2.1971, S.3.

5 Bericht des Haushaltsausschusses vom 25.11.1971, Drs. VII / 1599, S.3.

fassungsänderung zunächst auch eine dem Art.66 Abs.2 HV entsprechende Formulierung des § 12 Abs.1 LHO, an der aber nach Hinweisen des Senats und des Rechnungshofes auf die zwingenden bundesgesetzlichen Vorgaben nicht festgehalten wurde[6]. Als weitere Absicherung der Rechte des Parlaments wurde die Notwendigkeit seiner Einwilligung in § 12 Abs.4 LHO festgeschrieben.

Es erscheint zweifelhaft, ob die mit einfacher Mehrheit mögliche Einwilligung der Bürgerschaft in das Verfahren nach § 12 Abs.1 LHO ausreichen kann, um das Verfassungsrecht des Art.66 Abs.2 HV außer Kraft zu setzen. Die Vorschrift über die Beschlußfassung für jeweils ein Rechnungsjahr hat ersichtlich den Zweck, die Bürgerschaft nur für einen überschaubaren Zeitraum Haushaltsentscheidungen treffen zu lassen. Dieser Zweck würde durch die Beratung und den Beschluß über einen Doppelhaushalt zumindest gefährdet. Auf ihr Recht zur kurzfristigen Entscheidung über den Haushalt kann sich die Bürgerschaft auch nicht durch Zustimmung der (Regierungs-)Mehrheit vorab verzichten, da niemals ausgeschlossen werden kann, daß damit das essentielle Etatrecht der nächsten Bürgerschaft, die möglicherweise nach einer vorzeitigen Auflösung ihrer Vorgängerin gewählt wird, unzulässig beeinträchtigt wird. Die Regelung des § 12 Abs.1 LHO ist daher wegen Verstoßes gegen Art.66 Abs.2 HV nicht mit der Verfassung zu vereinbaren.

Etwas anderes könnte sich allerdings aus dem Haushaltsgrundsätzegesetz (HGrG) des Bundes i.V.m. Art. 109 Abs.3 GG ergeben. § 1 HGrG normiert die Verpflichtung der Länder, ihr Haushaltsrecht bis zum 1.1.1972 den Vorschriften dieses Gesetzes anzupassen. Hamburg hat seine Verpflichtung zur Umsetzung des HGrG insbesondere durch die Verabschiedung der Landeshaushaltsordnung vom 23.12.1971 erfüllt, allerdings ohne dabei eine Vereinbarkeit der Neuregelungen mit der Hamburgischen Verfassung herzustellen. Das HVerfG hat im Rechtsstreit um den Übergang zur Nettokreditaufnahme im Haushaltsstrukturgesetz 1983 entschieden[7], daß eine vom Bundesgesetzgeber vorgeschriebene Norm der LHO zwar an der Hamburgischen Verfassung zu messen sei, diese aber "erweiternd der Grundsatzgesetzgebung des Bundes konform ... auszulegen" sei[8].

Eine bundesgesetzkonforme Auslegung des § 12 Abs.1 LHO ist aufgrund des eindeutigen Wortlauts der Norm nicht möglich. Im vorliegenden Fall läßt sich

---

6 Ebenda, S.5 f.

7 Vgl. dazu im einzelnen *Stiebeler*, JöR n.F. 1986 (Bd.35), 229, 242 ff.

8 HVerfG, HambJVBl.1984, 169, 176.

die Kollision von Bundes- und Landesrecht nur durch eine Außerkraftsetzung des landesverfassungsrechtlichen Verbots der Verabschiedung eines Doppelhaushaltes aufgrund von Art.31 GG wegen Verstoßes des Art.66 Abs.2 HV gegen § 9 Abs.1 HGrG i.V.m. § 1 HGrG lösen.

Im Interesse der Rechtssicherheit und der Klarheit der Verfassungsurkunde sollte die Bürgerschaft eine Anpassung des Verfassungstextes vornehmen.

II. Ablauf der Beratungen

Gem. § 30 Abs.1 LHO ist der Haushaltsentwurf der Bürgerschaft vor Beginn des Haushaltsjahres - in der Regel zur ersten Sitzung des Parlaments nach dem 1.September - vorzulegen[9].

Die Beratung vollzieht sich vor allem im Haushaltsausschuß der Bürgerschaft. Dieser lädt Vertreter des Senats vor, um sich einzelne Positionen erläutern zu lassen. Anders als seit 1953 im Bundestag gibt es im "Feierabendbetrieb" der Bürgerschaft keine Abgeordneten, die als spezialisierte Berichterstatter für einen Einzelplan schon vor den Beratungen im Haushaltsausschuß eine Abstimmung mit den Behörden vornehmen könnten[10].

Der Senat ist gem. § 10 Abs.4 LHO verpflichtet, Abgeordnete, die einen finanzwirksamen Änderungsantrag stellen wollen, bei der Ermittlung der finanziellen Auswirkungen zu unterstützen. Zu diesem Zweck gibt es in der Finanzbehörde einen Ansprechpartner für die Abgeordneten, dessen Hilfe während der Haushaltsberatungen auch regelmäßig in Anspruch genommen wird. Eine weitere Unterstützung erfahren die großen Fraktionen der Bürgerschaft seit 1987 dadurch, daß dem Vorsitzenden und dem Schriftführer des Haushaltsausschusses, die traditionell von den beiden größten Fraktionen gestellt werden, gesonderte Mittel zur Anstellung eines wissenschaftlichen Mitarbeiters zur Verfügung gestellt werden[11].

---

9 Zu den Verfahrensgrundsätzen, die von Senat und Bürgerschaft zu beachten sind, vgl. *Dieckmann*, HmbStVwR, S.142 ff.

10 *Dieckmann*, HmbStVwR, S.148; vgl. *Schneider / Zeh-Eickenboom*, § 44 Rdnr.6.

11 Vgl. Bericht des Ausschusses für Verfassung, Geschäftsordnung und Wahlprüfung vom 26.11.1985, Drs. 11 / 5258, S.2; eine gleiche Regelung wurde für den Sozial- und den Umweltausschuß getroffen.

Während der mehrmonatigen Beratungszeit des Haushaltsentwurfes kann der Senat gem. § 32 LHO Ergänzungen vornehmen, die zum Teil auch als Anträge von Abgeordneten der Regierungsfraktion(en) eingebracht werden.

Nach Abschluß seiner Beratungen legt der Haushaltsausschuß dem Plenum einen ausführlichen Bericht über seine Beratungen vor[12]. Nach einer mehrtägigen Debatte, die in der Regel Anfang Dezember - drei Monate nach der Vorlage des Entwurfes - stattfindet, wird über den Haushaltsplan und etwaige Änderungsanträge aus der Mitte des Parlaments[13] abgestimmt.

III. Beschluß über den Haushaltsplan

Die Feststellung des Haushaltsplanes erfolgt in Hamburg - anders als im Bund und in allen anderen Ländern - nicht durch Gesetz, sondern durch Beschluß der Bürgerschaft[14].

Der Verfassungsgeber war der Auffasung, daß die Gesetzesform mit den Besonderheiten des Stadtstaates unvereinbar sei, weil jede Nachbewilligung gem. Art.68 HV[15] zur laufenden Änderung eines formellen Gesetzes durch einfachen Beschluß führen würde[16]. Diese Begründung überzeugt insbesondere deswegen nicht, weil es dem Verfassunggeber frei gestanden hätte, für das Nachbewilligungsverfahren ebenfalls die Verabschiedung eines Gesetzes[17] - ggf. in einem verkürzten Verfahren - vorzusehen. Allenfalls ließe sich argumentieren, daß eine stadtstaatliche Verwaltung aufgrund ihrer umfassenden Zuständigkeit einen besonders großen Bedarf an Nachbewilligungen hat und deswegen die einfachere Beschlußform der zeitintensiveren Gesetzesform vorzuziehen sei.

Die begriffliche Einordnung des Haushaltsbeschlusses ist umstritten. Zum einen wird er als Verwaltungakt des Parlaments[18], zum anderen als Beschluß eigener Art[19] bezeichnet. Seine rechtliche Wirkung liegt unstreitig darin, daß

---

12 Vgl. z.B. den Bericht für das Haushaltsjahr 1991 vom 5.12.1990, Drs.13 / 7100.

13 Hierzu gilt Art.49 Abs.2 HV entsprechend.

14 § 58 Abs.2 S.3 HGrG sieht für Hamburg ausdrücklich eine Sonderregelung vor.

15 Vgl. dazu unter Kapitel 5 V.

16 *Prass*, S.27 f.

17 Vgl. die Regelung über Nachtragshaushaltsgesetze in § 33 BHO.

18 *Drexelius / Weber*, Art.66 Anm.2.

19 *Bernzen / Sohnke*, Art.66 Rdnr.5.

die Verwaltung zur Leistung von Ausgaben und Eingehung von Verpflichtungen ermächtigt, aber nicht verpflichtet wird[20]. Der Begriff des Verwaltungsakts ist heute durch die Beschreibung des Handelns der Exekutive mit unmittelbarer Außenwirkung belegt, so daß die Bezeichnung als Beschluß sui generis damit nicht verwechslungsfähig und aus diesem Grunde glücklicher erscheint. Alle in diesem Zusammenhang bestehenden Zweifelsfragen könnten durch eine Verfassungsänderung beseitigt werden, welche die Gesetzesform für den Haushaltsbeschluß einführen würde[21].

Die fehlende Veröffentlichung des Haushaltsplanes wird dadurch fingiert, daß er von jedermann gem. § 1 Abs.2 LHO nach Drucklegung kostenfrei eingesehen werden kann.

IV. Überwachung des Haushaltsvollzugs

Gem. § 22 LHO kann die Bürgerschaft in ihrem Haushaltsbeschluß eine Sperrung für bestimmte Ausgaben oder Verpflichtungsermächtigungen aussprechen und eine spätere Freigabe von ihrer Einwilligung abhängig machen, die der Senat gem. § 36 LHO einholen muß[22]. Von dieser Möglichkeit macht das Parlament Gebrauch, wenn eine im Haushalt vorgesehene Maßnahme - aus welchen Gründen auch immer - noch nicht entscheidungsreif ist[23].

1. Entsperrung durch den Haushaltsausschuß

Durch die Einführung des § 15a GOBü wurde die Entscheidung über die Entsperrung von Haushaltsmitteln für den Regelfall auf den Haushaltsausschuß delegiert. Dieser entscheidet für die Bürgerschaft, wenn nicht während der Beratungen eine Fraktion die Beschlußfassung des Gesamtparlaments verlangt. Schon dieses Vorgehen, welches auch im Bundestag und allen anderen Landes-

---

20 Vgl. § 3 LHO.

21 Dieser Vorschlag ist bisher nur vereinzelt gemacht worden, vgl. *Schulze*, FS f.Zeidler, S.1230.

22 Zu den insgesamt 22 Sperrvermerken im Haushaltsplan für 1991 vgl. Drs. 13 / 7100, Tz.260 ff.

23 *Dieckmann*, HmbStVwR, S.149; vgl. zur Praxis des Bundestages *Schneider / Zeh-Eickenboom*, § 44 Rdnr.35 ff.

parlamenten praktiziert wird, ist vereinzelt auf verfassungsrechtliche Bedenken gestoßen[24].

Die Bürgerschaft ist durch die Regelung in § 64a GOBÜ noch einen Schritt weiter gegangen und läßt es zu, daß die Entsperrungsbeschlüsse von je einem ermächtigten Vertreter jeder Fraktion einstimmig gefaßt werden. Der Landesrechnungshof hat wiederholt erklärt, daß nach seiner Auffassung die Regelungen der §§ 15a, 64a GOBü bezüglich der Entsperrung von Haushaltsmitteln eine sachliche Änderung der gesetzlichen Zuständigkeit bedeuteten, die nur durch Gesetz oder in gleichrangiger Form erfolgen könnte[25]. Der Bürgerschaftspräsident hat gegenüber diesen Bedenken darauf verwiesen, daß es sich nach Auffassung des Parlaments lediglich um eine organinterne Delegation auf ein unteres Gremium handele, durch die Rechte Dritter nicht berührt würden[26].

Für die letztgenannte Position spricht, daß bei der Entsperrung von Haushaltsmitteln nur Entscheidungen fallen, deren finanzieller Rahmen schon zuvor in dem vom gesamten Parlament verabschiedeten Haushaltsplan festgelegt worden ist. Nach der Rechtsprechung des BVerfG regelt das Haushaltsrecht ausschließlich den Organbereich zwischen Gesetzgeber und Regierung[27], so daß eine Verletzung von Rechten Dritter nicht ersicht-lich ist.

2. Rechte des einzelnen Abgeordneten bei der Haushaltsentsperrung

Es stellt sich allerdings die Frage, ob die zweimalige Delegation der Entscheidung über die Entsperrung von Haushaltsmitteln mit den Rechten des einzelnen Abgeordneten vereinbar ist.

Soweit der Abgeordnete einer Fraktion angehört, ist seine Mitwirkung dadurch gewährleistet, daß der Bürgerschaftspräsident gem. § 15a GOBü verpflichtet ist, die Fraktionen über jeden Entsperrungsantrag des Senats zu informieren und ihnen die Gelegenheit zu geben, eine Entscheidung des Gesamtparlaments zu verlangen. Zweifelhaft ist allerdings, ob dadurch auch die Rechte eines fraktionslosen Abgeordneten gewahrt würden, der keine Informa-

---

24 Vgl. z.B. *Berg*, Der Staat 1970 (Bd.9), 21, 39; *Fricke*, DÖV 1980, 317, 322.

25 Jahresberichte des Rechnungshofes 1987, Tz.32-34 u. 1977, Tz.9; vgl. auch *Dieckmann*, HmbStVwR, S.149 Fn.72.

26 Zitiert nach Jahresbericht des Rechnungshofes 1987, Tz.34.

27 BVerfGE 38, 121, 125 unter Hinweis auf § 3 HGrG / BHO.

tionen über eine Fraktion erhält. Nach der Rechtsprechung des BVerfG gehört es zum Abgeordnetenstatus bzw. zum Grundsatz der Repräsentation des Volkes im Parlament, daß der einzelne Abgeordnete überall dort die Möglichkeit zur Mitwirkung haben muß, wo "die Entscheidungen" fallen[28]. Von welcher tatsächlichen oder rechtlichen Qualität eine solche Entscheidung sein muß, bleibt in der Rechtsprechung des BVerfG offen, es kann sich dabei aber sinnvollerweise nur um rechtlich verbindliche Sachentscheidungen handeln[29].

Zwar bewegen sich die Entsperrungsentscheidungen immer im Rahmen der Vorgaben des Haushaltsplans, über den auch der fraktionslose Abgeordnete im Plenum entscheiden konnte; der Beschluß über den endgültigen Umfang und den Zeitpunkt der Mittelfreigabe stellt aber eine derart gewichtige weitere Sachentscheidung des Parlaments dar, daß jedem Abgeordneten - ob franktionsangehörig oder nicht - zumindest die Möglichkeit zur Mitwirkung am Willensbildungs- und Entscheidungsprozeß eingeräumt werden muß. Dazu ist es zunächst erforderlich, daß der einzelne Abgeordnete von den Anträgen des Senats Kenntnis erlangt. Dies ist nach dem Wortlaut des § 15a GOBü für einen fraktionslosen Abgeordneten nicht gewährleistet. Die Norm muß daher diesem gegenüber verfassungskonform dahin ausgelegt werden, daß auch der fraktionslose Abgeordnete vom Präsidenten über einen Entsperrungsantrag des Senats informiert wird. Sollte der fraktionslose Abgeordnete Mitglied im Haushaltsausschuß sein, so könnte er sich einer endgültigen Entscheidung durch dieses Gremium nicht widersetzen, weil er dort alle Rechte zur Mitentscheidung hätte. Eine Entscheidung durch ermächtigte Vertreter der Fraktionen gem. § 64a GOBü käme dagegen auch nur mit seiner Zustimmung wirksam zustande. Sollte der fraktionslose Abgeordnete nicht ordentliches Mitglied im Haushaltsausschuß sein, erfordert eine verfassungskonforme Auslegung des § 15a GOBü, daß auch er eine Entscheidung des Plenums der Bürgerschaft verlangen kann.

V. Nachbewilligung

Für über- oder außerplanmäßige Ausgaben, deren Erforderlichkeit sich nach der Verabschiedung des Haushalts ergibt, sieht Art.68 HV eine Nachbewilligung durch Beschluß der Bürgerschaft vor.

---

28 BVerfG 44, 308, 319; 70, 324, 363; weniger deutlich zuletzt im "Wüppesahl-Urteil" BVerfGE 80, 188 ff.

29 *Bernzen / Gottschalck*, ZParl 1990, 393, 400.

Diese Norm enthält im Gegensatz zu Art.66 Abs.2 und Art.69 HV keinen Verweis auf die zweimalige Lesungspflicht des Art.49 Abs.2 HV. Aus diesem Grunde ist für Nachbewilligungen nur eine Lesung erforderlich[30]. Sollte ein vom Senat eingebrachter Nachbewilligungsantrag von der Bürgerschaft in geänderter Form beschlossen werden, sieht Art.69 HV allerdings das erschwerte Verfahren des Art.49 Abs.2 u.3 HV sowie das aufschiebende Einspruchsrecht des Senats nach Art.50 HV vor.

Kein Anwendungsfall des Art.68 HV ist die Bewilligung von Haushaltsmitteln durch den Bürgerausschuß gem. Art.31 Abs.2 HV[31], da diese nur im Rahmen des von der Bürgerschaft schon bewilligten Haushalts erfolgt[32].

VI. Ausgabenerhöhungen durch die Bürgerschaft

Für Beschlüsse der Bürgerschaft, die auf einem Antrag aus ihrer Mitte beruhen, und Ausgabenerhöhungen vorsehen, für die im Haushaltsplan keine Mittel vorgesehen sind, gilt gem. Art.69 HV ebenfalls das erschwerte Beratungsverfahren des Art.49 Abs.2 u.3 HV sowie das aufschiebende Einspruchsrecht des Senats nach Art.50 HV. Durch diese Regelungen soll die Bürgerschaft vor übereilten ausgabefreundlichen Beschlüssen bewahrt und der Senat in die Lage versetzt werden, seine Bedenken gegen diese Pläne vor einer erneuten Beschlußfassung des Parlaments deutlich zu machen[33]. Durch sein aufschiebendes Veto kann der Senat einen ausgabenerhöhenden Beschluß zwar verzögern, ihn letztlich aber nicht verhindern. Die HV enthält keine dem Art.113 GG vergleichbare Bestimmung, nach der als Wirksamkeitserfordernis für ausgabenerhöhende oder einnahmemindernde Gesetze die Zustimmung der Bundesregierung vorgeschrieben ist[34]. Darüber hinaus sieht die HV im Gegensatz zu allen anderen Länderverfassungen[35] kein Deckungsgebot für ausgabenwirksame Beschlüsse der Bürgerschaft vor[36].

---

30 *Drexelius / Weber*, Art.68 Anm.2; *Bernzen / Sohnke*, Art.68 Rdnr.2; *Ipsen*, HVerf, S.463.

31 Vgl. dazu unter Kapitel 2 IV 4 a.

32 *Bernzen / Sohnke*, Art.68 Rdnr.3.

33 *Bernzen / Sohnke*, Art.69 Rdnr.1 f.

34 Ebenso Art.82 Abs.1 S.3 BaWüVerf; Art.118 S.2 RhPfVerf.

35 Vgl. Art.82 Abs.1 S.1 BaWüVerf; Art.79 BayVerf; Art.77 Abs.2 BlnVerf; Art.102 BremVerf; Art.142 HessVerf; Art.68 NdsVerf; Art.84 NRWVerf; Art.118 S.1 RhPfVerf; Art.107 Abs.2 SaarVerf; Art.54 SHVerf; Art.101 Abs.2 S.4 BrandVerf; Art.93 Abs.1 S.2 SächsVerf; Art.96 SaAnVerf; Art.64 MVVerf.

36 Dessen Einführung fordert die Enquete-Kommission "Parlamentsreform", S.117.

Die praktische Bedeutung eines echten Vetorechts der Regierung und eines verfassungsrechtlichen Deckungsgebots ist als gering anzusehen und auf die Fälle beschränkt, in denen ein Minderheitssenat einer mit wechselnden Mehrheiten abstimmenden Bürgerschaft gegenübersteht. Dennoch bedeutet jede außerhalb des Haushaltsplans beschlossene Ausgabensteigerung bzw. Einnahmeverringerung einen Eingriff in das grundsätzlich allein der Exekutive zustehende Recht des Haushaltsvollzuges[37]. Um ausgabenerhöhende Beschlüsse der Bürgerschaft ausführen zu können und gleichzeitig den Gesamthaushalt zur Deckung zu bringen, müßte der Senat unter Umständen andere Maßnahmen, die das Parlament zuvor im Rahmen der ordentlichen Haushaltsberatungen beschlossen hat, unterlassen und selbst "den Kopf für die Sparmaßnahmen hinhalten"[38].

Um eine solche verfassungsrechtlich mögliche Zwangslage auszuschließen, erscheint es empfehlenswert, für ausgabenerhöhende ebenso wie für einnahmemindernde Beschlüsse, die für den bereits festgestellten Haushaltsplan gelten sollen, ein Deckungsgebot in der Verfassung vorzusehen[39]. Ein darüber hinausgehendes Vetorecht des Senats würde die Haushaltsrechte der Bürgerschaft ohne Notwendigkeit verkürzen und erscheint aus diesem Grunde entbehrlich.

VII. Fehlen einer Notermächtigung

Die HV enthält keine dem Art.112 GG vergleichbare Vorschrift, nach der es dem Senat im Falle eines unvorhergesehenen und unabweisbaren Bedürfnisses gestattet wäre, über- und außerplanmäßige Ausgaben ohne Zustimmung des Parlaments vorzunehmen.

§ 37 LHO stellt im Gegensatz zu § 37 BHO kein Notermächtigungsrecht der Exektive dar, sondern erlaubt lediglich eine zwischenzeitliche Haushaltsüberschreitung, die zudem nach § 37 Abs.2 S.2 LHO noch einer nachträglichen Bewilligung durch die Bürgerschaft bzw. den Bürgerausschuß bedarf[40]. Darüber hinaus ist eine Überschreitung des Haushaltes nach § 37 Abs.1 S.1 LHO nur zur Abwendung einer unmittelbar bevorstehenden Gefahr oder erheblicher

---

37 Vgl. z.B. die Änderungen mehrerer Gebührengesetze gegen den Willen des Minderheitssenats in der 12.Wahlperiode, Plenarprotokoll 12 / 4 vom 15.1.1987, S.165 ff; Drs. 12 / 182 vom 13.1.1987.

38 *v. Dohnanyi*, S.71.

39 So auch die Empfehlung der Stadtstaatenkommission, S.59.

40 *Drexelius / Weber*, Art.68 Anm.3; *Bernzen / Sohnke*, Art.68 Rdnr.4; *Dieckmann*, HmbStVwR, S.149.

Schäden für das Gemeinwesen zulässig. Bei den Beratungen über die Landeshaushaltsordnung herrschte in der Bürgerschaft Einvernehmen darüber, daß das Recht aus § 37 LHO auf "wirkliche Notfälle" beschränkt sein soll, in denen "selbst eine sofortige Einberufung des Bürgerausschusses" zu spät käme[41]. In Kenntnis dieser Entstehungsgeschichte wird die Norm vom Senat gleichwohl extensiv ausgelegt[42], ohne daß die Bürgerschaft dies bisher kritisiert hätte. Der Haushaltsausschuß stimmte sogar einstimmig der Auslegung des § 37 LHO durch den Senat zu, wonach "erhebliche Schäden" auch durch "finanzielle Nachteile" oder "erhebliche Mehrkosten" entstehen können[43].

Der Senat hatte im Zusammenhang mit den Beratungen der Landeshaushaltsordnung 1971 eine Verfassungsänderung vorgeschlagen, mittels derer ein Notbewilligungsrecht in Art.68 HV eingefügt werden sollte[44]. Die Beratungen ergaben allerdings, daß es dafür im Parlament keine ausreichende Mehrheit geben würde[45]. Zur Beseitigung des verfassungsrechtlichen Schwebezustandes, in dem sich außerplanmäßige Haushaltsausgaben seit vielen Jahren befinden, sollte eine Vorschrift in die HV aufgenommen werden, wie sie den Regelungen des Notbewilligungsrechts im Bund und den anderen Ländern entspricht[46]. Die ausreichende Beteiligung des Parlaments könnte durch eine gesetzliche Verpflichtung sichergestellt werden, wonach der Senat die Bürgerschaft bzw. den Haushaltsausschuß unverzüglich über unvorhergesehene, über- und außerplannäßige Ausgaben zu unterrichten hätte.

Die Enquete-Kommission "Parlamentsreform" schlägt wiederum eine Ergänzung des Art.68 HV vor, nach der im Falle eines unvorhergesehenen oder unabweisbaren Bedürfnisses mit Zustimmung des Senats über- und außerplanmäßige Ausgaben geleistet werden dürfen; die Genehmigung der Bürgerschaft ist nachträglich einzuholen[47].

---

41 Bericht des Haushaltsausschusses vom 25.11.1971, Drs. VII / 1599, S.9.

42 Vgl. Jahresberichte des Rechnungshofes 1976, Tz.15 ff. u. 1987, Tz.18 ff.

43 Bericht des Haushaltsausschusses vom 3.2.1976, Drs.8 / 1528,S.5.

44 Vgl. Drs. VII / 981.

45 Vgl. zu den Beratungen des Haushaltsausschusses Drs. VII / 1599, S.2 f.

46 Vgl. etwa *Freitag / Haas* JöR n.F. 1976 (Bd.25), 27, 38 f.; Gutachten der *Haas*-Kommission, S.141; Stadtstaatenkommissions-Gutachten, S.57; CDU-Kommission zur Verfassungsreform, S.25.

47 Enquete-Kommission, S.113 ff.

VIII. Ermächtigung zur vorläufigen Haushaltsführung

Die Bürgerschaft kann den Senat gem. Art.67 HV zur vorläufigen Haushaltsführung ermächtigen, wenn bis zum Schluß des Rechnungsjahres der Haushalt für das folgende Jahr noch nicht beschlossen ist.

In Übereinstimmung mit Art.111 GG stellt diese Vorschrift sicher, daß dem künftigen Haushalt nicht vorgegriffen wird, die Grundfunktionen der Staatstätigkeit aber im bisherigen Umfang gesichert bleiben[48]. Der Bundesregierung steht das Recht zur vorläufigen Haushaltsführung nach Art.111 GG kraft Verfassung zu, der Hamburgische Senat bedarf dazu nach Art.67 HV einer besonderen Ermächtigung durch die Bürgerschaft. Mit dieser Regelung sichert die HV das Etatrecht des Parlaments auch in Zeiten der Nothaushaltsführung. Verschiedene Fragen der konkreten Ausgestaltung dieser Ermächtigung sind umstritten.

1. Zeitpunkt der Ermächtigung

Art. 67 Abs.1 HV sieht die Ermächtigung des Senats zur vorläufigen Haushaltsführung für den Fall vor, daß "bis zum Schluß" des alten Rechnungsjahres noch kein neuer Haushalt festgestellt worden ist. Da die Ermächtigung zu Beginn des neuen Haushaltsjahres erteilt sein muß, stellt sich die Frage, zu welchem Zeitpunkt frühestens die Prognose erlaubt ist, daß kein ordentlicher Haushalt mehr zustande kommt und deswegen eine Sonderermächtigung notwendig ist[49].

Für die Zulässigkeit der Ermächtigung spätestens ab September des Vorjahres spricht die Vorschrift des § 30 Abs.1 LHO, wonach der Senat den Haushaltsentwurf in der ersten Sitzung der Bürgerschaft nach dem 1. September vorzulegen hat. Der Gesetzgeber geht danach erkennbar davon aus, daß die Beratungen des Haushalts bis zu vier Monate in Anspruch nehmen. Sollte der Senat im September - aus welchen Günden auch immer - keinen Haushaltsentwurf vorlegen, so darf davon ausgegangen werden, daß es zur rechtzeitigen Verabschiedung eines Etats für das Folgejahr nicht mehr kommen wird. Dieses Ergebnis wird durch die Bestimmung des Art.67 Abs.2 HV

---

48 *Schulze*, FS f.Zeidler, S.1217.

49 Die 11.Bürgerschaft beschloß am 11.September 1986, den Senat für 1987 zur vorläufigen Haushaltsführung zu ermächtigen, weil aufgrund der Bürgerschaftswahlen am 9.November 1986 nicht mehr mit dem rechtzeitigen Zustandekommen eines Haushalts gerechnet wurde; Plenarprotokoll 11 / 103, S.6158 B.

gestützt, wonach der Senat nach Ablauf von drei Monaten auch ohne Parlamentsbeschluß zur vorläufigen Haushaltsführung berechtigt ist, wenn er einen entsprechenden Antrag mit der Vertrauensfrage gem. Art.36 HV verbunden hat und die Bürgerschaft von keiner der in dieser Norm genannten Befugnisse Gebrauch gemacht hat. Art.67 Abs.2 HV setzt also voraus, daß der Senat den Antrag auf Ermächtigung zur vorläufigen Haushaltsführung jedenfalls drei Monate vor Jahresende stellen kann, um die Bürgerschaft zum sachdienlichen Handeln zu veranlassen.

Weiterhin ist fraglich, ob die Ermächtigung zur vorläufigen Haushaltsführung von der Bürgerschaft in einer zuendegehenden Legislaturperiode beschlossen werden darf, wenn noch vor Ablauf des alten Haushaltsjahres ein neues Parlament gewählt und auch konstituiert sein wird. Ein unzulässiger Eingriff in die Rechte der neu gewählten Bürgerschaft ist in diesem Vorgehen dann nicht zu erblicken, wenn die alte Bürgerschaft absehen kann, daß mit einer Haushaltsverabschiedung vor Jahresende - und sei es gerade aufgrund der Neuwahlen - aller Voraussicht nach nicht zu rechnen ist.

2. Rücknahme der Ermächtigung

Es bleibt zu untersuchen, ob die - ggf. nach Neuwahlen neu zusammengesetzte - Bürgerschaft auch das Recht zur Rücknahme des Ermächtigungsbeschlusses hat, und ob ein solcher actus contrarius auch noch nach Beginn des neuen Haushaltsjahres möglich ist.

Gegen die Zulässigkeit der Rücknahme spricht, daß dem Senat damit die Möglichkeit genommen wird, die notwendigen Maßnahmen zur Aufrechterhaltung des staatlichen Lebens zu veranlassen. Andererseits darf nicht unbeachtet bleiben, daß die Bürgerschaft zu keinem Zeitpunkt verpflichtet war, den Beschluß nach Art.67 Abs.1 HV zu fassen. Eine Bindungswirkung gegenüber Dritten ist durch die Ermächtigung nicht eingetreten. Für den Fall, daß es im Parlament weder zur Verabschiedung eines ordentlichen Haushalts, noch zur Notermächtigung kommt, sieht die HV das Vorgehen nach Art.67 Abs.2 HV vor. Nach Sinn und Zweck dieser Vorschrift muß der Senat im Falle der Verweigerung einer Ermächtigung zur vorläufigen Haushaltsführung die Vertrauensfrage nach Art.36 HV stellen und ist sodann kraft Verfassung spätestens mit Beginn des neuen Rechnungsjahres zur "Fortführung des Haushaltsplanes"[50]

---

[50] Art.67 Abs.2 HV.

berechtigt. Damit wird sichergestellt, daß es nicht zum völligen Stillstand aller staatlichen Tätigkeit kommt. Der vom Verfassungsgeber für den Senat vorgesehene Zwang, im Falle einer Verweigerungshaltung der Bürgerschaft die Vertrauensfrage stellen zu müssen und damit dem Parlament die Handlungsmöglichkeiten des Art.36 HV zu eröffnen, erscheint auch deswegen sinnvoll, um eine politisch instabile Lage aufgrund destruktiver Mehrheitsverhältnisse beenden zu helfen. Für den Fall der Rücknahme der Ermächtigung - egal ob vor oder nach Beginn des neuen Haushaltsjahres - kann nichts anderes gelten.

Vor Beginn des neuen Rechnungsjahres entfaltet die Rücknahme eine ex-tunc-Wirkung. Sobald einzelne Notausgaben bereits getätigt wurden, kann ein Aufhebungsbeschluß nach den Grundsätzen des Vertrauensschutzes und des Gebotes der gegenseitigen Rücksichtnahme, die auch im Umgang von Staatsorganen miteinander gelten[51], nur eine ex-nunc-Wirkung haben.

3. Abweichungen vom Katalog des Art.67 Abs.1 HV

In der parlamentarischen Praxis ist wiederholt die Frage aufgeworfen worden, ob es zulässig sei, den Ausgaben-Katalog des Art.67 Abs.1 HV im Rahmen einer Ermächtigung zur vorläufigen Haushaltsführung durch bestimmte Einschränkungen einzuengen bzw. durch zusätzliche Positionen zu erweitern.

a) Einschränkungen der Haushaltsermächtigung

Eine eingeschränkte Ermächtigung zur vorläufigen Haushaltsführung, der eine teilweise Rücknahme des Beschlusses gleichzusetzen ist, hat die Bürgerschaft bisher nicht beschlossen. Gleichwohl hat sich der Haushaltsausschuß mit dieser Frage beschäftigt und ist einmütig zu dem Ergebnis gelangt, daß eine solche Entscheidung zulässig wäre[52]. Gegen die Zulässigkeit einer einschränkenden Ermächtigung wird der Wortlaut des Art.67 Abs.1 HV angeführt, der dem Parlament den Inhalt der Ermächtigung vorgebe[53]. Darüber hinaus könnten Sinn und Zweck der Norm, nämlich die Grundfunktionen des Staates zu sichern, durch eine Reduzierung des dafür von der Verfassung bereitgestellten

---

51 Vgl. BVerfGE 67, 100, 128 f.

52 Zwischenbericht des Haushaltsausschusses vom 24.11.1982, Drs.10 / 554, S.1; zur entsprechenden Auffassung des Senats vgl. ebenda, Anlage 2, Ziffer 2.1.

53 *Schulze*, FS f.Zeidler, S.1226, der sich allerdings ausdrücklich nur mit der Erweiterung des Ermächtigungsrahmens beschäftigt.

Katalogs beeinträchtigt werden. In Bezug auf die Auslegung von Art.111 GG geht die h.M. davon aus, daß es dem Bundestag nicht möglich wäre, durch ein vorläufiges Haushaltsgesetz den der Bundesregierung qua Verfassung gesteckten Ermächtigungsrahmen einzuschränken[54]. Ein solches Gesetz sei kein Haushaltsplan i.S.d. Art. 110, 111 GG und könne deswegen die von der Verfassung unmittelbar erteilte Ermächtigung nicht beschränken[55].

Dem letztgenannten Argument kann zumindest für Hamburg entgegengehalten werden, daß die Berechtigung zur vorläufigen Haushaltsführung gem. Art.67 Abs.1 HV nicht automatisch, sondern erst aufgrund eines Beschlusses der Bürgerschaft entsteht. Die Etathoheit des Parlaments soll durch Art.67 Abs.1 HV gerade gesichert, nicht verdrängt werden[56]. Wenn das Mindestmaß der Ermächtigung bereits durch die Verfassung vorgegeben wäre, würde die vom Verfassungsgeber gewollte Bindung der Ermächtigung an eine Beschlußfassung der Bürgerschaft zu einem rein deklaratorischen und damit überflüssigen Akt.

Der Katalog des Art.67 Abs.1 HV sieht an mehreren Stellen die Zustimmung der Bürgerschaft zur Vornahme bestimmter Ausgaben durch den Senat vor. Als Inhaberin der alleinigen Budgethoheit muß die Bürgerschaft die Möglichkeit haben, den von ihr zu fassenden Ermächtigungsbeschluß nach ihrem Willen einzuschränken. Sollten diese Einschränkungen der vorläufigen Haushaltsführung die von verfassungswegen gewollte Sicherung der Grundfunktionen des Staates vereiteln, so hätte der Senat das Recht und die Pflicht, über den Weg der Verbindung einer Vertrauensfrage mit dem Antrag nach Art.67 Abs.1 HV die Ermächtigung kraft Verfassung nach Art.67 Abs.2 HV zu erreichen und den Haushaltsplan sodann im Umfang des Kataloges von Art.67 Abs.1 HV fortführen zu können.

Eine eingeschränkte Ermächtigung zur vorläufigen Haushaltsführung bzw. eine teilweise Rücknahme der erteilten Ermächtigung ist demnach verfassungsrechtlich zulässig.

---

54 MDHS-*Maunz*, Art.111 Rdnr.7; *v. Münch-Fischer-Menzhausen*, Art.111 Rdnr.1; a.A. *Jarass / Pieroth*, Art.111 Rdnr.1.

55 *Theiß*, S.127.

56 Ebenso *Jarass / Pieroth*, Art.111 Rdnr.1 für die GG-Regelung.

b) "Bepackung" der Haushaltsermächtigung

Eine erweiterte Ermächtigung zur vorläufigen Haushaltsführung - die sogenannte "Bepackung" - hat die Bürgerschaft wiederholt beschlossen, und zwar sowohl zumammen mit der Ermächtigung[57], als auch durch später ergänzenden Beschluß[58]. Die Zulässigkeit eines solchen Beschlusses war in jedem Falle zwischen der oppositionellen Bürgerschaftsminderheit und dem Senat heftig umstritten[59].

aa) Position des Senats

Der Senat leitet die Zulässigkeit einer über den Rahmen des Art.67 Abs.1 HV hinausgehenden Ermächtigung - bei gleichzeitiger Wahrung der Kernfunktion des Haushaltsplangebotes nach Art.66 Abs.1 HV - aus der Auslegung und dem Gesamtzusammenhang der HV her[60].

Bei der Verfassungsauslegung komme der mehr als zehnjährigen Staatspraxis, in welcher die "Bepackung" zwischen Senat und Bürgerschaft unstreitig gewesen sei, zumindest indizielle Bedeutung zu[61]. Der Rahmen des Art.67 Abs.1 HV bilde nur für den Fall des Art.67 Abs.2 HV eine abschließende Regelung und könne durch einen Beschluß der Bürgerschaft sowohl unter- wie überschritten werden[62]. Art.68 HV stelle keineswegs die einzige Möglichkeit dar, nach der die Bürgerschaft außerhalb des jährlichen Haushaltsplanes etatwirksame Beschlüsse fassen könne[63]. Zwar habe die Bürgerschaft nicht das Recht zur unbegrenzten "Bepackung" der Ermächtigung, eine "Vorprägung" des künftigen Haushaltsplanes sei aber zulässig[64]. Schließlich ergänze die bundesgesetzliche Pflicht zur konjunkturgerechten Haushaltswirtschaft nach Art.109

---

57 Zum Umfang des letzten Beschlusses für das Haushaltsjahr 1987 vgl. den Senatsantrag vom 3.7.86, Drs.11 / 6549 mit Bepackungs-Maßnahmen in Höhe von insgesamt 44 Mio.DM.

58 Vgl. z.B. die Verabschiedung diverser "Bepackungs"-Anträge in der Bürgerschaftssitzung am 5.3.1987, Plenarprotokoll 12 / 9, S.517 B.

59 Vgl. die Debatte in der Bürgerschaftssitzung am 11.9.86, nach deren Ende die CDU-Fraktion aus dem Plenarsaal auszog und an der Abstimmung nicht teilnahm, Plenarprotokoll 11 / 103, S.6158 B; vgl. auch die Debatte vom 24.11.1982, Plenarprotokoll 10 / 10, S.508ff.

60 Stellungnahme der Senatskanzlei vom 22.11.1982, Drs.10 / 554, Anlage 2, Ziffer 2.

61 Ebenda.

62 Ebenda, Ziffer 2.1.

63 Ebenda, Ziffer 2.2.

64 Ebenda, Ziffer 2.3.

Abs.2 GG das Etatrecht der HV und verpflichte - zumindest aber berechtige - Bürgerschaft und Senat zur Vornahme gezielt konjunkturwirksamer Maßnahmen auch im Rahmen der vorläufigen Haushaltsführung[65].

Abgeordnete der Regierungsfraktion sprachen in diesem Zusammenhang von einer "dynamischen Auslegung" der Verfassung, um politisch gewünschte konjunktur- und arbeitsmarktpolitische Maßnahmen zu ermöglichen[66].

bb) Position des Rechnungshofes

Demgegenüber vertritt insbesondere der Landesrechnungshof die Auffassung, Art.67 Abs.1 HV besitze im Verfassungsrahmen der Etatbestimmungen einen Ausnahmecharakter, der sich aus der Abweichung vom Vorherigkeits- und Vollständigkeitsgrundsatz ergebe; dieser bewirke, daß die Vorschrift nicht extensiv ausgelegt werden dürfe[67]. Aus der systematischen Stellung des Art.67 HV im Verfassungsgefüge sowie aus dem Aufbau und dem klaren Wortlaut der Norm ergebe sich vielmehr, daß deren Regelungen abschließend seien[68]. Eine Einbeziehung der Plichten aus Art.109 Abs.2 GG in den Katalog der "rechtlich begründeten Verpflichtungen" des Art.67 Abs.1 HV im Wege der Auslegung erscheine nicht möglich, weil der Ermächtigungsrahmen nach Art.67 HV nicht spezifiziert werde und die Bürgerschaft Umfang und Auswahl der geeigneten Maßnahmen dem Senat überlassen müßte[69].

cc) Stellungnahme

Die im Rahmen der vorläufigen Haushaltsführung erforderlichen Maßnahmen sollen in Notzeiten die Grundfunktionen der Staatstätigkeit in ihrem bisherigen Umfang sichern, ohne kommende Haushaltsentscheidungen in größerem Umfang als erforderlich vorwegzunehmen. Jede "Bepackung" des Beschlusses ist diesem Ziel abträglich.

---

65 Ebenda, Ziffer 2.4.

66 Zwischenbericht des Haushaltsausschusses vom 24.11.82, Drs.10 / 554, S.2.

67 Ausführungen des Präsidenten des Rechnungshofes im Haushaltsausschuß, Drs.10 / 554 vom 24.11.82, Anlage 1, Ziffer 3.1.

68 Ebenda, Ziffer 3.2.

69 Ebenda, Ziffer 3.3.

Art.67 Abs.1 HV verfolgt darüber hinaus den Zweck, der Bürgerschaft die Etathoheit für einen - möglicherweise sogar schon im Entwurf vorliegenden - ordentlichen Haushalt zu sichern[70]. Unter dem Schutz des Art.67 Abs.1 HV steht damit auch der übliche Beratungsverlauf vor der Verabschiedung eines ordentlichen Haushaltsplans. Auch dieser Gesichtspunkt spricht gegen die Zulässigkeit von "Bepackungen". Während einer politisch instabilen Lage, wie sie in Zeiten der Nothaushaltsführung regelmäßig vorliegen wird, besteht außerdem die Gefahr, daß die Bürgerschaft mit wechselnden Mehrheiten und ohne ein finanzpolitisches Gesamtkonzept Ausgaben beschließt, die das spätere Zustandekommen eines Haushaltsplanes weiter erschweren könnten. Aus Art.69 HV ergibt sich, daß die HV der Ausgabenfreudigkeit des Parlaments im Ansatz skeptisch gegenüber steht. Das in dieser Norm für alle ausgabenerhöhenden Beschlüsse aus der Mitte der Bürgerschaft vorgesehene erschwerte Beschlußverfahren würde bei einer "Bepackung" im Rahmen des Art.67 Abs.1 HV in unzulässiger Weise umgangen.

Die Argumentation mit dem Gebot aus Art.109 Abs.2 GG ist offenbar vor dem Hintergrund der wirtschaftlichen Situation des Jahres 1982 entstanden und war schon im Jahre 1986 weniger stichhaltig, weil zu dieser Zeit keine Anhaltspunkte für eine Störung des gesamtwirtschaftlichen Gleichgewichts vorlagen[71]. Art.109 Abs.2 GG normiert nach allgemeiner Ansicht als "äußerst unbestimmter Rechtsbegriff"[72] eine abstrakte Zielbestimmung mit weitem Beurteilungsspielraum, die insbesondere eine Abwägung mit anderen verfassungsrechtlichen Zielen erlaubt[73]. Die Anwendung der grundgesetzlichen Verpflichtung zu einer konjunkturgerechten Haushaltswirtschaft auf den Umfang der vorläufige Haushaltsführung erscheint vor diesem Hintergrund als Überdehnung des Art.119 Abs.2 GG.

Die Auffassung des Senats, praktisch alle politisch gewünschten Maßnahmen könnten durch eine Erweiterung des Beschlusses nach Art.67 Abs.1 HV ermöglicht werden, bewirkt darüber hinaus nicht den notwendigen Einigungsdruck, der durch die eingeschränkten Handlungsmöglichkeiten der Nothaushaltsführung erzeugt werden soll, um die Verabschiedung eines ordentlichen

70 Vgl. BVerfGE 45, 1, 33 zu Art.112 GG.

71 *Schulze*, FS f.Zeidler, S.1223.

72 *Jarass / Pieroth*, Art.109 Rdnr.3.

73 MDHS-*Maunz*, Art.109 Rdnr.38; *v. Münch-Fischer-Menshausen* Art.109, Rdnr.15; *Jarass / Pieroth*, Art.109 Rdnr.3.

Haushalts baldmöglichst zu erreichen[74]. Dies wiederspricht dem Haushaltsplangebot des Art.66 HV. Im Unterschied zur Verfassungslage bei der Einschränkung des Ausgabenkatalogs nach Art.67 Abs.1 HV verfügt der Senat bei dessen Erweiterung durch die Bürgerschaft nicht über die Möglichkeit, sich mit der Vertrauensfrage und dem Automatismus des Art.67 Abs.2 HV gegen ein allzu ausgabenfreudiges Parlament zu wehren. Aus diesen Gründen ist eine über den Rahmen des Art.67 Abs.1 HV hinausgehende Ermächtigung zur vorläufigen Haushaltsführung weder durch sofortigen, noch durch späteren Beschluß der Bürgerschaft mit der Verfassung vereinbar.

IX. Kreditbeschaffung und Veräußerung von Staatsgut

Nach Art.72 Abs.1 HV bedarf die Beschaffung von Geldmitteln im Wege des Kredits eines Beschlusses der Bürgerschaft. Voraussetzung dafür ist ein außerordentlicher Bedarf und in der Regel die Ausgabe nur zu werbenden Zwecken. Der Wortlaut der Norm stellt es ins Ermessen von Senat und Bürgerschaft, die Kreditmittel auch für andere als gewinnbringende Zwecke auszugeben[75].

Diese Vorschrift hat ihre wesentliche Bedeutung aufgrund des nach Art.109 Abs.3 GG für die Länder verbindlichen Haushaltsgrundsätzegesetzes verloren[76]. Nach § 13 HGrG, der als § 18 in die LHO übernommen wurde, bestimmt der Haushaltsbeschluß den Rahmen der Kreditermächtigung. Einnahmen aus Krediten dürfen gem. § 18 LHO nur bis zur Höhe der Summe der Ausgaben für Investitionen in den Haushaltsplan eingestellt werden; Ausnahmen sind nur zur Abwehr einer Störung des gesamtwirtschaftlichen Gleichgewichts zulässig[77].

Nach Art.72 Abs.2 HV bedarf die Übernahme von Sicherheitsleistungen zu Lasten der Stadt eines Beschlusses der Bürgerschaft, wenn deren Wirkung über ein Rechnungsjahr hinausgeht oder nicht zum regelmäßigen Gang der Verwaltung gehört. Nach § 39 Abs.1 LHO[78] ist die Beteiligung der Bürgerschaft nunmehr dadurch sichergestellt, daß die Übernahme von Bürgschaften, Garantien oder sonstigen Gewährleistungen, die zu Ausgaben in künftigen

74 Vgl. MDHS-*Maunz*, Art.110 Rdnr.24 zu Art.111 GG.

75 *Drexelius / Weber*, Art.72 Anm.2.

76 *Bernzen / Sohnke*, Art.72 Rdnr.1.

77 Vgl. dazu im einzelnen HVerfG, HmbJVBl.1984, 169, 175 f.

78 Entsprechend § 23 HGrG.

Haushaltsjahren führen können, einer der Höhe nach bestimmten Ermächtigung durch den Haushaltsbeschluß oder eines Gesetzes bedarf.

Nach Art.72 Abs.3 HV ist die Veräußerung von Staatsgut, die nicht zum regelmäßigen Gang der Verwaltung gehört, nur auf Beschluß der Bürgerschaft zulässig. Diese Norm ist weit auszulegen und umfaßt jede auf Dauer gerichtete Überlassung von vermögenswerten Rechtspositionen - dingliche und obligatorische Rechte aller Art - der Freien und Hansestadt Hamburg an Dritte[79]. Welche Veräußerungen zum regelmäßigen Gang der Verwaltung gehören, ist nach den Umständen des Einzelfalles zu bestimmen[80]. Seit 1960 wird ein Teil der Aufgaben nach Art.72 Abs.3 HV von der Kommission für Bodenordnung[81] wahrgenommen. Soweit nicht die Bodenordnungskommission zuständig ist, müssen in der Regel alle Geschäfte, die einen Betrag in Höhe von 750.000 DM überschreiten, vom Plenum der Bürgerschaft entschieden werden[82].

X. Rechnungslegung und Entlastungsverfahren

Nach Abschluß des Rechnungsjahres unterliegt die Haushaltswirtschaft des Senats nochmals einer Kontrolle durch das Parlament, nach deren Beendigung die Entlastung der Regierung erfolgt. Gem. Art.70 HV, § 114 LHO hat der Senat im Laufe des nächsten Haushaltsjahres der Bürgerschaft über alle Einnahmen und Ausgaben Rechenschaft abzulegen und eine Übersicht über das Vermögen und die Schulden der Stadt beizufügen[83]. Eine Vermögensrechnung mit der Bewertung des Vermögens und der Vermögensteile ist in Hamburg - anders als im Bund[84] - nicht vorgesehen.

Die Prüfung der Haushaltsrechnung erfolgt durch den Haushaltsausschuß, der zu seiner Unterstützung einen Unterausschuß einsetzt[85], und über sein Ergebnis der Bürgerschaft berichtet. Daneben hat nach Art.71 Abs.1 HV, § 97 LHO der Rechnungshof die Pflicht, der Bürgerschaft jährlich einen Prüfungsbericht über die gesamte Haushalts- und Wirtschaftsführung des Senats vorzulegen. Während

79 *Bernzen / Sohnke*, Art.72 Rdnr.6; *Prass*, S.34.

80 Für die zum regelmäßigen Gang der Verwaltung gehörenden Veräußerungen gelten die §§ 69 ff. LHO.

81 Vgl. dazu unter Kapitel 6 II 5.

82 *v. Dohnanyi*, S.66.

83 Vgl. §§ 81 ff. LHO.

84 Vgl. § 86 BHO.

85 *Krahl*, S.61 ff.

des Entlastungsverfahrens kann die Bürgerschaft gem. § 114 LHO den Rechnungshof zur weiteren Aufklärung einzelner Sachverhalte auffordern sowie dem Senat einen Termin setzen, zu welchem er über eingeleitete Maßnahmen zu berichten hat. Darüber hinaus kann die Bürgerschaft Sachverhalte von sich aus wieder aufgreifen, wenn eingeleitete Maßnahmen nicht zu dem gewünschten Erfolg geführt haben, und auf diese Weise sicherstellen, daß aufgedeckte Mängel nicht alsbald in Vergessenheit geraten[86].

Die Entlastung erfolgt durch Beschluß der Bürgerschaft und beinhaltet die Feststellung, daß der Senat von seiner verfassungsmäßigen Verantwortung für das Finanzgebaren des zurückliegenden Rechnungsjahres befreit ist[87]. Die Erteilung der generellen Entlastung schließt nicht aus, daß die Bürgerschaft bestimmte Sachverhalte gem. § 114 Abs.4 LHO ausdrücklich mißbilligt[88]. Eine ganze oder teilweise Verweigerung der Entlastung, die bisher nicht vorgekommen ist, hätte weder für den Senat noch für einzelne Senatoren unmittelbare rechtlichen Folgen[89]. Sollten diese beabsichtigt sein, müßte die Bürgerschaft von ihren weiteren Kontrollrechten bis hin zum Vertrauensentzug nach Art.35 HV Gebrauch machen[90].

---

86 *Tögel*, S. 21 f.

87 *Drexelius / Weber*, Art.70 Anm.2.

88 *Bernzen / Sohnke*, Art.70 Rdnr.1.

89 *Bernzen / Sohnke*, Art.70 Rdnr.3; *Dieckmann*, HmbStVwR, S.151.

90 *Ipsen*, HVerf, S.464.

6. Kapitel

Sonstige Aufgaben

I. Geschäftsordnungsautonomie

Nach Art.18 Abs.1 S.2 HV gibt sich die Bürgerschaft eine Geschäftsordnung, die aufgrund des Diskontinuitätsgrundsatzes jeweils mit Ablauf der Wahlperiode ihre Gültigkeit verliert und beim ersten Zusammentreten einer neugewählten Bürgerschaft erneut beschlossen werden muß[1].

Die Rechtsnatur der parlamentarischen Geschäftsordnung ist seit langer Zeit umstritten[2]. Der überwiegende Teil der jüngeren Rechtsprechung und Lehre bezeichnet sie entweder als interne Rechtsvorschrift ohne Rechtssatzcharakter[3] oder autonome Satzung[4]. Der Bezeichnungsstreit ist ohne praktische Bedeutung, weil über die Normmerkmale einer Geschäftsordnung Einigkeit besteht[5]:

- Die Befugnis zur Normsetzung liegt allein bei den Mitgliedern des Parlaments;
- Erlaß und Inkrafttreten sind nicht von der Beteiligung anderer Staatsorgane abhängig und
- Geschäftsordnungsvorschriften sind nur für die Mitglieder der parlamentarischen Versammlung bei der Abwicklung der Parlamentsgeschäfte verbindlich[6].

---

1 *Bernzen / Sohnke*, Art.18 Rdnr.7; *Drexelius / Weber*, Art.18 Anm.4; vgl. auch BVerfGE 1, 144, 148.

2 Vgl. die ausführlichen Darstellungn bei *v. Mangoldt / Klein / Achterberg / Schulte*, Art.38 Rdnr.34 ff. u. *Schneider / Zeh-Kretschmer*, § 9 Rdnr.43 ff.

3 *Arndt*, S.156 ff., 162, 164; *v. Mangoldt / Klein / Achterberg / Schulte*, Art.38 Rdnr.39; *Schwabe*, HmbStVwR, S.50 f.

4 BVerfGE 1, 144, 148; 44, 308, 315; *Hesse*, Rdnr.577; MDHS-*Maunz*, Art.40 Rdnr.21; HVerfG, HmbJVBl.1976, 39, 42; *Bernzen / Sohnke*, Art.18 Rdnr.8; *Drexelius / Weber*, Art.18 Anm.3.

5 Vgl. *Schneider / Zeh-Kretschmer*, § 9 Rdnr.54.

6 Der Senat erkennt eine begrenzte Drittwirkung der GOBü dadurch an, daß er sich an Redezeitempfehlungen hält, vgl. § 22 i.V.m. Anlage 2 GOBü.

Über das Verfahren bei der Verabschiedung und Änderung der Geschäftsordnung ist in der HV nichts bestimmt. Die Bürgerschaft ist insoweit autonom und könnte alle Regelungen durch "schlichten" Mehrheitsbeschluß erlassen[7]. Zum Schutz von Minderheitenrechten in der Geschäftsordnung bestimmt § 92 GOBü, daß jeder Beschluß zur Änderung der Geschäftsordnung einer zweiten Lesung bedarf, sofern er nicht mit Zweidrittelmehrheit gefaßt worden ist; zwischen den beiden Lesungen muß eine Frist von mindestens sechs Tagen liegen.

Die Geschäftsordnung unterliegt grundsätzlich der abstrakten Normenkontrolle durch das HVerfG gem. Art.65 Abs.2 Ziffer 3 HV[8]. Dabei ist allerdings zu berücksichtigen, "daß das Parlament bei der Entscheidung darüber, welche Regeln es zu seiner Selbstorganisation und zu Gewährleistung eines ordnungsgemäßen Geschäftsganges bedarf, einen weiten Gestaltungsspielraum hat"[9].

II. Mitwirkung an der Verwaltung

Nach Art.33 Abs.2 S.2, 2.HS HV führt und beaufsichtigt der Senat die Verwaltung. Die Bürgerschaft besitzt allerdings im Bereich der Verwaltung erhebliche Mitwirkungsbefugnisse, welche die Rechte anderer Landesparlamente zum Teil weit übersteigen. Die grundsätzliche Trennung von exekutiver und legislativer Staatsgewalt wird in Hamburg noch häufiger als im Bund und in den anderen Ländern durchbrochen. Dieser Umstand ergibt sich einerseits bereits aus der hamburgischen Stadtstaatlichkeit und dem damit verbundenen Fehlen einer kommunalen Ebene[10]. Darüber hinaus ergeben sich Gewaltenverschränkungen aus besonderen Vorschriften der HV.

Art.4 Abs.1 HV bestimmt, daß staatliche und gemeindliche Tätigkeit in Hamburg nicht getrennt werden[11]. Es besteht Einigkeit darüber, daß auf dem

---

7 Vgl. v. *Mangoldt / Klein / Achterberg / Schulte*, Art.40 Rdnr.54.

8 HVerfG, HmbJVBl.1976, 39 ff.; *Schwabe*, HbStVwR, S.51.

9 Vgl. BVerfGE 80, 188, 220.

10 Die häufig als Kommunalparlamente bezeichneten Bezirksversammlungen sind von ihrer rechtlichen Bedeutung her reine Verwaltungsausschüsse; vgl. *Ipsen*, HVerf, S.402; *Drexelius / Weber*, Art.55 Anm.3c; *Bernzen / Sohnke*, Art.4 Rdnr.4; *Heyen*, DÖV 1988, 185, 189; BVerfGE 83, 60, 76; a.A. offenbar *Karpen*, NJW 1989, 1012, 1015.

11 Diese Vorschrift sanktioniert die Festlegungen des Groß-Hamburg-Gesetzes vom 26.1.1937 (RGBl. I, S.91), mit welchem unter anderem die Aufgliederung Hamburgs in Stadt- und Landgemeinden von den Nationalsozialisten beseitigt worden war; vgl. *Ipsen*, HVerf, S.63 ff.

Gebiet der Freien und Hansestadt Hamburg nur eine staatsrechtliche juristische Person, nämlich das Land, existiert[12]. Aufgrund der fehlenden Trennung von gemeindlicher und staatlicher Tätigkeit nimmt die Bürgerschaft auch Aufgabe eines Gemeinderates wahr und gelangt damit zwangsläufig in ähnlicher Weise wie ein kommunales Parlament in die Nähe zur Verwaltung, insbesondere zum Verwaltungsvollzug[13]. Die "räumliche Enge (und) die soziologische Struktur des dominierenden Faktors Stadt"[14] tragen ein übriges dazu bei, daß jeder Verwaltungsvorgang von einiger Bedeutung sofort das Interesse der Bürgerschaftsabgeordneten weckt[15]. Schließlich darf in diesem Zusammenhang auch die hamburgische Verfassungstradition nicht unbeachtet bleiben, die von einer alleinigen Machtausübung durch den Senat (Rat) zunächst zu einer gemeinsamen Zuständigkeit von Senat und Bürgerschaft im Rahmen von Gesetzgebung und Verwaltung geführt hat[16].

1. Beteiligung an der Beamtenernennung

Gem. Art.45 HV erfolgt die Ernennung und Beförderung aller hamburgischen Beamten durch den Senat auf Vorschlag eines Ausschusses, dem drei Beamte des höheren Dienstes[17] und vier von der Bürgerschaft zu bestimmende sog. bürgerliche Mitglieder[18] angehören. Ausnahmeregelungen bestehen gem. Art.47 Abs.1 S.2 und Art.71 Abs.3 S.3 HV nur für die Ernennung der Staatsräte und der Mitglieder des Rechnungshofes[19].

Die von der Bürgerschaft für die Dauer von drei Jahren zu wählenden Mitglieder brauchen keine Abgeordneten zu sein und auch sonst keine besonderen persönlichen Anforderungen zu erfüllen[20]. In der Praxis bestimmt

---

12 *Prass*, S.19; *Thieme*, DÖV 1969, 832; *Ipsen*, HVerf, S.234; *Schwabe*, HmbStVwR, S.40; Stadtstaatenkommission, S.22.

13 *Thieme*, DÖV 1969, 832; vgl. auch *Schwabe*, HmbStVwR, S.44, *Ipsen*, FS f.Zeidler, S.1179.

14 *Schneider / Zeh-Schulz*, § 65 S.1744.

15 Vgl. z.B. die Schriftliche Kleine Anfrage des Abg. *Karpen* zur Verbreiterung des Gehweges in der Schlüterstraße, Drs. 14 / 1299 vom 13.3.1992.

16 Vgl. *Thieme*, HmbStVwR, S.5; *Togel*, S.168.

17 In der Praxis Staatsräte.

18 Zur Tradition dieses Begriffes vgl. den Bericht des Verfassungsausschusses vom Dez.1951 zu Art.45, S.8.

19 Die Sonderregelung des Art.18 Abs.2 S.3 HV für die Beamten der Bürgerschaft regelt allein deren Ernennung und Beförderung durch den Bürgerschaftspräsidenten, beeinflußt aber nicht das Vorschlagsrecht des Ausschusses.

20 *Bernzen / Sohnke*, Art.45 Rdnr.9.

die Bürgerschaft allerdings immer Mitglieder aus ihren Reihen. Die Zusammensetzung des Ausschusses entspricht regelmäßig dem Stärkeverhältnis der Fraktionen[21]; da Art.45 Abs.2 S.2 HV allerdings keine einschränkenden Bedingungen für die "Berufung" normiert, ist nach der Rechtsprechung des HVerfG[22] von einer ordentlichen Wahl der Ausschußmitglieder auszugehen, bei der nach § 28 Abs.2 GOBü derjenige Kandidat gewählt ist, der die meisten Stimmen auf sich vereinigt. Die Ausschußmitglieder sind weisungsunabhängig und können nicht abberufen werden.

Der Beamtenernennungsausschuß ist bei seinen Vorschlägen nicht auf diejenigen beschränkt, die ihm seitens der Behörden unterbreitet werden. Er kann selbst initiativ werden, Personalakten und Bewerbungsunterlagen einsehen und die Bewerber anhören[23]. Dieses Verfahren soll größtmögliche Sachlichkeit und höchste Objektivität bei der Ernennungs- und Beförderungspraxis gewährleisten[24]. Darüber hinaus ist es die Aufgabe des Ausschusses, einen Beitrag zur Behandlung von staatlichen Personanlangelegenheiten nach einheitlichen Grundsätzen zu leisten[25]. Das BVerfG hat die - im Vergleich zum Grundgesetz und zu den anderen Landesverfassungen - einmalige Regelung des Art.45 Abs.2 HV als "Sonderfall verstärkter parlamentarischer Kontrolle der Beamtenernennung"[26] bezeichnet und mit dem Gewaltenteilungsgrundsatz für vereinbar gehalten[27]. Die Vorschläge des Beamtenernennungsausschusses sind für den Senat zwar rechtlich nicht bindend, ohne den Vorschlag des Ausschusses darf der Senat aber keinen Beamten ernennen[28]. Die parlamentarische Verantwortung für die Ernennung liegt weiterhin beim Senat[29].

In der Praxis entscheidet der Beamtenernennungsausschuß über die Vorlagen des Senatsamtes für den Verwaltungsdienst, welches die Ernennungs- und Beförderungsvorschläge der einzelnen Behörden zuvor gebilligt hat[30]. Die hohe Zahl von vielen tausend Vorgängen im Jahr führt praktisch dazu, daß sich der

---

21 Entsprechend dem Verfahren nach § 10 GO bei der Besetzung der Fachausschüsse.

22 HVerfG, HmbJVBl.1976, 39, 43.

23 *Bernzen / Sohnke*, Art.45 Rdnr.7.

24 *Schwabe*, HbStVwR, S.54.

25 *Drexelius / Weber*, Art.45 Anm.3.

26 BVerfGE 9, 268, 283.

27 So auch *Drexelius / Weber*, Art.45 Anm.2.

28 *Ipsen*, HVerf, S.297; *Bernzen / Sohnke*, Art.45 Rdnr.5.

29 *Ipsen*, HVerf, S.297.

30 *Drexelius / Weber*, Art.45 Anm.3.

Ausschuß eine eigene Kenntnis nur ausnahmsweise im Einzelfall verschaffen kann[31].

Die Stadtstaatenkommission schlägt daher die ersatzlose Streichung des Art.45 Abs.2 HV vor und begründet dies außerdem mit dem ausreichenden Mitwirkungsrecht der Deputationen in Personalangelegenheiten, welches gleichzeitig dem Zweck des Beamtenernennungsausschusses Rechnung trüge[32]. Durch das Letztentscheidungsrecht des Senats gegenüber Deputationsbeschlüssen würde dabei dessen verfassungsrechtlich gebotene Personalhoheit als ein wesentlicher Teil der Regierungsgewalt gestärkt[33]. Auch die Enquete-Kommission "Parlamentsreform" schlägt die Abschaffung des Beamtenernennungsausschusses vor, weil er angesichts der großen Zahl von Entscheidungen eine wirksame Regierungskontrolle nicht mehr leisten könne und ein Schutz vor evidentem Mißbrauch der Beamtenernennung durch den Senat vor den Verwaltungsgerichten begehrt werden kann[34].

Demgegenüber ist allerdings nicht ersichtlich, wie die einzelnen Deputationsentscheidungen einen Beitrag zur Vereinheitlichung der Grundsätze bei Personalentscheidungen bewirken sollten. Die Argumentation der Stadtstaatenkommisssion verkennt zudem die Wirkung, welche schon allein von der Existenz des Beamtenernennungsausschusses als zusätzliche Kontrollinstanz gegenüber dem Senat ausgeht[35]. Die Notwendigkeit einer solchen Kontrolle erscheint aufgrund der Gefahren einer besonders engen Verflechtung von Parteipolitik und Verwaltung in einem stadtstaatlichen Gemeinwesen besonders groß. Der berechtigten Kritik an der Arbeit des Beamtenernennungsausschusses könnte leicht dadurch begegnet werden, daß man dessen Zuständigkeit auf Personalentscheidungen mit politischer Relevanz im Bereich von Leitungsfunktionen beschränkte[36].

---

31 Stadtstaatenkommissions-Gutachten, S.56; die Enquete-Kommission "Parlamentsreform" (S.132) hat für 1991 die Befassung mit knapp 10.000 Ernennungen ermittelt, von denen der Ausschuß einen Behörden-Vorschlag abgelehnt und 23 zunächst ausgesetzt hat.

32 Ebenda.

33 Ebenda.

34 Enquete-Kommission, S.132.

35 Vgl. *Tögel*, S.177.

36 So auch der Vorschlag der CDU-Kommission zur Verfassungsreform, S.16.

2. Beteiligung an der Richterwahl

Nach Art.63 Abs.1 S.1 HV werden die Berufsrichter von einem Richterwahlausschuß dem Senat zur Ernennung vorgeschlagen. Dieser Ausschuß besteht gem. Art.63 Abs.1 S.3 HV aus drei Senatoren oder Staatsräten, sechs bürgerlichen Mitgliedern, drei Richtern und zwei Rechtsanwälten[37]. Die Einzelheiten regeln die §§ 7 bis 21 HmbRiG. Auch wenn die bürgerlichen Mitglieder in der Praxis nach dem Stärkeverhältnis der Fraktionen bestimmt werden, findet in der Bürgerschaft doch nach § 9 Abs.1 HmbRiG eine ordentliche Wahl gem. § 28 Abs.3 GOBü statt[38]. Gleichwohl widerspräche es einer bald vierzigjährigen verfassungsgewohnheitsrechtlich verfestigten Praxis, wenn eine Mehrheitsfraktion plötzlich nur noch eigene Kandidaten in den Richterwahlausschuß wählen würde[39]. Ein Anspruch auf bestimmte Mehrheitsrelation bei der Ausschußbesetzung läßt sich aufgrund des eindeutigen Wortlauts der HV auch gewohnheitsrechtlich nicht begründen[40].

Im Unterschied zur Beamtenernennung ist die Bedeutung der bürgerschaftlichen Mitwirkung bei der Richterwahl geringer, weil neben den Senatsvertretern auch noch fünf Fachvertreter auf die Entscheidung Einfluß nehmen[41]. Die Einrichtung eines Richterwahlausschusses in den Ländern[42] steht unter dem besonderen Schutz von Art.98 Abs.4 GG[43].

3. Besetzung der Deputationen

Art.56 HV normiert die Mitwirkung des Volkes an der Verwaltung, insbesondere durch die ehrenamtlich tätigen Mitglieder der Verwaltungs-

---

37 Für die Wahl von Richtern der Arbeits- und Sozialgerichtsbarkeit vgl. die Sonderregelungen in § 11 Abs.2 HmbRiG.

38 Vgl. HVerfG, HmbJVBl.1976, 39, 43.

39 *Plambeck*, HmbStVwR, S.66.

40 Vgl. ebenda.

41 BVerfGE 24, 268, 274 hat ohne Begründung das hamburgische Verfahren für verfassungskonform erklärt. MDHS-*Herzog*, Art.98 Rdnr.45 Fn.2 hat im Hinblick auf das echte Mitentscheidungsrecht aller Mitglieder des Richterwahlausschusses Zweifel, ob die Regelung mit dem demokratische Prinzip aus Art.20 Abs.2 S.1 GG vereinbar ist.

42 Ähnliche Regelungen bestehen in Berlin, Bremen, Hessen, Schleswig-Holstein, Baden-Württemberg, Sachsen-Anhalt, Brandenburg, Mecklenburg-Vorpommern und Sachsen.

43 MDHS-*Herzog*, Art.98 Rdnr.35, *v. Münch-Meyer*, Art.98 Rdnr.12; *Bernzen / Sohnke*, Art.63 Rdnr.1, die betonen, daß Art.98 Abs.4 GG keine kompetenzbegründende Norm darstellt; vgl. auch BVerfGE 41, 1, 10.

behörden. Die Verfassung erwähnt damit beispielhaft - ohne den Begriff zu verwenden - die Deputationen[44].

Gem. § 7 Abs.2 VerwBehG wählt die Bürgerschaft aus den bei den Bürgerschaftswahlen wahlberechtigten Einwohnern für die Dauer der Wahlperiode die Deputierten der Fachbehörden. Bürgerschaftsabgeordnete können nicht zu Deputierten gewählt werden.

a) Zusammensetzung und Aufgaben der Deputationen

Gem. § 7 Abs.1 VerwBehG wird für jede Fachbehörde eine Deputation gebildet, die aus dem jeweils fachlich zuständigen Senator[45] sowie 15 bürgerlichen Mitgliedern besteht. Hinzu kommt jeweils ein Deputierter aus der Finanzbehörde, der die gleiche Stellung wie die übrigen Deputierten besitzt[46] und in finanzpolitischen sowie haushaltsrechtlichen Fragen beraten soll.

Die politische Zusammensetzung der Deputationen entspricht in der Praxis den Stärkeverhältnissen der Fraktionen in der Bürgerschaft[47]; dennoch findet gem. § 7 Abs.2 S.1 VerwBehG eine ordentliche Wahl und keine Benennung durch die Fraktionen statt[48]. In Anlehnung an das Prinzip des freien Mandats des Abgeordneten nach Art.7 HV bestimmt § 7 Abs.4 VerwBehG, daß die Deputierten an Aufträge nicht gebunden sind.

Unter dem Vorsitz des zuständigen Senators haben die Deputationen im Rahmen einer von ihnen zu erlassenden Geschäftsordnung[49] gem. § 9 Abs.1 VerwBehG "insbesondere"[50] die Aufgabe, an Entscheidungen von grundsätzlicher Bedeutung, an der Aufstellung und Durchführung des Haushaltsplanes sowie an Vorschlägen für die Ernennung von Beamten ihrer Behörde mitzuwirken[51]. Dieser gesetzliche Katalog der Beschlußsachen umfaßt die Essentiale

---

44 *Drexelius / Weber*, Art.56 Anm.1; *Ipsen*, HVerf S.344.; *Bernzen*, Deputationen, S.10.

45 Es können auch mehrere Senatoren sein, wenn für eine Fachbehörde ausnahmsweise mehrere bestimmt worden sind.

46 § 8 VerwBehG.

47 Aufgrund dieses Verfahrens erfolgen die Wahlen in der Bürgerschaft meistens einstimmig, vgl. *Bull*, FS f.Ipsen, S.301.

48 Vgl. HVerfG, HmbJVBl.1976, 39, 43.

49 Diese bedarf gem. § 9 Abs.1 S.2 VerwBehG der Genehmigung durch den Senat.

50 Zum Streit über die Auslegung dieser Formulierung vgl. *Thiele*, S.67 f.

51 Ausnahmen vom Mitwirkungsrecht ergeben sich für bestimmte Behörden aus § 9 Abs.2 bis 4 VerwBehG.

der fachbehördlichen Aufgaben und eröffnet der Deputation beinahe in jedem sie interessierenden Fall die Möglichkeit, ihre Mitwirkungsbefugnis geltend zu machen[52]. Die Deputierten können Auskunft über alle Verwaltungsangelegenheiten ihrer Behörde verlangen und haben gem. § 14 VerwBehG das Recht zur Einsichtnahme in alle Akten[53].

Das Plenum der Deputationen kommt in der Regel alle vier Wochen zu einer nicht-öffentlichen Sitzung zusammen. Daneben können verschiedene Ausschüsse - insbesondere für Haushalts- und Personalfragen - gebildet werden[54].

b) Bedeutung der Deputationsentscheidungen

Grundsätzlich entfalten die Beschlüsse der Deputationen innerhalb der jeweiligen Fachbehörde auch gegenüber dem Präses eine bindende Wirkung[55].

§ 12 VerwBehG gibt dem Präses allerdings die Möglichkeit, in dringenden Fällen, deren Annahme in seinem pflichtgemäßen Ermessen steht, auch in Deputationsangelegenheiten selbständig zu entscheiden und die Deputation nachträglich zu informieren[56]. Darüber hinaus normiert § 13 VerwBehG das Recht und die Pflicht des Präses, gegen Deputationsbeschlüsse, die nach seiner Ansicht ein Gesetz verletzen oder dem Staatswohl zuwiderlaufen, Einspruch beim Senat einzulegen. Dieser Einspruch hat aufschiebende Wirkung und verlagert die Entscheidungskompetenz in den Senat. Das Einspruchsrecht bezieht sich sowohl auf rechtlich als auch auf politisch abweichende Auffassungen des Präses[57] und sichert auf diese Weise die volle parlamentarische Verantwortung des Senats für alle Behördenentscheidungen gegenüber der Bürgerschaft[58]. Schließlich hat der Senat gem. § 1 Abs.4 VerwBehG die Möglichkeit durch Ausübung seines Evokationsrechts eine der Beschlußkompetenz der Deputation unterstehende Entscheidung an sich zu ziehen und von vornherein selbst zu treffen[59].

---

52 *Ipsen*, HVerf, S.383; vgl. auch *Bull*, FS f.Ipsen, S.305 ff.

53 Vorbehaltlich eines gesetlichen Verbots oder der Gefährdung des Staatswohles.

54 *Bernzen*, Deputationen, S.19 f.; *v. Hein*, Bürgerbeteiligung, S.87.

55 Vgl. *Tögel*, S.185.

56 Zur weiten Auslegung der Eilkompetenz vgl. HVerfG, GVBl. 1963, 27; *Thiele*, S.71 ff.

57 *Ipsen*, HVerf, S.386.

58 *Bernzen*, Deputationen, S.17.

59 *Ipsen*, HVerf S.286; *Becker / Schneider*, Kommunalverfassungsrecht S.298.

Demnach ist keine Deputationsentscheidung denkbar, die nicht wenigstens mittelbar durch den Verzicht auf Einspruch oder Evokation vom Senat gebilligt wird und für die er nicht unmittelbar die politische Verantwortung gegenüber der Bürgerschaft trägt. Nicht jede Einflußnahme des Parlaments auf die Verwaltung - sei sie auch mit einer gewissen Gewichtsverlagerung auf Kosten der Exekutive verbunden - bedeutet schon einen Verstoß gegen die Gewaltenteilung[60]. Die bestehenden Bedenken, das Deputationswesen verstoße gegen den Gewaltenteilungsgrundsatz[61], sind aus diesem Grunde nicht berechtigt[62].

c) Mittelbarer Einfluß der Bürgerschaft auf die Deputationen

Seit der Parlamentsreform des Jahres 1971 regelt § 7 Abs.2 S.2 VerwBehG die Unvereinbarkeit von Abgeordnetenmandat und Deputiertenamt. Bis zu diesem Zeitpunkt gehörten in der Regel Bürgerschaftsabgeordnete den Deputationen an, was vielfach dazu führte, daß die politisch entscheidenden Debatten nicht mehr im Parlament und dessen Ausschüssen, sondern in den Leitungsgremien der Behörden stattfanden[63]. Darüber hinaus wurde die Kontrolle der Verwaltung dadurch beeinträchtigt, daß die Abgeordneten oftmals keine kritische Distanz mehr zu "ihrer" Behörde besaßen[64]. Schließlich verfolgten der Senat und die ihn tragende Fraktion mit der Einführung der Inkompatibilitätsregelung auch die Absicht, die Informationsmöglichkeiten der Oppositionsabgeordneten zu beschneiden[65].

Heute nehmen die Fraktionen der Bürgerschaft nur noch mittelbar durch die Auswahl der Deputierten Einfluß auf die Behördenleitung. Eine Zusammenarbeit zwischen Abgeordneten und Deputierten wird allerdings in der Praxis dadurch gewährleistet, daß die Deputierten bzw. deren Sprecher häufig an den

---

60 BVerfGE 9, 268, 280.

61 Vgl. z.B. *Dohnanyi*, S.69, der die Deputationen als "Merkmal für unklare Grenzen zwischen Legislative und Exekutive" und "Reste fauler Verfassungskompromisse in der Vergangenheit" bezeichnet.

62 Vgl. auch *Bull*, FS f.Ipsen, S.321.

63 *v. Hein*, Geschichte der Hamburgischen Bürgerschaft, S.182.

64 *Hoffmann*, S.6 f.; *Bull*, FS f.Ipsen, S.302; *Müller*, Geschichte der Hamburgischen Bürgerschaft, S.163.

65 *Siegloch*, S.34.

Sitzungen der Fraktionsarbeitskreise ihres Fachgebietes teilnehmen und auf diese Weise die politische Arbeit koordinieren helfen[66].

Die Intensität des Meinungs- und Informationsaustausches zwischen Bürgerschaftsabgeordneten und Deputierten wird freilich oft überschätzt[67]. In der Praxis ist die Anbindung der Deputierten an "ihre" Fraktion - von einzelnen Gegenbeispielen abgesehen - eher gering[68]. Erklärt werden kann dieser Umstand mit den grundverschiedenen Arbeitsweisen von Abgeordneten und Deputierten. Während es im Parlament darauf ankommt, in öffentlichkeitswirksamer Form den Senat in gutem oder schlechtem Licht erscheinen zu lassen, dominiert in den Deputationen die sachorientierte, an realistischen Verwirklichungsmöglichkeiten ausgerichtete Verwaltungsarbeit, die nicht zuletzt aufgrund fehlender Öffentlichkeit sehr häufig über die Parteigrenzen hinweg geschieht. In ihrem Selbstverständnis verstehen sich viele Deputierte eher als unabhängige Verwaltungshelfer denn als verlängerte Arme der Fraktionen, die sie für ihr Amt vorgeschlagen haben[69]. Insbesondere für die Oppositionsfraktionen bleibt im Einzelfall trotzdem die Möglichkeit erhalten, für die eigene Arbeit wichtige Informationen aus der Behördenspitze zu erhalten. Hierbei ist die Pflicht zur Verschwiegenheit, die den Deputierten nach den Geschäftsordnungen grundsätzlich auferlegt ist, gegenüber Bürgerschaftsabgeordneten eng auszulegen, um deren Kontrollmöglichkeiten gegenüber der Verwaltung nicht über das notwendige Maß hinaus zu beschneiden. Darüber hinaus sind die meisten Verwaltungsvorgänge ohnehin durch parlamentarische Anfragen der Abgeordneten vom Senat zu erfahren, wovon zusätzlich immer dann Gebrauch gemacht werden kann, wenn eine Information in der öffentlichen Diskussion Verwendung finden soll. Die Grenzen sind dort zu ziehen, wo - beispielsweise in Personalangelegenheiten - die Persönlichkeitsrechte anderer[70] oder die Grundsätze der Gewaltenteilung berührt sind.

Die Existenzberechtigung des Deputationswesens erschöpft sich demnach nicht in der Verbesserung der Informationsmöglichkeiten für die Oppositionsfraktionen. Vielmehr stellt es für alle Bürgerschaftsfraktionen vielfältige interne Beratungs- und Kontrollmechanismen bereit und erlaubt dadurch mittelbar auch

66 *v. Hein*, Bürgerbeteiligung, S.144 f.; *Bernzen*, Deputationen, S.22; *Bull*, FS f.Ipsen, S.302.

67 *Ipsen*, FS f.Zeidler, S.1196; *Schneider / Zeh-Schulz*, § 65 Rdnr.42.

68 So das Ergebnis von Gesprächen des Verfassers mit Deputierten der großen Parteien aus verschiedenen Behörden; vgl. auch *v. Hein*, Bürgerbeteiligung, S.145.

69 Vgl. *v. Hein*, Bürgerbeteiligung, S.157.

70 *Bull*, FS f.Ipsen, S.303.

dem Senat die frühzeitige Einbindung der Opposition in die Verantwortung für bestimmte Entscheidungen[71].

4. Festsetzung der Tarife von Versorgungsunternehmen

Von großer politischer Bedeutung ist der Einfluß, den die Bürgerschaft auf die Festsetzung der Tarife verschiedener städtischer Versorgungsunternehmen nimmt.

Nach § 10 der Verleihungsurkunde zum Vertrag zwischen Hamburg und der Hamburger Hochbahn AG (HHA) vom 3.Juli 1918 bedürfen die zu erhebenden Fahrpreise der Genehmigung von Senat und Bürgerschaft[72]. Auf ein Ersuchen der Bürgerschaft bezüglich ihrer Zuständigkeit für Tarifänderungen bei den Versorgungs- und Verkehrsbetrieben erwiderte der Senat am 19.Oktober 1947[73], daß die Genehmigung durch die Bürgerschaft bezüglich der HHA-Tarife bereits vertraglich vorgeschrieben sei. Diese Auffassung wiederholte der Senat im Jahre 1951[74]. Anläßlich der Gründung des Hamburger Verkehrsverbundes (HVV) im Jahre 1965 bestätigte der Senat nochmals das Mitwirkungsrecht des Parlaments bei der Festsetzung der Fahrpreise[75]. Danach besteht bis heute zwischen Senat und Bürgerschaft ein Konsens darüber, daß die HVV-Tarife für die Stadt so wesentlich sind, daß die Entscheidung darüber unter einem Parlamentsvorbehalt steht[76].

In Bezug auf die Tarife der Hamburgischen Elektrizitätswerke AG (HEW), Hamburger Gaswerke GmbH (HGW), Hamburger Wasserwerke GmbH (HWW) und der Hafen-Dampfschiffahrt AG (HADAG) besteht aufgrund der erheblichen Bedeutung dieser Kosten für die Daseinsvorsorge ebenfalls Einigkeit über den Genehmigungsvorbehalt des Parlaments[77].

---

[71] Vgl. *v. Hein*, Geschichte der Hamburgischen Bürgerschaft, S.185, der zu Recht darauf hinweist, daß diese Chancen in der Vergangenheit nur selten wahrgenommen wurden.

[72] Zur historischen Entwicklung vgl. *Hoog*, GS f.Martens, S.580 ff.

[73] Mitteilung des Senats an die Bürgerschaft Nr.107, Verhandlungen zwischen Senat und Bürgerschaft 1947.

[74] Mitteilung des Senats an die Bürgerschaft vom 20.2.1951, Nr.38, Verhandlungen zwischen Senat und Bürgerschaft 1951, S.44.

[75] Mitteilung des Senats an die Bürgerschaft vom 16.November 1965, Nr.190, Verhandlungen zwischen Senat und Bürgerschaft 1965, S.515, 517; vgl. auch *Hoog*, GS f.Martens, S.584 f.

[76] *Ipsen*, HVerf, S.352; *Drexelius / Weber*, Vorbem.3 vor Art.48; *Hoog*, GS f.Martens, S.596; *Tögel*, S.171.

[77] *Hoog*, GS f.Martens, S.596 f.

5. Sonstiges zustimmungspflichtiges Verwaltungshandeln

Gem. Art.43 S.3 HV bedarf der Senat zur Ratifikation von Staatsverträgen der vorherigen Zustimmung der Bürgerschaft, sofern die Verträge Gegenstände der Gesetzgebung betreffen oder nicht vorgesehene Haushaltsmittel erfordern. Im Unterschied zu Art.59 Abs.2 S.1 GG ist für die bloße Zustimmung des Parlaments in Hamburg keine Gesetzesform erforderlich. Die Zustimmung erfolgt nach § 41 Buchst.b GOBü durch zweimalige Lesung. Dabei kann die Bürgerschaft einem Staatsvertrag nur zustimmen oder ihn ablehnen; eine Abänderung ist ihr nicht möglich[78]. Soll der Vertragsinhalt allerdings in hamburgisches Recht umgesetzt werden, bedarf es zusätzlich eines Transformationsgesetzes. Zustimmung und Transformation können in einem Akt erfolgen[79].

Gem. Art.72 Abs.3 HV ist die Veräußerung von Staatsgut, die nicht zum regelmäßigen Gang der Verwaltung gehört, nur auf Beschluß der Bürgerschaft zulässig. Da nach dem Kriege aufgrund des Wiederaufbaus und der Sanierung ganzer Stadtteile der Kauf und Verkauf von Grundstücken in immer stärkerem Maße zum üblichen Verwaltungshandeln gehörte, wurde 1960 die Kommission für Bodenordnung[80] geschaffen[81]. Deren Vorsitzender, dessen Stellvertreter, acht Beisitzer und acht Vertreter[82] werden von der Bürgerschaft, je zwei Beisitzer und deren Vertreter werden von jeder Bezirksversammlung gewählt[83]. Zwei Angehörige der Verwaltung werden vom Senat entsandt. Die Kommission untersteht der Dienstaufsicht des Senats und entscheidet anstelle aller sonst in der Verwaltung mitwirkenden Ausschüsse insbesondere über Erwerb und Veräußerung von Grundvermögen zur Verwirklichung von Planungsmaßnahmen[84]. Ihre Beschlüsse sind für die Verwaltung bindend, entfalten aber rechtlich keine Außenwirkung[85]. Die Verantwortung für die Entscheidungen der Bodenordnungskommission liegt in jedem Falle beim Senat, der jederzeit von seinem

---

78 *Drexelius / Weber*, Art.43 Anm.3.

79 *Bernzen / Sohnke*, Art.43 Rdnr.4.

80 Gesetz vom 22.Dezember 1960 (GVBl.1961, S.9) zuletzt geändert durch Gesetz vom 22.9.1987 (GVBl. S.177).

81 *Drexelius / Weber*, Art.72 Anm.3.

82 Darunter müssen je drei Bürgerschaftsabgeordnete sein.

83 Vgl. im einzelnen § 1 des Gesetzes über die Kommission für Bodenordnung.

84 Vgl. im einzelnen § 3 des Gesetzes über die Kommission für Bodenordnung.

85 *Haas*, HmbStVwR, S.108.

Evokationsrecht Gebrauch machen und die Angelegenheit an sich ziehen kann[86]. Durch die Beteiligung ihrer Abgeordneten nimmt die Bürgerschaft mittelbar an den Entscheidungen über Grundstücksverkäufe der Verwaltung teil[87] und kann aus diesem Grunde den Begriff des "regelmäßigen Ganges der Verwaltung" in Art.72 Abs.3 HV zugunsten des Senats weit auslegen.

Ausgerichtet am Beispiel der Kommission für Bodenordnung[88], wurde 1964 die Kreditkommission geschaffen[89], die aus zehn von der Bürgerschaft zu wählenden Mitgliedern sowie einem Vorsitzenden und seinem Stellvertreter, die vom Senat benannt werden, besteht. Die Kreditkommission hat die Aufgabe, auf Vorschlag der zuständigen Behörden über die Gewährung von Finanzierungshilfen zur Förderung der Wirtschaft oder des Umweltschutzes zu entscheiden[90]. Die Kreditkommission ist ein weiteres Beispiel der institutionalisierten Mitwirkung der Bürgerschaft an der Verwaltung.

Nach § 21 des Hamburgischen Datenschutzgesetzes wählt die Bürgerschaft auf Vorschlag des Senats mit mehr als der Hälfte der gesetzlichen Zahl ihrer Mitglieder den Datenschutzbeauftragten, der anschließend für eine Amtszeit von 6 Jahren vom Senat bestellt wird. Nach allgemeiner Auffassung ist der Schutz von Daten, die in der öffentlichen Verwaltung gesammelt und verwendet werden, Teil der Dienstaufsicht und damit exekutivische Tätigkeit[91]. Aus diesem Grunde muß der Senat Dienstherr des Datenschutzbeauftragten sein und auf seine Auswahl einen ganz überwiegenden Einfluß besitzen. Neben der in § 21 HmbDSG getroffenen Regelung wäre es darüber hinaus wohl auch mit dem Grundsatz der Gewaltenteilung vereinbar, eine Datenschutzkommission unter Beteiligung von Bürgerschaftsabgeordneten - ähnlich dem Beamtenernennungsausschuß oder der Kommission für Bodenornung - einzurichten, die den Datenschutzbeauftragten auswählen und seine Arbeit begleiten könnte.

---

86 Die Einschätzung *v. Dohnanyis*, S.67, daß an keiner Stelle wirklich klar sei, wer für die Letztentscheidung verantwortlich sei, ist daher nur als Polemik zu verstehen.

87 *v. Dohnanyi*, S.67, stellt dazu fest: "Sicher ist nur: Alles wird kontrolliert. Und politisch muß der Senat immer den Kopf hinhalten."

88 *Haas*, HmbStVwR, S.108.

89 Gesetz über die Kreditkommission vom 24.9.1964 (GVBl. S.201), zuletzt geändert durch Gesetz vom 2.5.1991 (GVBl. S.200).

90 Vgl. im einzelnen § 2 des Gesetzes über die Kreditkommission.

91 *Ordemann / Schomerus*, § 17 Anm.2; *Simitis / Dammann / Mallmann / Reh*, § 17 Rdnr.4 zum BundesdatenschutzG.

6. Mitwirkung an Bundesratsangelegenheiten

Nach Art.50 GG wirken die Länder bei der Gesetzgebung und Verwaltung des Bundes mit. Gem. Art.51 Abs.1 S.1 GG besteht der Bundesrat aus Mitgliedern der Regierungen der Länder, die sie bestellen und abberufen. Der Bundesrat ist danach ein selbständiges Bundesorgan und keine Länderkammer, die von den Landesparlamenten unmittelbar abhängig wäre[92]; er besteht nicht aus Delegierten der Länderparlamente, sondern aus solchen der Regierungen[93].

Es stellt sich die Frage, ob und in welcher Weise die Bürgerschaft mittelbar oder unmittelbar Einfluß auf das Verhalten des Senats im Bundesrat ausüben kann[94]. Unstreitig haben die Landesparlamente grundsätzlich auch die Befugnis zur nachträglichen Kritik und Kontrolle der Landesregierung in Bezug auf deren Verhalten im Bundesrat[95]. Das BVerfG spricht vom Recht der Landesparlamente, die Regierung wegen ihres Abstimmungsverhaltens im Bundesrat "zur Rechenschaft zu ziehen"[96]. Darüber hinaus wird allgemein von der Zulässigkeit rechtlich unverbindlicher Debatten und Empfehlungen der Landesparlamente in Bundesratsangelegenheiten ausgegangen[97].

Das Verlangen nach parlamentarischer Rechenschaft über das Verhalten der Landesregierung macht nur dann einen Sinn, wenn das Parlament vor den Beratungen im Bundesrat die Möglichkeit hatte, - in Form einer "antizipierten Kontrollmaßnahme"[98] - seine Auffassung darzulegen und der Landesregierung anzukündigen, ihr Verhalten später daran zu messen. Da sich die Kontrollbefugnis der Landtage auch auf das Initiativrecht der Landesregierung im Bundesrat bezieht, ist die Befassung der Landesparlamente mit Gegenständen der Bundesgesetzgebung oder -verwaltung auch dann möglich, wenn die konkrete Sachfrage im Bundesrat nicht zur Entscheidung ansteht[99].

Die Grenzen der "Einmischung" der Landtage in Bundesratsangelegenheiten werden durch den Grundsatz der Gewaltenteilung auf Bundes- wie auf Landes-

---

92 MDHS-*Maunz*, Art.50 Rdnr.5.

93 *Bernzen*, ZParl 1973, 92.

94 Vgl. z.B. den Beschluß zur Änderung des § 218 StGB vom 26.1.1972, Plenarprotokoll 7 / 53, S.2771 A, Drs. VII / 1706 vom 4.1.72.

95 MDHS-*Maunz*, Art.51 Rdnr.18; *Bernzen*, ZParl 1973, 92; *Kratzsch*, DÖV 1975, 109, 113 m.w.N.

96 BVerfGE 8, 104, 120.

97 *Stern*, Bd.2, S.139; *Kratzsch*, DÖV 1975, 109, 112.

98 *Bernzen*, ZParl 1973, 92, 93.

99 Vgl. *Bernzen*, ZParl 1973, 92, 94.

ebene gezogen. Der Bundesrat ist nach Art.50 GG sowohl Legislativ- als auch Exekutivorgan des Bundes und in letzterer Funktion von den Weisungen der Legislativorgane der Länder vollkommen unabhängig[100]. Die Mitglieder des Bundesrates sind nach Art.51 Abs.1 S.1 GG Vertreter der Landesregierungen, zu deren Kernbereich ihrer Zuständigkeit das Abstimmungsverhalten im Bundesrat gehört[101]. Unzulässig ist danach die Erteilung verbindlicher Weisungen durch die Landesparlamente für ein bestimmtes Abstimmungsverhalten der Regierungsvertreter im Bundesrat oder in dessen Ausschüssen[102].

Die Hamburgische Bürgerschaft ist im Rahmen ihrer Kontrollrechte gegenüber dem Senat befugt, über Bundesratsangelegenheiten Debatten zu führen und darüber hinaus unverbindliche Empfehlungen für ein bestimmtes Verhalten der Senatsvertreter im Bundesrat abzugeben. Dies gilt auch für die Aufforderung an den Senat, eine bestimmte Gesetzesinitiative von Hamburg ausgehen zu lassen.

III. Wahl der Verfassungsrichter

Nach Art.65 Abs.1 S.1 HV besteht das HVerfG aus dem Präsidenten des Hanseatischen Oberlandesgerichts als Vorsitzenden, zwei weiteren hamburgischen Richtern, die vom Senat auf fünf Jahre ernannt werden, und sechs Beisitzern, die von der Bürgerschaft auf fünf Jahre gewählt werden. Für jeden Richter ist auf die gleiche Weise ein ständiger Vertreter zu bestimmen.

Gem. § 4 Abs.1 HVerfGG müssen die von der Bürgerschaft zu wählenden Beisitzer das vierzigste Lebensjahr vollendet haben, die Wählbarkeit zur Bürgerschaft besitzen oder hamburgischer Richter auf Lebenszeit sein[103], sich durch Kenntnisse im öffentlichen Recht auszeichnen und im öffentlichen Leben erfahren sein. Drei der Kandidaten müssen die Befähigung zum Richteramt nach dem DRiG besitzen. Mitglieder eines anderen Verfassungsorgans, Beamte und Verwaltungsangestellte sowie Deputierte und Mitglieder der Bezirksversammlungen und ihrer Ausschüsse sind nicht wählbar[104]. Über den Modus der Verfassungsrichterwahl enthält die Verfassung keine Regelung. Gem. § 4

100 Vgl. *Katzsch*, DÖV 1975, 109, 112; *Posser*, HdbVerfR, S.924.

101 Vgl. ebenda.

102 A.A. *Heyen*, Der Staat 1982, 191, 200 f.

103 Kritisch zu dieser Regelung *Schläfereit*, S.101 f.

104 Vgl. Art.65 Abs.1 S.3 HV, § 4 Abs.2 HVerfGG.

Abs.4 HVerfGG werden die Beisitzer in geheimer Wahl ohne Aussprache gewählt; gewählt ist, wer die meisten Stimmen erhält. Diese Vorschrift würde es der Mehrheitsfraktion erlauben, alle Richterkandidaten "aus ihren Reihen" mit einfacher Mehrheit zu bestimmen[105]. Ein Anspruch der Opposition auf Berücksichtigung einiger "ihrer" Kandidaten ließe sich allenfalls verfassungsgewohnheitsrechtlich begründen[106]. In der parlamentarischen Praxis werden die Wahlvorschläge entsprechend § 28 Abs.4 GOBü im Ältestenrat vorbereitet und als dessen Vorschlag oder als solcher der Fraktionen dem Plenum mitgeteilt. Bisher wurde stets Einvernehmen zwischen allen in der Bürgerschaft vertretenen Parteien darüber erzielt, die Verfassungsrichter entsprechend dem Fraktionsproporz im Turnus von den jeweiligen Fraktionen vorschlagen zu lassen[107]. Aus diesem Grunde wurden die Kandidaten regelmäßig einstimmig gewählt[108].

Die Enquete-Kommission "Parlamentsreform" schlägt vor, künftig alle Mitglieder des Verfassungsgerichts mit Zwei-Drittel-Mehrheit durch die Bürgerschaft wählen zu lassen[109]. Die Kommission hält es dabei nicht für überzeugend, daß das Präsidentenamt einer spezifisch öffentlich-rechtlichen Gerichtsbarkeit gerade dem Chef der ordentlichen Gerichtsbarkeit vorbehalten ist[110].

---

105 *Schläfereit*, S.103; *Plambeck*, HmbStVwR, S.66.

106 *Plambeck*, HmbStVwR, S.66.

107 *Schläfereit*, S.104.

108 Zur Kritik am Wahlverfahren de lege lata und zu Verbesserungsvorschlägen de lege ferenda vgl. *Schläfereit*, S.104 ff.

109 Enquete-Kommission, S.136.

110 Ebenda, S.133 f.

7. Kapitel

Abgeordnetenstatus

Die Abgeordneten sind nach Art.7 HV Vertreter des ganzen Volkes, nur ihrem Gewissen unterworfen und an Aufträge nicht gebunden. Der Wortlaut dieser Norm ist beinahe identisch mit Art.38 Abs.1 Satz 2 GG.

Die Formulierung "Vertreter des ganzen Volkes" bringt den Zusammenhang zwischen dem repräsentativen Mandat und der Idee der parlamentarischen Repräsentation zum Ausdruck[1]. Das "ganze Volk" ist das ganze hamburgische Staatsvolk, von dem jeder Abgeordnete sein Mandat erhalten hat; die Abgeordneten dürfen nicht Wahrer der Interessen nur eines Teils dieses Volkes sein[2]. Die Bürgerschaftsabgeordneten sind bei allen ihren Entscheidungen nur ihrem Gewissen unterworfen, haben sich allerdings an der verfassungsmäßigen Ordnung zu orientieren[3]. Die Freiheit des Mandats verbietet das imperative Mandat und einen mit Sanktionen verbundenen Fraktionszwang[4].

Im folgenden wird nur auf einige Besonderheiten des Abgeordnetenstatus nach der HV eingegangen, die keine Entsprechung im GG finden[5]. Die Rechtsstellung fraktionsloser Abgeordneter ist bereits an verschiedenen anderen Stellen im Text behandelt worden.

I. Ehrenamtliche Mandatsausübung

Die Besonderheiten des Abgeordnetenstatus nach der Hamburgischen Verfassung ergeben sich insbesondere aus der Stellung der Bürgerschaft als

---

1 Vgl. *v. Mangoldt / Klein / Achterberg / Schulte*, Art.38 Rdnr.39.

2 *Bernzen / Sohnke*, Art.7 Rdnr.2.

3 *Bernzen / Sohnke*, Art.7 Rdnr.3; vgl. auch MDHS-*Maunz*, Art.38 Rdnr.17.

4 *Schwabe*, HmbStVwR, S. 47 f.;zur umstr. Abgrenzung von unzulässigem Fraktionszwang und in Grenzen notwendiger Fraktionsdisziplin vgl. *v. Mangoldt / Klein / Achterberg / Schulte*, Art.38 Rdnr.41 m.w.N.

5 Eine umfangreiche Zusammenstellung der aktuellen Statusfragen findet sich bei *v. Mangoldt / Klein / Achterberg / Schulte*, Art.38.

letztes sogenanntes Feierabendparlament in Deutschland[6]. Nach Art.13 Abs.1 HV üben die Abgeordneten der Bürgerschaft ihr Mandat ehrenamtlich aus und erhalten dafür eine angemessene Aufwandsentschädigung, deren Höhe das Gesetz[7] bestimmt. Der Begriff "ehrenamtlich" wird dabei so verstanden, daß die Abgeordneten ihr Mandat neben einer regulären Erwerbstätigkeit unentgeltlich - ohne den Erhalt von Diäten, sozusagen um der Ehre willen - ausüben[8]. Um den berufstätigen Abgeordneten die Teilnahme an den Beratungen der Bürgerschaft zu ermöglichen, beginnen die Plenar- und Ausschußsitzungen in der Regel um 16 bzw. 17 Uhr.

Über das rechtspolitische Für und Wider des Feierabendparlaments wird in Hamburg seit vielen Jahren diskutiert[9]. Solange der Umfang und die Rahmenbedingungen der Parlamentsarbeit in Hamburg die ehrenamtliche Mandatsausübung nicht im Sinne der Rechtsprechung des BVerfG[10] unmöglich machen[11], solange gibt es keinen rechtlich zwingenden Grund, den Status des Feierabendparlaments durch eine zwingend notwendige Änderung des Art.13 Abs.1 Satz 1 HV aufzugeben.

1. Zahlung von Aufwandsentschädigung

Die von der Hamburgischen Verfassung vorgesehene Aufwandsentschädigung wird steuerfrei und pauschaliert gezahlt[12]. Darüber hinaus kann den Abgeordneten ein konkret zu belegender Verdienstausfall erstattet werden[13]. Diese Regelung ermöglicht gerade die ehrenamtliche Mandatsausübung ohne finanzielle Einbußen bei der ordentlichen Berufstätigkeit und steht daher mit

---

6 Auch Art.82 BremVerf spricht davon, daß die Mitglieder der Bürgerschaft ihr Amt "als Ehrenamt" ausüben, obwohl den Abgeordneten seit 1978 eine steuerpflichtige Entschädigung gezahlt wird, die den Landtag mindestens zu einem "Teilzeitparlament" macht; vgl. *Tögel*, S.9 f.; *Preuß*, HdbBremVerf, S.314.

7 Gesetz über die Aufwandsentschädigung an die Abgeordneten der Bürgerschaft und über die Gewährung von Zuschüssen an die Fraktionen der Bürgerschaft vom 4.2.1986 (GVBl. S.28), zuletzt geändert durch Gesetz vom 22.12.1989 (GVBl. S.306).

8 Vgl. *Schneider / Zeh-Schulz*, § 65 Rdnr.13; *Schwabe*, HmbStVerwR; S.49 f.; BK-*v. Arnim*, Art.48 Rdnr.74.

9 Vgl. *Tormin / Steffani*, S.156 ff.; *Walter*, ZParl 1986, 388, 389 ff.; *Schwabe*, HmbStVwR, S.49.

10 Vgl. BVerfGE 40, 296, 312 ff.

11 Die Bürgerschaft selbst geht bis heute offenbar nicht vom Bestehen einer solchen Unmöglichkeit aus; vgl. ihre Stellungnahme im Diäten-Verfahren BVerfGE 40, 296, 306 f.

12 Derzeit DM 1.920,-- gem. § 1 Abs.1 S.1 AufwandsentschG.

13 § 4 AufwandsentschG.

Art.13 Abs.1 HV im Einklang. Daß neben der Zahlung einer diesbezüglichen Grundentschädigung weiterer Aufwand[14] der Abgeordneten durch pauschale Zahlungen abgegolten wird, ist denklogisch schwer nachvollziehbar und rechtstechnisch fragwürdig - wenngleich nicht verfassungswidrig. Die 1987 eingeführte Berufsunfähigkeits-Rente für Abgeordnete bzw. Hinterbliebene von Abgeordneten, die der Bürgerschaft mindestens zwei Jahre angehört haben[15], ist mit der ehrenamtlichen Wahrnehmung des Mandats allerdings nur noch dann vereinbar, wenn die Berufsunfähigkeit oder der Tod in verfassungskonformer Auslegung des AufwandsentschG eine unmittelbare Folge der Mandatsausübung darstellt.

2. Geplante Neuregelung der Abgeordnetenentschädigung

Zu Beginn der 14.Wahlperiode wurde der Entwurf eines Hamburgischen Abgeordnetengesetzes in die Bürgerschaft eingebracht[16], dessen Regelungen über eine Altersversorgung der Parlamentarier und eine Amtsentschädigung für die Fraktionsvorsitzenden[17] vor allem zu einer äußerst lebhaften öffentlichen Debatte geführt haben. Das Gesetzesvorhaben wurde aufgrund zahlreicher Änderungen in drei ersten Lesungen beraten und schließlich in zweiter Lesung verabschiedet[18]. Gleichzeitig wurde der Begriff der ehrenamtlichen Tätigkeit aus Art.13 Abs.1 HV gestrichen[19]. Aufgrund massiver öffentlicher Proteste[20] legte der Senat gegen die beiden Gesetze nach Art.50 HV[21] Einspruch ein, dem die Bürgerschaft nicht widersprochen hat[22].

---

14 Z.B. durch Zahlung von Sitzungsgeldern, Bürokostenpauschalen und Fahrtkosten; vgl. §§ 1 ff. AufwandsentschG.

15 § 1a AufwandsentschG.

16 Antrag der Fraktionen von SPD, CDU und FDP vom 26.6.1991, Drs.14 / 13.

17 Der Bürgerschaftspräsident und die Fraktionsvorsitzenden sollten für den Fall, daß sie ihren regulären Beruf aufgeben, zusätzlich zur Abgeordnetenentschädigung monatlich DM 15.600,-- erhalten und damit ebenso wie Senatoren bezahlt werden; vgl. Drs. 14 / 524 vom 30.10.1991, S.5.

18 In der Fassung des Berichts des Ausschusses für Verfasung, Geschäftsordnung und Wahlprüfung vom 30.10.91, Drs.14 / 524, S.4.

19 Ebenda; zur Diskussion über die Notwendigkeit einer Verfassungstextänderung in diesem Zusammenhang vgl. unter Kapitel 3 III.

20 Vgl. diverse Artikel in der FAZ zwischen Sept. und Dez.1991; *v. Arnim*, Der Staat als Beute, S.67 ff.

21 Vgl. dazu unter Kapitel 3 II 2.

22 Die Gesetzentwürfe sind nach Überweisung in den Verfassungsausschuß zwischenzeitlich von den antragstellenden Fraktionen zurückgezogen worden und werden damit einvernehmlich als erledigt betrachtet, vgl. Bericht des Ausschusses für Verfassung, Geschäftsordnung und Wahlprüfung vom 13.5.1992, Drs.14 / 1950.

Ursprünglicher Anlaß für die Reform der Abgeordnetenentschädigung war die Auffassung aller Fraktionen, daß die Bürgerschaft aufgrund des Diäten-Urteils des BVerfG von 1975 seit langem zur Umwandlung der streuerfreien Aufwandsentschädigung in eine (verdoppelte) steuerpflichtige Entschädigung verpflichtet sei[23]. Das BVerfG verpflichtete damals den Saarländischen Landtag, die "mit dem Character von Einkommen"[24] bestehende Vollalimentation seiner Abgeordneten der Besteuerung zu unterwerfen. Das Gericht erklärte zwar die Grundsätze der Abgeordnetenentschädigung nach Art.48 Abs.3 GG über Art.28 Abs.1 Satz 1 GG als Essentiale des demokratischen Prinzips zum Bestandteil der verfassungsmäßigen Ordnung in den Ländern[25], ließ dabei allerdings die Geltung der Alimentierungspflicht für alle Landtage ausdrücklich offen[26]. Die Grundentschädigung für die Abgeordneten der Hamburgischen Bürgerschaft wird bisher nur für den mit der Mandatsausübung verbundenen Aufwand gezahlt. Eine solche echte Aufwandsentschädigung kann nach der Rechtsprechung des BVerfG - selbst in pauschalierter Form - auch künftig steuerfrei bleiben[27]. Aus der Entscheidung des BVerfG läßt sich daher weder eine generelle Verpflichtung aller Bundesländer zur Einführung der Vollalimentation[28], noch gar zur Besteuerung reiner Aufwandsentschädigungen ableiten. Insbesondere für Stadtstaaten ist es verfassungsrechtlich auch weiterhin möglich, die Parlamentsarbeit als "Feierabendbeschäftigung" zu organisieren[29]. Aus diesem Grunde kann auch nicht davon ausgegangen werden, daß Art.13 Abs.1 HV durch das Verfassungsgerichtsurteil obsolet geworden sei[30].

---

23 Bericht des Ausschusses für Verfassung, Geschäftsordnung und Wahlprüfung vom 3.9.1991, Drs. 14 / 197, S.1; vgl. auch die Argumentation aller Fraktionen in der Debatte am 26.6.91, Plenarprotokoll 14 / 2, S.62 ff.

24 BVerfGE 40, 296, 328.

25 BVerfGE 40, 296, 319.

26 BVerfGE 40, 296, 314.

27 BVerfGE 40, 296, 328.

28 So zwischenzeitlich auch BVerfGE 76, 256, 341 f.; vgl. *Schneider / Zeh-v. Arnim*, § 16 Rdnr.27; *Kloepfer*, DVBl. 1979, 378, 379; a.A. *Schlaich / Schreiner*, NJW 1979, 673, 678; Enquete-Kommission, S.160.

29 *Bernzen / Gottschalck*, ZRP 1993, 91, 92; vgl. auch Sondervotum *Seuffert*, BVerfGE 40, 296, 345; *Kloepfer*, DVBl. 1979, 378, 379; *Henkel*, DÖV 1977, 350, 351; BK-v. *Arnim*, Art.38 Rdnr.117 ff.

30 So aber die SPD- und CDU-Vertreter im Ausschuß für Verfassung, Geschäftsordnung und Wahlprüfung, Bericht vom 3.9.91, Drs.14 / 197, S.1.

3. Empfehlungen der Enquete-Kommission

Die Enquete-Kommission "Parlamentsreform" schlägt eine Regelung vor, nach der die besondere Hamburger Tradition der Mitwirkung berufstätiger Abgeordneter zumindest teilweise fortgesetzt werden kann; ein faktischer Zwang für oder gegen einen Beruf soll möglichst ausgeschaltet werden und beide Optionen sollen für den einzelnen Abgeordneten rechtlich und tatsächlich gangbar sein[31].

Nach einer von der Kommission in Auftrag gegebenen Studie, deren Erkenntnisse allerdings selbst unter den Parlamentariern stark umstritten sind, ist die Arbeitsbelastung vieler Abgeordneter mit einer durchschnittlichen Mandatszeit von 49 Wochenstunden nach deren Selbstauskunft mit derjenigen einer normalen Berufstätigkeit durchaus vergleichbar[32].

Die Enquete-Kommission spricht sich für ein einheitlich an alle Abgeordneten zu zahlendes (steuerpflichtiges) Entgelt in Höhe von 6.800,-- DM aus[33]. In Erwartung der künftigen Zulässigkeit aufgrund einer entsprechenden Änderung der Rechtsprechung des BVerfG schlägt die Kommission vor, daß der Bürgerschaftspräsident sowie die Fraktionsvorsitzenden ein doppeltes und die Vizepräsidenten sowie die stellvertretenden Fraktionsvorsitzenden ein eineinhalbfaches Abgeordnetenentgelt erhalten sollen[34]. Darüber hinaus wird ein Funktionsentgelt auch für die Vorsitzenden und Schriftführer der Parlamentsausschüsse befürwortet, weil deren Aufgabenwahrnehmung ebenfalls eine besondere Qualifikation erfordere und eine Verantwortung vermittle, welche über die normale Wahrnehmung des Abgeordnetenmandats hinausreiche[35].

Als Aufwendungsersatz empfiehlt die Kommission auf Nachweis der tatsächlichen Ausgaben einen Kostenzuschuß für ein Abgeordnetenbüro von bis zu DM 700,--, eine einmalige Zahlung von bis zu DM 1.000,-- für Aufwendungen aus Anlaß der Anmietung eines Büros[36] und einen einmaligen Betrag in Höhe von DM 2.000,-- für die Büroausstattung sowie einen monatlichen Zuschuß bis zur Höhe von 1/3 Bundes-Angestellten-Tarif VIb[37]

31 Enquete-Kommission, S.149 ff.

32 Enquete-Kommission, S. 150 f.; vgl. Anlage 1 des Berichts.

33 Enquete-Kommission, S.163.

34 Enquete-Kommission, S.165 ff.

35 Ebenda, S.167.

36 Diese beiden Positionen entsprechen der geltenden Rechtslage nach § 2 Abs.2 AufwandsentschG.

37 Bislang 1 / 2 BAT IIa für wissenschaftliche Mitarbeiter gem. § 2 Abs.1 AufwandsentschG.

für die Beschäftigung von Schreibkräften[38]. Darüber hinaus sollen die Abgeordneten eine HVV-Fahrkarte sowie eine monatliche Pauschale für Telefon-, Portokosten, Zeitungen und Fachliteratur in Höhe von DM 600,-- erhalten; das bisherige Sitzungsgeld[39] entfällt[40].

Zur Absicherung sozialer Risiken soll den Abgeordneten auf Antrag ein Betrag in Höhe der Hälfte des aus eigenen Mitteln geleisteten Krankenversicherungsbetrages[41] als Zuschuß zu den Kosten der Finanzierung einer Sicherung im Krankheitsfall gezahlt werden; zur Mitversicherung von Familienangehörigen wird ein pauschalierter Höchstbetrag zur Verfügung gestellt[42]. Für Abgeordnete, die aufgrund ihrer hauptberuflichen Mandatsausübung arbeitslos geworden sind oder bei der Rückkehr in die Erwerbstätigkeit besonderer Unterstützung bedürfen, soll eine Übergangshilfe vorgesehen werden[43]. Eine Altersversorgung sollte nach Ansicht der Kommission lediglich mandatsbedingte Lücken schließen und keine Rückwirkung entfalten[44]. Nach einer Mandatstätigkeit von mindestens einem Jahr erwerben die Abgeordneten je Mandatsjahr einen Anspruch auf Altersversorgung in Höhe von zwei Prozent des aktuellen Abgeordnetenentgelts[45]; das Altersruhegeld wird mit Vollendung des 63.Lebensjahres gezahlt[46]. Zeitgleich mit der Abgeordnetentätigkeit erworbene Ansprüche auf ein Altersruhegeld aus öffentlichen Kassen sind ebenso wie ein entsprechendes Einkommen anzurechnen[47].

Zur jährlichen Beurteilung der Angemessenheit der Leistungen an Abgeordnete und Fraktionen empfiehlt die Enquete-Kommission die Einrichtung einer unabhängigen "Diäten- und Statuskommission", in die fünf externe Sachverständige mit Zwei-Drittel-Mehrheit von der Bürgerschaft gewählt werden[48].

---

38 Enquete-Kommission, S.170 ff.

39 DM 40,-- je Sitzung gem. § 1 Abs.5 AufwandsentschG.

40 Enquete-Kommission, S.174 ff.

41 Höchstens jedoch die Hälfte des Höchstbeitrages der AOK Hamburg.

42 Enquete-Kommission, S.178 f.

43 Ebenda, S.182.

44 Ebenda, S.182 ff.

45 Etwaige Funktionszulagen werden dabei zeitanteilig berücksichtigt.

46 Enquete-Kommission, S.184 ff.

47 Ebenda, S.191 ff.

48 Ebenda, S.203 f.

II. Ruhendes Mandat

Nach Art.38a HV dürfen Senatoren ihr ggf. erworbenes Bürgerschaftsmandat nicht ausüben; dieses ruht während der Amtszeit als Senator[49]. Das Gesetz bestimmt, wer das Mandat während dieser Zeit ausübt[50].

Die Inkompatibilität von Senatsamt und Abgeordnetenmandat wurde im Zuge der Parlamentsreform von 1971 insbesondere auf Drängen der kleinen FDP-Regierungsfraktion eingeführt, die sich durch zusätzliche Abgeordnete eine spürbare Erleichterung ihrer Arbeitsmöglichkeiten versprach[51]. Die "schwebende Außerkraftsetzung der Abgeordneteneigenschaft"[52] wirkt sich wie folgt aus: Wird ein Bürgerschaftsabgeordneter zum Senator gewählt und nimmt er die Wahl an, muß er - vorübergehend - auf die Ausübung seines Abgeordnetenmandats verzichten, mit der Folge, daß der nächstfolgende Listenbewerber in die Bürgerschaft nachrückt. Dies geschieht allerdings mit der Maßgabe, daß das lediglich ruhende Mandat des Senators wieder auflebt, sobald er während der Wahlperiode aus dem Senat ausgeschieden, was dann die sofortige Mandatsbeendigung des Nachrückers bewirkt[53].

1. Unvereinbarkeit mit der Freiheit des Mandats

Die Verfassungsmäßigkeit dieser Regelung wird seit langer Zeit mit guten Gründen bezweifelt[54]. Die Enquete-Kommission "Parlamentsreform" empfiehlt die Abschaffung des ruhenden Mandats[55].

Art.38a HV erklärt die Nachrücker zu bloßen Platzhaltern für Senatoren und schafft damit Abgeordnete erster und zweiter Klasse[56]. Gerade in Zeiten knapper Mehrheitsverhältnisse kann jeder "Ersatz-Abgeordnete" durch jedes Senats-

---

49 Eine entsprechende Regelung enthält Art.108 BremVerf.

50 Vgl. § 39 WahlGBü.

51 *Siegloch*, S.31; *Busse / Hartmann*, ZParl 1971, 200, 202.

52 *Schneider / Zeh-Versteyl*, § 14 Rdnr.37.

53 Über ein besonders eklatantes Beispiel eines mehrfach "rotierenden" Abgeordneten berichtet *Rosenau*, ZParl 1988, 35, 41.

54 *Nell*, JZ 1975, 519, 522; *Bernzen / Sohnke*, Art.38a Rdnr.5; *Dress*, S.175; *Rosenau*, ZParl 1988, 35, 42; *Schneider / Zeh-Versteyl*, § 14 Rdnr.37; *Schreiber*, § 46 Rdnr.2b; *Stern*, Bd.1, S.1053 f.; *v. Mangoldt / Klein / Achterberg / Schulte*, Art.38 Rdnr.57 ff.; a.A. *Lohmeier*, DVBl.1977, 405, 409; *Schneider / Zeh-Schulz*, § 65 Rdnr.70; zur früheren Rechtslage in Hessen vgl. HessStGH, NJW 1977, 2065 ff.; *Gralher*, ZRP 1977, 156 ff.

55 Enquete-Kommission, S.203.

56 Enquete-Kommission, S.201; vgl. *Rosenau*, ZParl 1988, 35, 41.

mitglied, dessen Mandat ruht, mit der Drohung des Rücktritts und des damit verbundenen Wiedereintritts in die Bürgerschaft diszipliniert werden[57]. Im Falle eines Mißtrauensvotums gegen einen Senator muß jeder Nachrücker schon deswegen für die Regierung stimmen, um selbst Abgeordneter bleiben zu können[58]. Diese Umstände sind unvereinbar mit der Freiheit des Abgeordnetenmandats[59]. Die Gewissensfreiheit der Bürgerschaftsabgeordneten ergibt sich dabei nicht nur aus Art.7 S.2 HV, sondern ebenso aus Art.28 Abs.1 S.1 GG i.Vm. Art.38 Abs.1 S.2 GG[60]. Wenn nach der Rechtsprechung des BVerfG schon die Abgeordnetenentschädigung nach Art.48 Abs.3 GG zu den Essentialen des demokratischen Prinzips und damit über Art.28 Abs.1 S.2 GG zum Bestandteil der verfassungsmäßigen Ordnung in den Ländern zählt[61], dann muß dies erst recht für die in ihrer Bedeutung für die parlamentarische Demokratie kaum niedriger einzuschätzende Freiheit des Mandats gelten.

2. Unvereinbarkeit mit den Wahlrechtsgrundsätzen

Darüber hinaus ist Art.38a HV unvereinbar mit den Grundsätzen der Unmittelbarkeit und der Gleichheit der Wahl, die sich sowohl aus Art.6 Abs.2 HV als auch unmittelbar aus Art.28 Abs.1 S.2 GG ergibt[62]. Die Unmittelbarkeit der Wahl schließt jedes Verhalten aus, bei dem zwischen Wähler und Wahlbewerber nach der Wahlhandlung eine Instanz eingeschaltet ist, die nach ihrem Ermessen den Vertreter auswählt und damit dem einzelnen Wähler die Möglichkeit nimmt, die zukünftigen Mitglieder der Volksvertretung durch die Stimmabgabe selbst zu bestimmen[63]. Die Parlamentsmitgliedschaft des nachgerückten Abgeordneten aber hängt - nachdem der Wähler "das entscheidende Wort"[64] gesprochen hat - unzulässigerweise auch von der Entscheidung des ursprünglich gewählten Kandidaten für oder gegen ein Senatorenamt ab[65]. Die

---

57 *Dress*, S.166 f.

58 *Nell*, JZ 1975, 519, 522.

59 *Dress*, S.173 ff.; *Stern*, Bd.1, S.1053 f.; *Schneider / Zeh-Versteyl*, § 14 Rdnr.37; v. *Mangoldt / Klein / Achterberg / Schulte*, Art.38 Rdnr.58.

60 *Dress*, S.173; a.A. *Rosenau*, ZParl 1988, 35, 37.

61 BVerfGE 40, 296, 319.

62 Vgl. dazu unter Kapitel 1 I.

63 Zuletzt BVerfGE 47, 253, 279 f.

64 BVerfGE 3, 45, 49.

65 *Bernzen / Sohnke*, Art.38a Rdnr.5; *Rosenau*, ZParl 1988, 35, 40; *Nell*, JZ 1975, 519, 522; *Schneider / Zeh-Versteyl*, § 14 Rdnr.37; vgl. auch HessStGH, NJW 1977, 2065, 2066 f.

Gleichheit der Wahl[66] gilt auch für die Ausübung des Mandats und verlangt, daß die Abgeordneten im Parlament einander formal gleichgestellt sind[67]. Für die beschriebene Ungleichheit der Bürgerschaftsabgeordneten erster und zweiter Klasse liefert auch der Gesichtspunkt einer möglichst strengen Gewaltenteilung[68] keine ausreichende Rechtfertigung[69]. Zur Verwirklichung einer echten Teilung der legislativen von der exekutiven Gewalt würde es genügen, eine Inkompatibilität ohne "Rückversicherung" durch ein ruhendes Bürgerschaftsmandat verfassungsrechtlich festzuschreiben.

3. Ergebnis

Das BVerfG hält verfassungswidriges Verfassungsrecht in einer freiheitlich-demokratischen Verfassung nur ausnahmsweise für denkbar[70]. Nach dem Prinzip der Einheit der Verfassung sind deren einzelne Elemente in der Regel so zu interpretieren, daß Widersprüche zu anderen Verfassungsnormen vermieden werden[71]; kollidierenden Normen müssen Grenzen gezogen werden, damit beide zu optimaler Wirksamkeit gelangen können[72]. Im vorliegenden Fall ist eine solche Grenzziehung zwischen Art.6 Abs.2 u. Art.7 Satz 2 HV auf der einen und Art.38a Abs.2 HV auf der anderen Seite nicht möglich. Insbesondere unter Berücksichtigung einer vierzigjährigen Interpretation der Art.28 Abs.2 Satz 2 u. Art.38 Abs.1 i.V.m. Art.28 Abs.2 Satz 1 GG durch Rechtsprechung und Lehre ist eine Vereinbarkeit der Regelung des ruhenden Mandats mit dem Abgeordnetenstatus und den Wahlrechtsgrundsätzen auch nach den entsprechenden Vorschriften der HV auf verfassungskonforme Weise nicht zu erreichen. Der Gesetzgeber hat mit der Einfügung des Art.38a in die HV im Jahre 1971 verfassungswidriges Verfassungsrecht geschaffen.

Art.38a HV ist - ebenso wie die Ausführungsbestimmungen in § 39 WahlGBü - wegen Verstoßes gegen Art.7 Satz 2 HV und Art.38 Abs.1 Satz 2

---

66 Vgl. dazu unter Kapitel 1 I 4.

67 BVerfGE 40, 296, 317 f.

68 So die Begründung bei *Drexelius / Weber*, Art.38a Anm.1; *Schneider / Zeh-Schulz*, § 65 Rdnr.70; *Lohmeier*, DVBl.1977, 405, 408.

69 *Rosenau*, ZParl 1988, 35, 42; vgl. auch *Schneider / Zeh-Versteyl*, § 14 Rdnr.37; vgl. HessStGH, NJW 1977, 2065, 2068.

70 BVerfGE 3, 225, 235.

71 *Hesse*, Rdnr.71.

72 Ebenda, Rdnr.72.

GG i.V.m. Art.28 Abs.1 Satz 2 GG sowie Art.6 Abs.2 HV und Art.28 Abs.1 Satz 2 GG nichtig.

III. Mandatsverlust durch Ausschluß

Gem. Art.13 Abs.2 HV kann ein Abgeordneter durch Beschluß der Bürgerschaft mit Zustimmung von drei Vierteln der gesetzlichen Mitgliederzahl aus dem Parlament ausgeschlossen werden, wenn er sein Amt mißbraucht, um sich oder anderen persönliche Vorteile zu verschaffen[73], seine Pflichten als Abgeordneter aus eigennützigen Gründen gröblich vernachlässigt[74] oder der Pflicht zur Verschwiegenheit gröblich zuwiderhandelt[75].

Mit diesem - neben Art.85 BremVerf - einmaligen[76] "Selbsreinigungsrecht"[77] wurde nach Auffassung des Verfassungsgebers eine "erforderlich" Regelung getroffen, die "zweifellos dem Wählerwillen entsprechen"[78] und "zum Ausgangspunkt einer modernen ... Entwicklung des Verfassungsrechts"[79] werden sollte. In der Praxis wurde von dieser Maßnahme bisher kein Gebrauch gemacht[80].

In der Möglichkeit des Parlamentsausschlusses liegt eine Einschränkung des freien Mandats, die allerdings aufgrund ihrer verfassungsmäßigen Verankerung und wegen der Beschränkung auf Mißbrauchstatbestände, die nicht dem Schutzbereich des Art.7 HV unterfallen, auch mit Art.38 Abs.1 Satz 2 GG i.V.m. Art.28 Abs.1 Satz 1 GG vereinbar ist[81]. Die in Art.13 Abs.2 HV geregelten Tatbestände stellen wegen der Schwere der vorgesehenen Sanktionsmöglichkeit eine abschließende Regelung dar[82].

---

73 Eine darauf gerichtet Absicht reicht aus; *Bernzen / Sohnke*, Art.13 Rdnr.6.

74 Dazu bedarf es eines in besonders hohen Maße verwerflichen Handelns; *Bernzen / Sohnke*, Art.13 Rdnr.7.

75 Vgl. §§ 59 Abs.3; 66; 79 GOBü; § 353c StGB.

76 Art.41 Abs.1 Satz 2 GG überträgt dem Bundestag die Zuständigkeit, festzustellen, ob das Mandat erloschen ist, enthält aber keine Ermächtigung zum Mandatsentzug; MDHS-*Maunz*, Art.41 Rdnr.10 f.

77 Bericht des Verfassungsausschusses vom Dezember 1951 zu Art.13, S.4.

78 Ebenda.

79 *Schultz*, MDR 1952, 469; ähnlich *Ipsen*, HVerf, S.273.

80 Über die Vorbereitung eines Ausschlußverfahrens berichten *Drexelius / Weber*, Art.13 Anm.4.

81 *Kratzsch*, DÖV 1979, 372, 373 f.; *Schneider / Zeh-Badura*, § 15 Rdnr.26; *Preuß*, HdbBremVerf, S.315.

82 *Bernzen / Sohnke*, Art.13 Rdnr.4.

Nach Art.13 Abs.2 Satz 3 HV ist gegen eine Ausschluß-Entscheidung der Bürgerschaft der Rechtsweg zum HmbVerfG ausdrücklich ausgeschlossen. Der Verfassungsgeber wollte die verfassungsgerichtliche Überprüfung nicht zulassen, weil in dem Erfordernis einer qualifizierten Mehrheit eine hinreichende Sicherheit gegen Mißbräuche liege und es bei den Beschlüssen "überwiegend auf Werturteile" ankomme, "die sich zu richterlicher Entscheidung nicht eignen" würden[83]. Diese Regelung ist insofern unzweckmäßig, weil sie dem betroffenen Abgeordneten gem. Art.93 Abs.1 Nr.4 GG i.V.m. § 71 Nr.3 BVerfGG den Rechtsweg zum BVerfG eröffnet[84]. Das Gericht ist allerdings bei der Überprüfung der Entscheidung über den Ausschluß an die Tatsachenfeststellungen der Bürgerschaft gebunden[85].

Die "Kann-Bestimmung" der Norm setzt - a maiore ad minus - voraus, daß die Bürgerschaft als mildere Maßnahme vor dem Ausschluß eines Abgeordneten wegen eines der in Art.13 Abs.2 HV genannten Verstöße ihre Mißbilligung aussprechen kann[86].

IV. Immunität

Nach Art.15 Abs.1 HV darf ohne Genehmigung der Bürgerschaft kein Abgeordneter während der Dauer seines Mandats wegen einer mit Strafe bedrohten Handlung zur Untersuchung gezogen oder verhaftet werden, es sei denn, daß er bei Ausübung der Tat oder spätestens im Laufe des folgenden Tages festgenommen wird. Die Vorschrift entspricht - mit einer Ausnahme - im wesentlichen den Immunitätsregelungen des GG und der übrigen Landesverfassungen[87]. Art.58 BrandVerf enthält neuerdings eine Lockerung des Immunitätsschutzes derart, daß die Haft oder sonstige Beschränkung der persönlichen Freiheit des Abgeordneten nicht mehr der Genehmigung des Landtages bedarf, sondern auf sein Verlangen auszusetzen ist, wenn die parlamentarische Arbeit beeinträchtigt wird.

---

83 Bericht des Verfassungsausschusses vom Dezember 1951, zu Art.13, S.4.

84 *Kratzsch*, DÖV 1970, 372, 374; *Drexelius / Weber*, Art.13 Anm.5; *Bernzen / Sohnke*, Art.13 Rdnr.10.

85 Vgl. *Preuß*, HdbBremVerf, S.316.

86 *Bernzen / Sohnke*, Art.13 Rdnr.2.

87 Vgl. dazu *Schneider / Zeh-Klein*, § 17 Rdnr.3.

Die Abgeordnetenimmunität stellt ein traditionelles[88] Parlamentsprivileg dar, auf welches der einzelne Abgeordnete weder einen Anspruch hat, noch wirksam verzichten kann[89]. Dennoch wäre durch eine ermessensfehlerhafte Entscheidung der Bürgerschaft auch der Status des betroffenen Abgeordneten berührt. Aus diesem Grunde steht ihm - mangels eines Rechtswegs zum HVerfG -die Möglichkeit der gerichtlichen Kontrolle durch das BVerfG gem. Art.93 Abs.1 Ziffer 4 GG offen[90].

Der Strafbegriff des Art.15 Abs.1 HV erfaßt nicht nur Kriminalstrafen, sondern alle verwaltungs-, ordnungs- und ehrenrechtlichen Maßnahmen mit Strafcharakter[91]. Nach früher unbestrittener Auffassung waren auch Disziplinarverfahren als "mit Strafe bedrohte Handlungen" von der Zustimmung des Parlaments abhängig[92]. Unter Hinweis auf die Wesensverschiedenheit von Straf- und Disziplinarrecht will das BVerwG den sachlichen Schutzbereich der Immunität nicht mehr auf Diziplinarverfahren ausdehnen[93]. Dem ist zu Recht entgegengehalten worden, daß dieses Ergebnis zur Konsequenz hätte, daß Durchsuchungen und Beschlagnahmen im Rahmen eines Disziplinarverfahrens[94] ohne weiteres angeordnet werden könnten, während dieselbe Maßnahme im Rahmen eines Strafverfahrens einer vorherigen Genehmigung des Parlaments bedürfte[95].

Gem. § 89 GOBü überweist der Präsident Anträge auf Aufhebung der Immunität ohne Mitteilung an die Bürgerschaft an den Geschäftsordnungsausschuß. Dieser kann in Verkehrs- und Bagatellsachen gem. § 90 GOBü mit Zwei-Drittel-Mehrheit eine Vorentscheidung treffen, die der Bürgerschaft durch den Präsidenten schriftlich mitgeteilt wird. Die Entscheidung des Plenums gilt als erfolgt, wenn innerhalb von vierzehn Tagen kein Widerspruch erhoben wird.

---

88 Zur geschichtlichen Entwicklung vgl. *Schneider / Zeh-Klein*, § 17, Rdnr.13 ff.

89 *Drexelius / Weber*, Art.15 Anm.2; *Bernzen / Sohnke*, Art.15 Rdnr.1; vgl. zu Art.46 Abs.2 GG *v. Mangoldt / Klein / Achterberg / Schulte*, Art.46 Rdnr.32 m.w.N.

90 *Bernzen / Sohnke*, Art.15 Rdnr.11; vgl. MDHS-*Maunz*, Art.15 Rdnr.71; BK-*Magiera*, Art.46 Rdnr.103; BayVerfGE n.F. 19, 1, 3; a.A. *Drexelius / Weber*, Art.15 Anm.8; *Achterberg*, S.245.

91 *Bernzen / Sohnke*, Art.15 Rdnr.2; MDHS-*Maunz*, Art.46 Rdnr.40.

92 *Bernzen / Sohnke*, Art.15 Rdnr.2, MDHS-*Maunz*, Art.46 Rdnr.40; *v. Münch-Rauball*, Art.46 Rdnr.22; AK-*Schneider*, Art.46 Rdnr.12; vgl. RGSt 23, 184, 193; 24, 205, 209.

93 BVerwG, NJW 1986, 2520 ff.; zustimmend bislang nur *Bornemann*, DÖV 1986, 93 ff.

94 Vgl. § 41 HmbDO.

95 Vgl. *Wurbs*, S.31 f.

Nach gängiger Praxis wird in Hamburg ebenso wie im Bundestag[96] und den anderen Landtagen zu Beginn jeder Legislaturperiode durch Parlamentsbeschluß die Durchführung von Ermittlungsverfahren wegen Straftaten pauschal genehmigt, sofern es sich nicht um Beleidigungen politischen Charakters handelt[97]. Von der Pauschalgenehmigung sind in Hamburg ausdrücklich auch die Zwangsmaßnahmen der Durchsuchung und Beschlagnahme erfaßt, soweit der sofortige Vollzug ohne die Einholung einer gesonderten Genehmigung zur Beweissicherung zwingend geboten erscheint. Die Genehmigung wird im Einzelfall erst wirksam, wenn der Bürgerschaftspräsident nach Unterrichtung über die geplante Maßnahme festgestellt hat, daß die Voraussetzungen für einen sofortigen Vollzug vorliegen.

Gegen diese Praxis der Hamburgischen Bürgerschaft werden verfassungsrechtliche Bedenken erhoben, über die das BVerfG demnächst zu entscheiden hat[98]. Es werden Bedenken dagegen vorgetragen, daß die nach der Verfassung auf den Einzelfall abgestellte, die Unverfälschtheit parlamentarischer Repräsentation berührende Entscheidungsbefugnis des Parlaments über Immunitätsangelegenheiten so weitgehend delegiert werden könnte[99]. Bei einer derart bedeutenden, irreversiblen Entscheidung erfordere das repräsentative Prinzip mindestens die Entscheidung durch einen repräsentativ besetzten Ausschuß[100]. Jedenfalls sei die Verlagerung auf eine einzige Person, nämlich den Bürgerschaftspräsidenten, verfassungswidrig[101]. Demgegenüber ist darauf hinzuweisen, daß die vom BVerfG geforderte Repräsentation des Volkes im Parlament eine Beteiligung aller Abgeordneten zwar immer dort nötig macht, wo der Sache nach die Entscheidungen fallen[102]. Die Entscheidung über eine Genehmigung von strafprozessualen Zwangsmaßnahmen in Ermittlungsverfahren gegen Abgeordnete trifft das Bürgerschaftsplenum allerdings regelmäßig auf seiner ersten Sitzung in einer neuen Wahlperiode generell und im Vorwege. An dieser Entscheidung sind alle Abgeordneten i.S.d. Art.15 Abs.1 HV beteiligt[103]. Die spätere Einzelfallentscheidung des Bürgerschaftspräsidenten stellt lediglich eine

96 Vgl. dazu *Schneider / Zeh-Klein*, § 17 Rdnr.53.

97 Vgl. Drs.14 / 2 vom 19.6.1991.

98 Az. 2 BvH 2 / 90.

99 *Ranft*, ZRP 1981, 271, 276 f.

100 *A.Schulz*, DÖV 1991, 448, 453 unter Berufung auf BVerfGE 80, 188 ff. und *Bernzen / Gottschalck*, ZParl 1990, 393, 400; im Ergebnis ebenso *Butzer*, S.384.

101 *A.Schulz*, DÖV 1991, 448, 454.

102 BVerfGE 80, 188, 189, 221 f.; insoweit zustimmend *Bernzen / Gottschalck*, ZParl 1990, 393, 400.

103 So auch *Wurbs*, S.59 f. für das Verfahren im Bundestag.

- zuvor ebenfalls vom Plenum beschlossene - Einschränkung der generellen Genehmigung dar und bedarf daher auch keiner Begleitung durch einen repräsentativ zusammengesetzten Ausschuß[104]. Auch sonstige verfassungsrechtliche Zweifel hinsichtlich der hamburgischen Regelung sind nicht ersichtlich[105]. Die Bürgerschaft selbst hat - im Gegensatz zum einzelnen Abgeordneten - das Recht, jedenfalls für das Ermittlungsverfahren auf einen Teil ihrer Privilegien aus Art.15 Abs.1 HV für die Dauer der Legislaturperiode vorab zu verzichten. Nach dem in Art.15 Abs.3 HV verankerten Reklamationsrecht hat die Bürgerschaft darüber hinaus jederzeit die Möglichkeit, bereits eingeleitete Maßnahmen wieder aussetzen zu lassen. Als sachgemäße Gründe für eine Pauschalgenehmigung lassen sich sowohl die im Falle von Zwangsmaßnahmen häufig drohende Verdunkelungsgefahr[106] als auch eine gewisse Fürsorgepflicht gegenüber dem betroffenen Abgeordneten anführen, der in den seltensten Fällen an einer öffentlichen Erörterung der gegen ihn eingeleiteten Ermittlungsmaßnahmen interessiert sein wird. Eine Begrenzung der Kenntnis auf die Person des Präsidenten kann in der parlamentarischen Praxis sicherstellen, daß die genannten Ziele erreicht werden.

Die Enquete-Kommission "Parlamentsreform" empfiehlt unter Hinweis auf die Prangerwirkung der Immunität im Zeitalter der Medienöffentlichkeit, ihren Schutzbereich dahingehend zu konkretisieren, daß lediglich Verhaftungen und sonstige freiheitsbeschränkende Maßnahmen unter dem Vorbehalt einer Einwilligung der Bürgerschaft stehen; im übrigen soll die Bürgerschaft das Recht erhalten, Immunität im Einzelfall durch Beschluß herzustellen[107].

V. Indemnität

Nach Art. 14 Abs.1 HV darf niemand zu irgendeiner Zeit wegen seiner Abstimmung oder einer Äußerung, die er als Abgeordneter in der Bürgerschaft oder einem ihrer Ausschüsse getan hat, außerhalb der Versammlung zur Verantwortung gezogen werden.

---

104 So der Vorschlag von *Wurbs*, S.60 ff.

105 *Bernzen / Sohnke*, Art.15 Rdnr.13 weisen darauf hin, daß es sich lediglich um eine Vereinfachung des Verfahrens handelt, die jederzeit von der Bürgerschaft widerrufen werden kann.

106 Dieses Argument sieht auch *A.Schulz*, DÖV 1991, 448, 454.

107 Enquete-Kommission, S.75 f.

Die Indemnität soll die freie Rede und Argumentation in der parlamentarischen Willensbildung gewährleisten[108] und schützt jede Art von Äußerungen, die eine Beziehung zur Mandatsausübung aufweisen[109]. Reine Tätlichkeiten werden nicht geschützt[110]. Verleumderische Beleidigungen sind nicht - wie nach Art.46 Abs.1 S.2 GG - aus dem Schutzbereich der Indemnität herausgenommen, können gem. Art.14 Abs.2 HV aber mit Genehmigung der Bürgerschaft verfolgt werden. Auch ohne ausdrückliche Regelung[111] bezieht sich der Schutz der Indemnität auch auf Fraktionsäußerungen des Abgeordneten[112], nicht jedoch auf die Abgabe von Presserklärungen[113].

Die Indemnität stellt nach h.M. - ebenso wie § 36 StGB[114] - einen persönlichen Strafausschließungsgrund dar[115]. Weder ist ein Verzicht auf die Indemnität möglich, noch kann die Bürgerschaft sie aufheben[116].

---

108 *Bernzen / Sohnke*, Art.14 Rdnr.1.

109 *Bernzen / Sohnke*, Art.14 Rdnr.5 f.; vgl. auch *v. Mangoldt / Klein / Achterberg / Schulte*, Art.46 Rdnr.10.

110 *Drexelius / Weber*, Art.14 Anm.4; BVerwG, NJW 1986, 2520, 2522.

111 Solche finden sich in Art.37 BaWüVerf, Art.57 BrandVerf, Art.14 NdsVerf u. Art.81 Abs.2 SaarVerf.

112 *Bernzen / Sohnke*, Art.14 Rdnr.5; *Achterberg*, S.241; MDHS-*Maunz*, Art.46 Rdnr.16; BremStGH, DVBl.1967, 622, 642 f.; KG Berlin, ZParl 1975, 290, 291; LG Hamburg, HmbJVBl.1976, 44.

113 *Friesenhahn*, DÖV 1981, 512, 518; *Kewenig / Magiera*, ZParl 1981, 223, 228 f.; zur Ausdehnung der Indemnität auf außerparlamentarische Äußerungen vgl. *Wurbs*, S.94 ff.

114 Zum Verhältnis von Bundes- und Landesrecht vgl. *Bernzen / Sohnke*, Art.14 Rdnr. 2 f.; *Drexelius / Weber*, Art.14 Anm.7; *Schneider / Zeh-Klein*, § 17 Rdnr.5.

115 *Bernzen / Sohnke*, Art.14 Rdnr.2; *Achterberg*, S.241; MDHS-*Maunz*, Art.46 Rdnr.22.

116 *Bernzen / Sohnke*, Art.14 Rdnr.1; vgl. auch *v. Münch-Rauball*, Art.46 Rdnr.1.

Literaturverzeichnis

Achterberg, Norbert: Das Parlament im modernen Staat, in: DVBl.1974, S. 693

- Parlamentsrecht, Tübingen 1984

Alternativkommentar zum Grundgesetz, Rudolf Wassermann (Gesamthrsg.), 2.Auflage, Neuwied 1989, zitiert: AK-Bearbeiter

Anschütz, Gerhard: Die Verfassung des Deutschen Reiches, 10. Auflage, Berlin 1929

Arndt, Hans-Wolfgang / *Schweitzer*, Michael: Mandat und Fraktionsstatus, in: ZParl 1976, S.71

Arndt, Klaus F.: Parlamentarische Geschäftsordnungsautonomie und autonomes Parlamentsrecht, Berlin 1966

Arnim, Hans Herbert von: Verfassungsfragen der Fraktionsfinanzierung im Bundestag und in den Landesparlamenten, in: ZRP 1988, S.83

- Der Staat als Beute, München 1993

Badura, Peter: Verfassung und Verfassungsgesetz, in: Horst Ehmke u.a. (Hrsg.), Festschrift für Ulrich Scheuner, Berlin 1973, S.33

Barschel, Uwe / *Gebel*, Volkram: Kommentar zur Landessatzung für Schleswig-Holstein, Neumünster 1976

Beck, Stefan / *Klang*, Klaus A., Anspruch und Wirklichkeit des Petitionswesens - neue Überlegungen zur Organisationsform, in: ZParl 1986, S.49

Becker, Ulrich: Das strukturelle Instrumentarium der Regierung und Verwaltungsführung der Freien und Hansestadt Hamburg, in: Die Verwaltung 1969, S.215 u. S.347

- / *Schneider*, Gerhard: Kommunalverfassungsrecht der Stadtstaaten: Hamburg, in: Günter Püttner (Hrsg.), Handbuch der kommunalen Wissenschaft und Praxis, Band 2, 2.Auflage, Heidelberg 1982, S.285

Benda, Ernst: Verfassungsprobleme der Großen Koalition, in: Alois Rummel (Hrsg.), Die Große Koalition 1966 - 1969, Freudenstadt 1969, S.165

Berg, Wilfried: Zur Übertragung von Aufgaben des Bundestages auf Ausschüsse, in: Der Staat 1970, S.21

Bernzen, Christian / *Gottschalck*, Detlef: Abgeordnetenstatus und Repräsentation: Anmerkungen zum "Wüppesahl-Urteil" des Bundesverfassungsgerichts, in: ZParl 1990, S.393

- Verfassungsdurchbrechung in Hamburg am Beispiel des geplanten Abgeordnetengesetzes, in: ZRP 1993, S.91

Bernzen, Uwe: Die Deputationen (Veröffentlichung der Landeszentrale für politische Bildung), 3. Auflage, Hamburg 1983

- Einwirkungsmöglichkeiten des Landesparlaments auf das Verhalten der Landesregierung im Bundesrat, in: ZParl 1973, S.92

- / Sohnke, Michael: Kommentar zur Verfassung der Freien und Hansestadt Hamburg, Hamburg 1977

Beyer, Arno: Verfassung und Taktik (Veröffentlichung der Landeszentrale für politische Bildung), Hamburg 1983

Bettermann, Karl August: Bemerkungen zum parlamentarischen Regierungssystem Hamburgs nach der Verfassung von 1952, in: Ingo von Münch, Peter Selmer (Hrsg.), Gedächtnisschrift für Wolfgang Martens, Berlin 1987, S.39, zitiert: GS f.Martens

Böckenförde, Ernst-Wolfgang: Die Methoden der Verfassungsinterpretation - Bestandsaufnahme und Kritik, in: NJW 1976, S.2089

- Demokratie als Verfassungsprinzip, in: Josef Isensee, Paul Kirchhof (Hrsg.), Handbuch des Saatsrechts der Bundesrepublik Deutschland, Band 2, S.887

Bodenheim, Dieter G.: Das parlamentarische Fragerecht unter dem Grundgesetz, in: ZParl 1980, S.38

Bogs, Harald: Beratungsbereich der Regierung - Grenzen einer Selbstunterrichtung der Opposition an Hand von Akten?, in: Der Staat 1974, S.209

Bonner Kommentar zum Grundgesetz, Rudolf Dolzer (Gesamthrsg.), Heidelberg, Stand: August 1991, zitiert: BK-Bearbeiter

Borchert, Hartmut: Die Fraktion - eine eigenständige, demokratisch legitimierte Repräsentation im parteienstaatlichen parlamentarischen System, in: AöR Band 102 (1972), S.210

Bornemann, Roland: Die Immunität der Abgeordneten im Disziplinarverfahren, in: DÖV 1986, S.93

Buchholz, Bernd Klaus: Der Betroffene im parlamentarischen Untersuchungsausschuß, Diss. Kiel, Berlin 1990

Bull, Hans Peter: Mitwirkung des Volkes an der Verwaltung durch die Deputationen der Hamburger Fachbehörden, in: Rolf Stödter, Werner Thieme (Hrsg.), Festschrift für Hans Peter Ipsen, Tübingen 1977, S.298

Busch, Eckart: Die Parlamentsauflösung 1972, in: ZParl 1973, S.213

Bushart, Christoph: Verfassungsänderungen in Bund und Ländern, München 1989

Busse, Paul / *Hartmann*, Ulrich: Verfassungs- und Parlamentsreform in Hamburg, in: ZParl 1971, S.200

Butzer, Hermann: Immunität im demokratischen Rechtsstaat, Diss. Bochum, Berlin 1991

CDU-Kommission: Vorschläge einer Kommisssion der CDU-Bürgerschaftsfraktion zur Reform der Hamburger Verfassung aus dem Juli 1990, unveröffentlicht

Dach, Peter: Die Fraktionsmindeststärke, in: DVBl.1982, S.1080

Damkowski, Wulf (Hrsg.): Der parlamentarische Untersuchungsausschuß - ein Handbuch für Wissenschaft und Praxis, Frankfurt 1987

Diekmann, Rudolf: Finanzen und Haushalt, in: Wolfgang Hoffmann-Riem, Hans-Joachim Koch (Hrsg.), Hamburgisches Staats- und Verwaltungsrecht, Frankfurt a.M. 1988, S.127, zitiert: HmbStVwR

Dietel, Alfred / *Gintzel*, Kurt / *Kniesel*, Michael: Demonstrations- und Versammlungsrecht, 10.Auflage, Köln 1991

Dohnanyi, Klaus von: Hamburg - Stadtstaat und Verfassung: eine Existenzfrage, Rede vor dem Hamburger Übersee-Club am 11.2.1988, Sonderdruck der Übersee-Club Mitteilungen, S.57

Dress, Thomas: Das ruhende Mandat, Diss. Hamburg 1985

Drews, Bill / *Wacke*, Gerhard / *Vogel*, Klaus / *Martens*, Wolfgang: Gefahrenabwehr, 9. Auflage, Köln 1986

Drexelius, Wilhelm / Weber, Renatus: Kommentar zur Verfassung der Freien und Hansestadt Hamburg, 1.Auflage, Hamburg 1953 (zitiert: 1.Auflage); 2.Auflage, Hamburg 1972

Dunckelberg, Michael: Der Bürgerausschuß in der Verfassung der Freien und Hansestadt Hamburg, Diss. Hamburg 1980

Ehmke, Horst: Verfassungsänderung und Verfassungsdurchbrechung, in: AöR Band 79 (1953/54), S.385

Ellwein, Thomas: Gesetzgebung, Regierung, Verwaltung, in: Ernst Benda, Werner Maihofer, Hans-Jochen Vogel (Hrsg.), Handbuch des Verfassungsrechts, Berlin 1984, S.1091

- / *Hesse*, Joachim Jens: Das Regierungssystem der Bundesrepublik Deutschland, 6. Auflage, Opladen 1987

Enquete-Kommission: Bericht der Enquete-Kommission "Parlamentsreform", Bürgerschaft der Freien und Hansestadt Hamburg, Drucksache 14 / 2600 vom 20.10.1992

Erdmann, Joachim: Der Fraktionsausschluß im Gemeinderecht und seine Auswirkungen, in: DÖV 1988, S.907

Erichsen, Hans-Uwe: Die Wahlgrundsätze des Grundgesetzes, in: Jura 1983, S.635

Eschenburg, Theodor: Staat und Gesellschaft in Deutschland, Stuttgart 1956

Freitag, Herbert / *Haas*, Diether: Die Verfassungsentwicklung in Hamburg seit 1957, in: JöR n.F. 1976 (Band 25), S.27

Fricke, Eberhard: Regierung und Parlament beim Haushaltsvollzug, in: DÖV 1980, S.317

Friedrich, Manfred: Das parlamentarische Regierungssystem in den deutschen Bundesländern, in: JÖR n.F. 1981 (Band 30), S.197

Friesenhahn, Ernst: Parlament und Regierung im modernen Staat, in: VVDStRL 16 (1958), S.9

- Zur neueren Entwicklung des Petitionsrechts in Deutschland, in: Festschrift für Hans Huber, Bern 1981, S.353, zitiert: FS f.Huber

Fröhlinger, Margot: Die Festsetzung der Fraktionsmindeststärke im Gemeinderat, in: DVBl.1982, S.682

Frowein, Jochen Abr.: Die Rechtsprechung des Bundesverfassungsgerichts zum Wahlrecht, in: AöR Band 99 (1974), S.72

Glatz, Karl-Heinrich / *Haas*, Diether: Die Verfassung der Freien und Hansestadt Hamburg vom 6.6.1952, in: JöR n.F. 1957 (Band 6), S.223

Gralher, Martin: Ruhendes Mandat und demokratisches Repräsentationsverständnis , in: ZRP 1977, S.156

Gündisch, Jürgen: Das Informationsrecht der Opposition im Lichte zweier Urteile des Hamburgischen Verfassungsgerichts, in: ZParl 1975, S.38

Haas, Diether: Die Pflicht zur Aktenvorlage bei der Bürgerschaft, in: Heinrich Ackermann, Jan Albers, Karl August Bettermann (Hrsg.), Festschrift für Walter Reimers, Hamburg 1979, S.321, zitiert: FS f.Reimers

- Verwaltungsorganisationsrecht, in: Wolfgang Hoffmann-Riem, Hans-Joachim Koch (Hrsg.), Hamburgisches Staats- und Verwaltungsrecht, Frankfurt a.M. 1988, S.91, zitiert: HmbStVwR

Haas-Kommission: Bericht der Kommission zur Überprüfung von Verbesserungsmöglichkeiten in der Hamburger Verwaltung - Dem Senat der Freien und Hansestadt Hamburg vorgelegt im November 1981, Veröffentlichung der Staatlichen Pressestelle

Häberle, Peter: "Landesbrauch" oder parlamentarisches Regierungssystem?, in: JZ 1969, S.613

Hampel, Frank: Das parlamentarische Institut der Enquete-Kommission auf Bundes- und Landesebene, in: DÖV 1991, S.670

Hauenschild, Wolf-Dieter: Wesen und Rechtsnatur der parlamentarischen Fraktionen, Berlin 1968

Hein, Joachim von: Bürgerbeteiligung an der Leitung einer Großstadtverwaltung, Frankfurt 1985, zitiert: Bürgerbeteiligung

- Deputationen - Eine Hamburger Spezialität, in: Manfred Asendorf u.a. (Hrsg.), Geschichte der Hamburgischen Bürgerschaft, Berlin 1984, S.182, zitiert: Geschichte der Hamburgischen Bürgerschaft

Henkel, Joachim: Das Abgeordnetengesetz des Bundestages, in: DÖV 1977, S.350

Herzog, R. / *Kunst*, H. / *Schlaich*, K. / *Schneemelcher*, W. (Hrsg.): Evangelisches Staatslexikon, 3.Auflage, Stuttgart 1987, zitiert nach Bearbeiter

Hesse, Konrad: Grundzüge des Verfassungsrechts der Bundesrepublik Deutschland, 18.Auflage, Heidelberg 1991

Heuer, Ernst: Kommentar zum Haushaltsrecht, Neuwied, Stand: 1990, zitiert nach Bearbeiter

Heyen, Erk Volkmar: Der Bundesrat - Ein Rat der autonomen Kabinette?, in: Der Staat 1982, S.191

- Verfassungsaspekte einer Beteiligung von Ausländern an der Hamburger Bezirksversammlungswahl, in: DÖV 1988, S.185

Höfling, Wolfgang: Das Institut der Parlamentsauflösung in den deutschen Landesverfassungen, in: DÖV 1982, S.889

Hoffmann, Reinhard: Zur Parlaments-Reform in Hamburg, Hamburg 1969 (Selbstverlag)

- Zentralisiertes Selbstbefassungsrecht der Parlamentsausschüsse in Hamburg, in: ZParl 1973, S.467

Hoog, Günter: Bürgermeisterwahl in Hamburg, Zur Problematik einer nicht erzwingbaren Verhaltensnorm, in: ZParl 1982, S.235

- Der Vorsitz im Untersuchungsausschuß: die Hamburger Regelung, in: ZParl 1993, S.233

- Die Bürgerschaft und die Tarife der Versorgungsunternehmen, in: Ingo von Münch, Peter Selmer (Hrsg.), Gedächtnisschrift für Wolfgang Martens, Berlin 1987, S.579, zitiert: GS f. Martens

Ipsen, Hans Peter: Hamburger Verfassungsfragen, in: Walther Fürst u.a. (Hrsg.), Festschrift für Wolfgang Zeidler, Band 2, Berlin 1987, S.1177, zitiert: FS f.Zeidler

- Hamburgs Verfassung und Verwaltung von Weimar bis Bonn, Hamburg 1956 (Neudruck 1988), zitiert: HVerf

- Hamburgs Verfassungsentwicklung im Jahrhundert seiner Juristengesellschaft 1885-1985, in: Ingo von Münch, Peter Selmer (Hrsg.), Gedächtnisschrift für Wolfgang Martens, Berlin 1987, S.111, zitiert: GS f.Martens

- Zur neuen Hamburgischen Verfassung, in: DVBl.1953, S.521

Jäger, Claus / *Bärsch*, Ralf: Dürfen Fraktionsmittel für Öffentlichkeitsarbeit eingesetzt werden? Eine Auseinandersetzung mit dem "Wüppesahl-Urteil", in: ZParl 1991, S.204

Jakewitz, Jürgen: Das Geld der Parlamentsfraktionen, in: ZParl 1982, S.314

- Fraktionszuschüsse in der Rechtsprechung des Bundesverfassungsgerichts , in: ZParl 1984, S.14

Jarass, Hans D. / Pieroth, Bodo: Grundgesetz-Kommentar, 2.Auflage, München 1992

Karpen, Ulrich: Kommunalwahlrecht für Ausländer, in: NJW 1989, S.1012

- Weimar lebt! Weimarer Verfassungsrecht und -dogmatik im aktuellen Hamburgischen Landesverfassungsrecht, in: ders., Hamburg - Deutschland - Europa, Hamburg 1992

Kerbusch, Hermann: Die Fraktionen im Spiegel der Judikatur der Verfassungsgerichte, in: ZParl 1982, S.225

Kipke, Rüdiger: Die Untersuchungsausschüsse, Praxis und Reform der parlamentarischen Enquete, Berlin 1985

Klatt, Hartmut: Die Abgaben der Mandatsinhaber an Partei und Fraktion, in: ZParl 1976, S.61

Kleinrahm, Kurt / *Dickersbach*, Alfred: Kommentar zur Verfassung des Landes Nordrhein-Westfalen, Stand: Januar 1989

Kloepfer, Michael: Diäten-Urteil und Teilalimentation, in: DVBl.1979, S.378

Klose, Hans-Ulrich: Die Oppositionsklausel in der Verfassung der Freien und Hansestadt Hamburg, in: Gegenwartskunde 1971, S.303

Korte, Heinrich / *Rebe*, Bernd: Verfassung und Verwaltung des Landes Niedersachsen, 2.Auflage, Göttingen 1986

Knies, Wolfgang: Diskontinuität des Parlaments - Kontinuität der Regierung?, in: JUS 1975, S.420

Kowalewski, Eckhard: Die Parlamente der Stadtstaaten Berlin, Bremen und Hamburg (1966-1971), Diss. Hamburg 1984

Krahl, Wilfried: Wie weit ist das Parlament tatsächlich in der Lage, die Verwaltung zu kontrollieren? Eine Untersuchung am Beispiel der Hamburgischen Bürgerschaft, Diss. Hamburg 1978

Kramer, Klemens (Hrsg.): Parlamentsauflösung - Praxis, Theorie, Ausblick, Köln 1974

Kratsch, Otger: Befugnisse der Länderparlamente zur Aberkennung des Abgeordnetenmandats bei Unwürdigkeit und Machtmißbrauch, in: DÖV 1970, S.372

- Verfassungsrechtliche Probleme einer Mitwirkung der Landesparlamente an Bundesratsangelegenheiten, in: DÖV 1975, S.109

Kretschmer, Gerald: Fraktionen - Parteien im Parlament, Heidelberg 1984, zitiert: Fraktionen

- Zum Recht und Verfahren von Enquete-Kommissionen des Deutschen Bundestages, in: DVBl.1986, S.923

Laband, Paul: Das Interpellationsrecht, in: Deutsche Juristenzeitung 1909, S.678

Landsberg, Kurt / *Goetz*, Harry: Kommentar zur Verfassung von Berlin, Berlin 1951

Lange, Rolf: Zwei Gesetzentwürfe zur Reform des Petitionswesens in Hamburg, in: ZParl 1975, S.188

Lange, Werner A.: Aufgaben der Bürgerschaftskanzlei, in: Manfred Asendorf u.a. (Hrsg.), Geschichte der Hamburgischen Bürgerschaft, Berlin 1984, S.177, zitiert: Geschichte der Hamburgischen Bürgerschaft

Leinius, Robert: Zum Verhältnis von Sitzungspolizei, Hausrecht, Polizeigewalt, Amts- und Vollzugshilfe, in: NJW 1973, S.448

Ley, Richard: Die Auflösung der Parlamente im deutschen Verfassungsrecht, in: ZParl 1981, S.367

- Staats- und Verfassungsrecht, in: ders. / Hans Paul Prümm, Staats- und Verwaltungsrecht für Rheinland-Pfalz, Neuwied 1986, S.18

Linck, Joachim: Die Öffentlichkeit der Parlamentsausschüsse aus verfassungsrechtlicher und rechtspolitischer Sicht, in: DÖV 1973, S.513

- Die vorläufigen Verfassungen in den neuen Bundesländern, in: DÖV 1991, S.73

- Fraktionsstatus als geschäftsordnungsmäßige Voraussetzung für die Ausübung parlamentarischer Rechte, in: DÖV 1975, S.689

- Zur Informationspflicht der Regierung gegenüber dem Parlament, in: DÖV 1983, S.957

Lippold, Rainer: Eine Verfassung für Schleswig-Holstein, in: DÖV 1989, S.663

Lisken, Hans F.: Fraktionsstatus und Wahlgleichheit, in: ZParl 1978, 320

Lohmeier, Martin: Ruhendes Mandat und Verfassung, in: DVBl.1977, S.405

Mangoldt, Hermann von / *Klein*, Friedrich / *Achterberg*, Norbert / *Schulte*, Martin: Kommentar zum Bonner Grundgesetz, 3.Auflage, Band 6, München 1991

Mardini, Martina: Die Finanzierung der Parlamentsfraktionen durch staatliche Mittel und Beiträge der Abgeordneten, Frankfurt a.M. 1990

Martens, Wolfgang: Der Verfassungsstreit um die Bürgerschaftswahl 1978, in: Heinrich Ackermann, Jan Albers, Karl August Bettermann (Hrsg.), Festschrift für Walter Reimers, Hamburg 1979, S.303, zitiert: FS f.Reimers

Maunz, Theodor / *Dürig*, Günter / *Herzog*, Roman / *Scholz*, Rupert (Hrsg.): Grundgesetzkommentar, München, Stand: September 1991, zitiert: MDHS-Bearbeiter

Meier, Heinz-Wilhelm: Zitier- und Zutrittsrecht im parlamentarischen Regierungssystem, Diss. Berlin 1982

Menzel, Eberhard: Das parlamentarische System in den deutschen Ländern und die Toleranzgrenze des Art.28 GG, in: DÖV 1969, S.765

Menger, Christian-Friedrich: Zur Verfassungspolitischen Stellung der deutschen Parteien, in: AöR Band 78 (1953), S.149

Meyer-Bohl, Christoph: Die Grenzen der Pflicht zur Aktenvorlage und Aussage vor parlamentarischen Untersuchungsausschüssen, Diss. Hamburg, Berlin 1992

Mittelstein, Max: Die Verfassung der Freien und Hansestadt Hamburg vom 7.1.1921 nebst ergänzenden Gesetzen, 2.Auflage, Hamburg 1924

Moecke, Hans-Jürgen: Die verfassungsmäßige Stellung der Fraktionen, in: DÖV 1966, S.162

Morell, Paul: Der Bundeshaushalt - Recht und Praxis, Wiesbaden 1983

Morscher, Siegbert: Die parlamentarische Interpellation, Berlin 1973

Müller, Martin: Rolle und Selbstverständnis der Opposition in: Manfred Asendorf u.a. (Hrsg.), Geschichte der Hamburgischen Bürgerschaft, Berlin 1984, S.162

- / *Börsting*, Katrin: Kandidatenaufstellung und innerparteiliche Willensbildung am Beispiel der Hamburger CDU, in: Jürgen Hartmann, Uwe Thaysen (Hrsg.), Festschrift für Winfried Steffani, Opladen 1992, S.137

Müller, Udo: Fraktionsfinanzierung unter Kontrolle der Rechnungshöfe, in: NJW 1990, S.2046

Münch, Ingo von (Hrsg.): Grundgesetzkommentar Band 3, 2.Auflage, München 1983, zitiert nach Bearbeiter

- So spannend kann Demokratie sein, in: Hamburger Abendblatt vom 29.6.1982, S.2

Nell, Ernst Ludwig: "Ruhendes Mandat" als Verfassungsproblem, in: JZ 1975, S.519

Ordemann, Hans-Joachim / *Schomerus*, Rudolf: Kommentar zum Bundesdatenschutzgesetz, 4.Auflage, München 1988

Patzig, Werner: Haushaltsrecht des Bundes und der Länder, Baden Baden, Stand: 1991

Peine, Franz-Joseph: Parlamentswahl und Beendigung des Amtes des Regierungschefs, in: Der Staat 1982, S.335

Perels, Kurt: Über den hamburgischen Bürgerausschuß, Hamburg 1912

Pfennig, Gero / *Neumann*, Manfred J.: Kommentar zur Verfassung von Berlin, 2.Auflage, Berlin 1987

Pietzcker, Jost: Urteilsanmerkung zu HVerfG, HmbJVBl.1974, S.134, in: DÖV 1975, S.432

Plambeck, Helmut: Gerichtsverfassung und Gerichtsorganisation, in: Wolfgang Hoffmann-Riem, Hans-Joachim Koch (Hrsg.), Hamburgisches Staats- und Verwaltungsrecht, Frankfurt a.M. 1988, S.63, zitiert: HmbStVwR

Plöhn, Jürgen Untersuchungsausschüsse der Landesparlamente als Instrument der Politik, Diss. Hamburg, Opladen 1991

Posser, Diether : Der Bundesrat und seine Bedeutung, in: Ernst Benda, Werner Maihofer, Hans-Jochen Vogel (Hrsg.), Handbuch des Verfassungsrechts, Berlin 1983, S.901

Prass, Johann: Die Verfassung der Freien und Hansestadt Hamburg, Sonderdruck aus der Hamburgischen Beamtenzeitung 1953, Heft 1 bis 3

Preuß, Ulrich K.: Landtag (Bürgerschaft), in: Volker Kröning u.a. (Hrsg.), Handbuch der Bremischen Verfassung, Baden-Baden 1991, S.301, zitiert: HdbBremVerf

Pumm, Günter: Parlamentarischer Hilfsdienst in einem Feierabend-Parlament: Die Bürgerschaftskanzlei in Hamburg, in: ZParl 1984, S.265

- Untersuchungsausschüsse - Parlamentarische Untersuchungs- und Sonderausschüsse seit 1946, in: Manfred Asendorf u.a. (Hrsg.), Geschichte der Hamburgischen Bürgerschaft, Berlin 1984, S.195

Radbruch, Gustav: Rechtsphilosophie 5.Auflage, (hrsg. von Erik Wolf), Stuttgart 1956

Ranft, Otfried: Staatsanwaltschaftliche Ermittlungstätigkeit und Immunität der parlamentarischen Abgeordneten, in: ZRP 1981, S.271

Referentenentwurf des Senatsamtes für den Verwaltungsdienst zur Neuordnung von Verfassung und Verwaltung in Hamburg aus dem Januar 1990, unveröffentlicht

Richter, Werner: Privatpersonen im parlamentarischen Untersuchungsausschuß, München 1991

Rinck, Hans-Justus: Der Grundsatz der unmittelbaren Wahl im Parteienstaat, in: JZ 1958, S.193

Ritzel, Heinrich / *Bücker*, Joseph: Handbuch für die Parlamentarische Praxis mit Kommentar zur Geschäftsordnung des Deutschen Bundestages, Stand: Januar 1990

Rohn, Stephan: Verfassungsreform in Schleswig-Holstein in: NJW 1990, S.2782

Rosenau, Kersten: Das "Ruhende Mandat" - die Hansestädte und das Grundgesetz, in: ZParl 1988, S.35

Röper, Erich: Tagesordnung und Parlamentsautonomie: Fragwürdige Privilegien der Regierungen in Bremen und Hamburg, in: ZParl 1986, S.385

Schachtschneider, Karl Albrecht: Das Hamburger Oppositionsprinzip, in: Der Staat 1989, S.173

Schäfer, Friedrich: Der Bundestag, 4.Auflage, Opladen 1982

Schäfer, Hans: Anmerkung zu BVerfGE 27,44, in: DVBl.1969, S.737

Scheuner, Ulrich: Die Lage des parlamentarischen Regierungssystems in der Bundesrepublik, in: DÖV 1974, S.433

Schläfereit, Stephan: Verfassungsgerichtsbarkeit in der Freien und Hansestadt Hamburg, Diss. Freiburg, Frankfurt a.M. 1991

Schlaich, Klaus / *Schreiner*, Hermann Josef: Die Entschädigung der Abgeordneten, in: NJW 1979, S.673

Schmidt, Corinna: Zum Hausrecht der Fraktionen an ihren Geschäftsräumen, in: DÖV 1990, S.102

Schmidt, Walter: Chancengleichheit der Fraktionen unter dem Grundgesetz, in: Der Staat 1970, S.481

Schmidt-Bens, Walter: Finanzkontrolle und Fraktionen, in: ZRP 1992, 281

Schneider, Hans-Peter: Das parlamentarische System, in: Ernst Benda, Werner Maihofer, Hans-Jochen Vogel (Hrsg.), Handbuch des Verfassungsrechts, Berlin 1984, S.239, zitiert: HdbVerfR

- Die parlamentarische Opposition im Verfassungsrecht der Bundesrepublik Deutschland, Band 1, Frankfurt 1974, zitiert: Opposition

- Opposition und Information - Der Aktenvorlageanspruch als parlamentarisches Minderheitsrecht ,in: AöR 1974 (Band 99), S.628

- / *Zeh*, Wolfgang (Hrsg.): Parlamentsrecht und Parlamentspraxis in der Bundesrepublik Deutschland Berlin 1989, zitiert nach Bearbeiter

Schultz, Günther: Rundschau - Blick in die Zeit, in: MDR 1952, S.469

Schulz, Andrea: Neue Variation über ein Thema: Abgeordnetenimmunität und Zwangsmaßnahmen im strafrechtlichen Ermittlungsverfahren, in: DÖV 1991, S.448

Schulze, Harald: Die Rolle des Rechnungshofes während der vorläufigen Haushaltsführung einer Regierung ohne Parlamentsmehrheit, in: Walter Fürst u.a. (Hrsg.), Festschrift für Wolfgang Zeidler, Band 2, Berlin 1987, S.1217

Schuster, Jens: Die Rechtsstellung der Ersatzleute zum Deutschen Bundestag, Diss. München 1967

Schwabe, Jürgen: Verfassungsrecht, in: Wolfgang Hoffmann-Riem, Hans-Joachim Koch (Hrsg.), Hamburgisches Staats- und Verwaltungsrecht, Frankfurt a.M. 1988, S.32, zitiert: HmbStVwR

Schwarze, Jürgen: Demonstration vor den Parlamenten - Die Problematik von Versammlungen innerhalb der Bannkreise im Lichte der jüngsten Verwaltungsrechtsprechung, in: DÖV 1985, S.213

Schweinoch, Joachim / *Simand*, August: Bundeswahlgesetz, Bundeswahlordnung - Handkommentar, 11.Auflage, München 1986

Sauer, Karl: Das Interpellationsrecht in der Bundesrepublik Deutschland und im Freistaat Bayern, Diss. München 1968

Seifert, Karl-Heinz: Bundeswahlrecht, 3.Auflage, München 1976

Siegloch, Klaus-Peter: Die Parlamentsreform 1971 in der Hamburgischen Bürgerschaft, Hamburg 1973

Simitis, Spiros / *Dammann*, Ulrich / *Mallmann*, Otto / *Reh*, Hans-Joachim: Kommentar zum Bundesdatenschutzgesetz, 3.Auflage, Baden-Baden 1981

Simons, Wolfgang: Das parlamentarische Untersuchungsrecht im Bundestaat, Berlin 1991

Sohnke, Michael: Öffentlicher Dienst und Bürgerschaftsmandat in der Freien und Hansestadt Hamburg, Diss. Hamburg 1982

Süsterhenn, Adolf / *Schäfer*, Hans: Kommentar der Verfassung für Rheinland-Pfalz, Koblenz 1950

Stadtstaatenkommission: Gutachten der Stadtstaatenkommission Verfassungsreform, Mitteilung des Senats an die Bürgerschaft, Drucksache 13 / 1345 vom 17.3.1988

Steffani, Winfried: Betroffener als "Verfahrensobjekt"?: Der "Fall Orgaß" in Hamburg, in: ZParl 1989, S.54 und S.363

- Möglichkeiten der Opposition, in: Hans-Gerd Schumann (Hrsg.), Die Rolle der Opposition in der Bundesrepublik Deutschland, Darmstadt 1976, S.332, zitiert: Opposition

Steiger, Heinhard: Organisatorische Grundlagen des parlamentarischen Regierungssystems, Berlin 1973

Stern, Klaus: Das Staatsrecht der Bundesrepublik Deutschland, Band 1, 2.Auflage, München 1984, Band 2, 1.Auflage, München 1980

Stiebeler, Walter: Die Rechtsprechung des Hamburgischen Verfassungsgerichts 1969-1984, in: JöR n.F. 1986 (Bd.35), S.229

Stubbe-da Luz, Helmut / *Wegner*, Markus: Demokratie, Offenheit und Transparenz der Parteien: Elf Leitsätze für eine Novellierung des Parteiengesetzes, in: ZParl 1993, S.189

Theiß, Hermann: Das Nothaushaltsrecht des Bundes, Diss. Saarbrücken 1974

Thiele, Wolfgang: Die Beteiligung der Bürger an der Ausübung der Staatsgewalt in Hamburg, Diss. Hamburg 1991

Thieme, Werner: Entstehung des Landes Hamburg und seiner Verfassung, in: Wolfgang Hoffmann-Riem, Hans-Joachim Koch (Hrsg.), Hamburgisches Staats- und Verwaltungsrecht, Frankfurt a.M. 1988, S.1, zitiert: HmbStVwR

- Hamburg als Gemeinde, in: DÖV 1969, S.832

Tögel, Guido Wolfgang: Die Senate der Hansestädte Hamburg und Bremen, Diss. Hamburg, Frankfurt a.M. 1989

Tormin, Walter / *Steffani*, Winfried: Feierabendparlament - Pro und Contra, in: Manfred Asendorf u.a. (Hrsg.), Geschichte der Hamburgischen Bürgerschaft, Berlin 1984, S.156

Troitsch, Klaus G.: Der Verfassungsstreit um die Terminierung der Bürgerschaftswahl in Hamburg, in: ZParl 1978, S.73

Uhlitz, Otto: Anmerkungen zu BVerfGE 7, 63, in: DÖV 1957, S.718

- Die Amtszeit der Landesregierungen, in: DÖV 1956, S.485

- Über die Unvereinbarkeit des § 48 Abs.1 S.2 des Bundeswahlgesetzes mit dem Grundgesetz, in: DÖV 1957, S.468

Vitzthum, Wolfgang Graf: Petitionsrecht und Volksvertretung, Rheinbreitbach 1985

Vogelsang, Klaus : Die Verpflichtung der Bundesregierung zur Antwort auf parlamentarische Anfragen, in: ZRP 1988, S.5

Vonderbeck, Hans-Josef : Fraktionsentscheidungen in Kommunalvertretungen unter Mitwirkung von nicht der Fraktion angehörenden Personen, in: ZParl 1975, S.294

Walter, Thomas: Die Wahl zur Hamburger Bürgerschaft vom 6.Juni 1982 - Übergangsergebnis mit weitreichenden Folgen, in: ZParl 1982, S.482

- Parlamentsreform in Hamburg: Es bleibt beim "Feierabend-Parlament", in: ZParl 1986, S.388

Wege, Joachim / *Grönwall*, Angelika : Die Bürgerschaft - Geschichte, Aufgaben und Organe des Hamburger Landesparlaments (Veröffentlichung der Landeszentrale für politische Bildung), 3.Auflage, Hamburg 1989

Wense, Andreas von der: Die Landesverfassungsgerichtsbarkeit der Freien und Hansestadt Hamburg Diss. Hamburg, Frankfurt a.M. 1989

Weis, Hubert: Regierungswechsel in den Bundesländern - Verfassungspraxis und geltendes Recht, Berlin 1980

Wettig-Danielmeier, Inge: Die erste Selbstauflösung eines Parlaments, in: ZParl 1970, S.269

Willemer, Dietrich: Verfassungsdurchbrechung und ihre Zulässigkeit am Beispiel der Hamburger Verfassung, in: DVB.1975, S.607

Witte-Wegmann, Gertrud: Recht und Kontrollfunktion der Großen, Kleinen und Mündlichen Anfragen im Deutschen Bundestag, Berlin 1972

Wulff, Albert: Hamburgische Gesetze und Verordnungen (Sonderdruck: Das Verfassungsrecht), 3.Auflage 1928

Wurbs, Richard: Regelungsprobleme der Immunität und der Indemnität in der parlamentarischen Praxis, Diss. Münster, Berlin 1986

Zundel, Rolf: Die Große Koalition - eine demokratische Todsünde?, in: Alois Rummel (Hrsg.), Die Große Koalition 1966 - 1969, Freudenstadt 1969, S.29

FSC
www.fsc.org
MIX
Papier | Fördert
gute Waldnutzung
FSC® C083411

Kolibri 360 GmbH
Ferdinand-Jühlke-Straße 7
99095 Erfurt, Deutschland
produktsicherheit@kolibri360.de

Druck:
CPI Druckdienstleistungen GmbH
im Auftrag der
Kolibri 360 GmbH
Ferdinand-Jühlke-Str. 7
99095 Erfurt